国外**民族**政策研究

RESEARCH ON
MINZU POLICIES ABROAD

王延中　周少青　等 / 著

社会科学文献出版社
SOCIAL SCIENCES ACADEMIC PRESS (CHINA)

目　录

第一章
世界主要国家的民族政策实践经验研究

——来自美国、法国、西班牙等六个国家的比较分析

第一节　绪论

如果从 1648 年威斯特伐利亚体系的确立算起，现代民族国家的历史最长也不超过 400 年。在这近四个世纪的历史过程中，民族国家建构的路径尤其是理念发生了重要变化。时至今日，围绕"建构一个什么样的现代民族国家"或者"如何打造现代民族国家的国家认同"仍然是一个困扰世界大多数现代（多）民族国家的重大难题。

本章选择比较有代表性的美国、法国、西班牙、墨西哥、土耳其和印度，通过梳理这些国家促进多民族国家的统一与国民身份、国家建设的核心政策及其发展变化，从结果或成效方面分析其民族政策及治理举措的得与失，总结其经验或教训，为我国现代民族国家①建设，特别是推进以"铸牢中华民族共同体意识"为主线的新时代民族工作提供某种借鉴或参考。

现代国家或者说现代民族国家，是不同于传统封建王朝或者君主专制政

---

① 按照《中华人民共和国宪法》，我国"是全国各族人民共同缔造的统一的多民族国家"，同时，我国也是一个现代民族国家。

体的一种新型国家形态。在现代国际关系的框架内，民族国家是一个独立自主的政治实体，每个民族国家都是国际法意义上的平等成员，互相之间没有隶属关系。在民族国家内部，伴随近代启蒙运动及民主革命的兴起与发展、公民权利的确立与扩大，公民对国家制度和政府运行的认可，成为现代民族国家权力合法性的主要来源。从这个意义上说，现代民族国家也是获得国民认同或公民认同的国民国家。

这个转变过程，在某种程度上也可以被称为现代民族国家的建构。由于历史、语言、文化等显而易见的差异乃至国情、发展阶段、政治制度等方面的不同，世界各国从传统国家体制转变为现代民族国家体制的道路、模式各不相同，采取的政策和取得的效果迥然有异。在民族国家构建问题上，套用托尔斯泰的话来说，就是"成功的国家是相似的，而失败的国家则各有各的失败"。

凡是共同体构建比较成功的国家，总是在一些重要问题上如国家凝聚力建设、民族（社会）团结、国家认同等方面做得比较成功。国内各民族及绝大多数国民具有较高的政治参与度，经济社会发展水平比较均衡，共建共享意识和结果都比较好。相反，做得相对不成功或失败的国家，尽管可以找到一些共同的原因，但显然也各自存在很难进行比较的个性化的根源。比如，有的是国家共同体建构的先天条件不足，缺乏统一的历史文化传统、缺乏超越民族层次可以凝聚国民意识、锻造现代国家认同的历史资源；有的是殖民包袱沉重——历史上殖民者造成的各族群之间的矛盾和冲突难以弥合；有的是种族、族裔和文化过分多元和碎片化，缺乏凝聚与整合的主干力量；有的则是政策选择或实施环节出现问题，导致国家整合措施失当，在跨民族整合与国家认同过程中不仅没有取得成效反而引发诸多新的问题。由此可见，在分析现代民族国家建设或整合问题时，我们很难沿用一个标准、套用一个模式，而必须把政策分析放到每个国家具体的历史进程中，同时还必须根据该国实际存在的民族现象分析其民族政策，尤其是要针对该国为解决自己在民族领域存在的实际问题所采取的主要政策进行研究，而不是按照既定的民族理论与政策分析框架，去剪裁和评判该国的民族政策实践及效果。

按照以上考虑，我们主要围绕在现代民族国家建设过程中如何建构国家认同这个主线，针对所选择的六个案例国家，某个时段采取的某一个方面的主要政策进行梳理，分析其各自得失，总结其经验或教训，进而提出对我国当代民族国家建设的启示或借鉴。

第二节　现代民族国家建设面临的民族问题各不相同

一　美国现代民族国家建构的问题与挑战

现代美国是一个典型的移民国家。美国土地上最早的居民是印第安人等土著居民。至少从 16 世纪早期开始，美国这片土地就被西班牙、法国、英国、荷兰等多个欧洲国家殖民过。1776 年英属 13 个殖民地宣布独立，美利坚合众国初步建立。从人口结构来看，最初的"主体民族"和"主体文化（宗教）"是英格兰人和新教文化。在后续的 200 多年中，美国迎来了欧洲、拉丁美洲、亚洲、非洲、大洋洲各国的移民——美国拥有来自全世界几乎所有国家的移民，其人口的族裔和文化（宗教）结构日趋多元化。由于墨西哥等拉美裔移民的不断涌入以及其出生率显著高于白人，预计美国的种族、族裔结构在不远的将来会发生转折性的变化。

面对这种十分复杂的种族、族裔、文化结构，美国国家建构存在的问题或挑战是十分艰巨的。除了影响国家整合与认同的根深蒂固的种族主义问题以外，美国在国家认同（整合）或国家特性问题上一直存在"名与实"、理想与体制或现实的矛盾和冲突。导致这些矛盾和冲突的原因除了历史因素以外，与美国民族国家构建过程中存在的一系列问题如构建目标的模糊性、价值理念的冲突性以及国家特性缺乏内在稳定性等密切相关。

独立 200 多年来，在究竟建立一个什么样的国家问题上，美国的政治精英始终缺乏明确一贯的共识。实践中，美国不同历史时期的政治精英在建国的价值取向和目标之间不停摇摆，其现代民族国家呈现"自由帝国"、"自由主义公民国家"和"盎格鲁-撒克逊新教国家"三重面相。这种状况，不仅导致美国国家特性的长期不稳定，还在不同历史时期造成程度不同的政治和社会危机。特朗普时期基督教福音民族主义的迅速崛起，不过是这类危机的某种表现形式而已。面对更加复杂的 21 世纪的新形势，反思并系统地整合充满张力的国家建构目标和价值理念，从根本上解决美国国家建构中存在的种种问题，从而建构统一、连贯、自洽的美国国家特性，是美国政界、学界面临的一项事关全局的重大议题，对美国乃至全球都会带来严峻的挑战。

二 法国国家建构的问题与挑战

法国拥有比较悠久的历史，但是，在古典及中世纪早中期，长期处于分裂状态。进入中世纪后期，法国开始了统一之路，至英法百年战争（1337～1453 年）结束时，法国基本实现政治统一。1789 年的法国大革命开启了现代民族国家建构的征程。200 多年里，法国在基本实现本土族群整合的同时，迎来数百万族裔及文化（宗教）差异性很大的海外移（难）民。特别是第二次世界大战之后，外来移民越来越多。整合新移民成为当代法国国家建设面临的重要任务。

法国是典型的公民国家。从形式上看，法国似乎维持了"单一不可分"的"法兰西民族"，但由于坚持不承认任何少数民族或族群的存在，因而无法采取有针对性的措施来促进移民少数族群的经济社会发展，强化他们的社会融入和国家认同。这些认知导致法国移民少数族群失业率、犯罪率均居高不下，并形成了严重的"文化孤岛"现象，族群隔离严重，最终造成社会骚乱频发。

法国当前存在的最棘手的问题，是没有找到促进移民少数族群经济社会发展及社会融入、国家认同的有效路径。2010 年政策转向以来，法国的移民融入政策不仅没有达到增强国家认同的效果，反而明显偏离了"融铸一国之民为一族"的国家民族基本要义。实践证明，越是以给移民"贴分裂标签"的手段强化价值观认同，就越是令他们难以认同其价值观。

三　西班牙民族国家建构的问题与挑战

加泰罗尼亚问题是西班牙国家建设面临的最具挑战性的问题。尽管加泰罗尼亚的历史可以追溯到中世纪早期,但是加泰罗尼亚融入西班牙的历史并不久远。直到 15 世纪末期,西班牙还是一个松散的联合体。1516 年现代西班牙国家的核心领土基本形成。19 世纪末,西班牙中央政府基本完成统一大业,加泰罗尼亚与西班牙成为一个政治统一体。

伴随中央政府加强统一的进程不断强化,西班牙固有的各类地方的、族裔的和文化的认同力量也开始反弹。在第一次世界大战前后民族自决权主张的刺激下,西班牙裔的、地方的自主权主张被激发出来。这些区域性或族裔性的单位在不同时期提出不同程度的自治诉求。个别单位如加泰罗尼亚和巴斯克还不断提出分离主义的要求。

西班牙共有卡斯蒂利亚、安达卢西亚、加利西亚、巴斯克-纳瓦拉省和加泰罗尼亚五个区域性的或文化(族裔)性的单元,卡斯蒂利亚语(西班牙语)、加利西亚语、巴斯克语、加泰罗尼亚语四种主要语言及若干其他方言。总体上看,虽然西班牙的文化异质性程度不是很高,但分离主义的烈度仍然较大。

西班牙是较早完成现代民族国家建构的典型民族国家。同时,西班牙也被认为是"完全自由民主国家"①。这两种属性的内在冲突,使得西班牙在宪法或法律层面基本解决国家统一问题的同时,始终面临着巨大的挑战:不论是在国族层面,还是在地区民族层面,都存在根深蒂固的"一族一国"的传统民族国家观念,这一点再加上自决权观念、政党的民族化或地方化以及中央政府统筹能力的有限性等因素,西班牙在应对分离主义问题上,面临诸多困难与挑战。

西班牙国家虽然确立了维护国家统一方面的国家宪法的至上地位,

---

① 根据《经济学人》2016 年第 1 期发布的《全球民主指数评估报告》,西班牙位列"完全自由民主国家",当然这一点并非不存在争议。

但由于同时承认地方行使自治（决）权的合法性，西班牙政府在处理宪法主权权威与加泰罗尼亚地方（民族）自治（决）权之间陷于被动。一方面，通过宪法，法院可以宣布地方公投独立的结果无效；另一方面，整个国家却不得不接受地区民众一次又一次将分离主义政党推上执政地位的现实。不仅如此，由于加泰罗尼亚的新议会和新政府可能再次谋求独立公投，西班牙中央政府还是只能通过修改宪法的具体条文加以应对。民主制度和潜藏在其深处的自决权意识，与西班牙宪法权威之间存在内在的紧张和冲突。由于西班牙中央政府的统筹能力有限，也就是说能够给予或者下放的权力空间有限，不可能长期通过放权或让利来化解分离主义问题。

四 墨西哥现代民族国家建构的问题与挑战

墨西哥是玛雅文明和阿兹特克文明等多个古代文明的发源地，拥有丰富的本土文化资源。16 世纪初西班牙殖民者的入侵，打断了墨西哥本土文明的发展进程，并永久性地改变了墨西哥的人口及社会结构。数百年的殖民与融合，最终给墨西哥留下两个近乎平行的社会文化集团（阶层）：一个由西班牙殖民者、白人、克里奥尔人一级混血的梅斯蒂索人构成，另一个由人口占比不大的原住民和黑人构成。

20 世纪以来，墨西哥当局的一个重要任务就是，整合这两个有着文化和经济社会地位双重差异的群体，从而建构一个"民族一体化"或墨式"多元一体"的现代民族国家。进入 21 世纪，伴随着新自由主义政策和理念的日益兴盛，墨西哥的原住民等群体在尊重多元文化主义及"新公民身份"的光环下，日益陷入贫困化和边缘化的境地。作为市场经济中的"自由和独立的主体"，原住民等群体失去了昔日政府干预及保护主义政策的庇护，他们中的大部分人失去了拥有土地的法律保障。多元文化主义的教育政策，不仅没有使他们融入主流社会，反而使他们日益被锁定在封闭的社区中，成为时代和国家的弃儿。与此同时，宪法和法律层面承诺的原住民自治在实践中也无法真正落地。在新自由主义的深刻影响以及市场化、私有化和自由化的重重作用下，原住民群体不论是在经济社会发展方面，还是在文化、社会融入方面，抑或是在政治参与方面，均处于不利地位。墨西哥社会的二元结构或平行社会，在可见的未来难以消除。

五 土耳其现代民族国家建构的问题与挑战

土耳其脱胎于多民族（族群）、多宗教、多文化（语言）的宗教（军事）奥斯曼帝国。在其数百年统治中的绝大部分时间里，帝国的统治集团都没有试图去构建某种一致化的身份认同，相反，采取了差异化的统治策略：以宗教划分臣民身份并使之成为自治的政治、文化和社会单元。在西方民族主义思潮影响和政治力量的策动下，奥斯曼帝国分崩离析。在帝国废墟上建立的土耳其共和国，尽管穆斯林人口占比高达99%，① 但仍然是一个族裔和文化多元的国家。

由于土耳其绝大多数人口信仰伊斯兰教，国家不承认任何其他族性的分类，即不承认任何"少数民族"或"少数群体"的存在。这使得"库尔德问题"很难得到有效解决。同时，土耳其实行了现代政党政治，由于政党竞争的压力，土耳其政府无法在现行的政治和法律框架内承认并解决对国运有深远影响的"库尔德问题"。

土耳其一方面不承认其境内存在"民族问题"，另一方面长期受到"民族问题"的困扰而无法采取有效的应对策略。在系统解决"库尔德问题"方面，土耳其深受周边国家及大国基于地缘政治的干预等外部因素的影响。② 这一特点导致了土耳其在解决自身族裔问题时，缺乏主导性，不能自主把握国家、民族的命运。有学者甚至认为，"土耳其虽然立

---

① 根据美国中央情报局的数据，土耳其的穆斯林占比高达99.8%，其他宗教信徒的比例约为0.2%（其中绝大部分为基督教和犹太教信徒），https://www.cia.gov/the-world-factbook/countries/turkey/#people-and-society。

② 周丽娅、周少青：《论土耳其库尔德民族问题的"外部性"》，《学术界》2020年第8期。

国较早，且属于'第二拨'民主化的国家，但其民族国家建设的任务远未完成"。①

六 印度现代民族国家建构的问题与挑战

印度是一个有着"惊人多样性"②的后起发展中国家，它的多样性不仅表现在种姓、宗教、文化、地区、语言、人种等各个方面，也表现在地理分布及生态环境上。同时，值得注意的是，尽管印度是一个有着悠久历史的文明古国，但其历史上大部分时间处于分裂状态，严重缺乏政治统一性。事实上，印度作为一个政治共同体存在，是一件相当晚近的事。英国对印度全境长达一个世纪的殖民统治和管制，极大地冲击了印度大地上传统的经济社会结构，在某种程度上为结束印度割据纷争、建立现代国家体制提供了条件。二战结束后，印度实现了从英国殖民地到独立国家的转变，尽管由于印巴分治和孟加拉国独立变成了几个国家，但是印度作为人口大国和相对独立的政治力量在世界上的地位不容小觑。尽管现代民族国家的建设问题丛生、步履蹒跚，印度在混乱中仍然取得了一定的发展。

进入 21 世纪以来，印度人民党实施了具有强烈民族主义色彩的政策。莫迪政府放弃了独立以来坚持了近半个世纪的"在多样性中求统一"（unity in diversity）的国家建构和整合路径，采取了更加激进的国族建构政策。印度人民党极力主张印度教民族主义，并采取了一系列政策举措。其目的是借此缓和印度教文化内部的种姓、阶级和地区矛盾与冲突，进一步增强基于印度教的国民性；同时希望转移社会矛盾，借此减轻经济下行带来的巨大政治和社会压力。其实，印度希望以印度教特性整合整个国家，难度极大。由于整体发展水平及治理能力较低，印度在国家认同或民族国家建设上面临的困境与挑战是巨大的。

---

① 李秉忠：《土耳其民族国家建设和库尔德问题的演进》，社会科学文献出版社，2017，第60页。

② Jawaharlal Nehru, *The Discovery of India*, Jawaharlal Nehru Memorial Fund, 1993, p. 61.

第三节　解决民族问题的主要政策及效果分析

一　美国解决民族问题的主要政策及困境

美国民族问题的核心是国家特性问题,即美国国民认同一个什么样的国家问题。如前所述,美国现代国家呈现"自由帝国"、"自由主义公民国家"和"盎格鲁-撒克逊新教国家"三重面相或特性。为了调和这三种面相或特性,美国历届政府都做了程度不同的努力。从历史上看,美国建国以来一直盛行社会达尔文主义,采取保护个人自由至上的国家政策,对于社会不平等乃至不同人群(原住民与移民、白人移民与非白人移民尤其是早期华人移民)、不同人种(如白人与黑人)之间的地位差异容忍度很大。以自由主义建国在一定程度上使美国成为所谓的"自由帝国"。

20世纪60年代以来,美国国家特性中的"自由主义公民国家"特性逐渐占据主导地位,美国进入了前所未有的"多元文化主义时代"。① 这种状况一方面强化了包括黑人在内的所谓"有色族裔"群体对美国国家的认同,另一方面也造成白人基督教保守势力的抵制甚至反抗。

进入20世纪90年代,以民主党为代表的左翼力量长期执政(克林顿和奥巴马各自执政8年),美国国家特性中的"自由主义公民国家"色彩更加浓厚。与此同时,日益不满的基督教保守力量尤其是福音派群体也在积极蓄势,试图将美国重新拉回所谓的"盎格鲁-撒克逊新教国家"。在这一历史条件下,代表共和党阵营的特朗普利用白人民粹主义势力的支持,获得了执政地位(2017~2020年)。

在对待美国国家特性问题上,特朗普是一个有限的,也是一个"粗鄙"

---

① 美国从来没有自称是一个"多元文化主义国家",也从未像欧洲一些国家一样官宣"多元文化主义失败"。但是从实践层面来看,20世纪60年代无疑是美国由传统的自由主义向多元文化主义过渡的一个分水岭。多元文化主义对美国的政治、社会、文化和历史产生了重要影响,其中对美国历史尤其是美国革命史的影响和塑造最为引人关注。

的"亨廷顿主义者"。亨廷顿恐惧于拉丁美洲和亚洲移民的增多，担心"西班牙语成为美国第二语言、美国社会出现拉美裔化的倾向"，对"学术界和政界热捧多元文化主义和文化多样性理论"①感到不安，但他总体上是一个"新教文化主义者"。在他看来，如果有一天即使白人不占多数，但只要美国坚持"盎格鲁-撒克逊新教文化"的主导地位，那么美国国家特性仍然是无虞的。到了特朗普那里，美国国家特性逐渐演变成以白人为核心的福音基督教特性。在特朗普维护美国国家特性的政策清单中，反移民、反穆斯林、反多元文化主义成为鲜明特色，特朗普的最终目的是将美国"拉回上帝的怀抱"。

尽管特朗普维护美国福音基督教特性的努力，在一定程度上缓解了那些长期受自由主义及左翼力量压抑的传统基督教保守势力的紧张情绪，使得他们有了"重新掌控自己的国家"的希望，但其负面作用似乎更为明显。特朗普的政策不仅恶化了美国根深蒂固的种族矛盾，也极大地分化和撕裂了美国主流民众，使得其内部长期存在的左翼和右翼力量日益走向极化。即使2021年初，民主党拜登总统上台后，也很难从根本上改变这一趋势。

二 法国解决国民整合问题的主要政策及困境

法国今日面临两个方面的民族问题——世居少数民族问题和加入法国籍的外来移民问题，都直接指向民族认同。实现民族认同之所以难，是因为影响认同这种主观因素的外部条件较为复杂，其中最主要的除普遍、统一、平等的国民教育条件外，还包括平等的经济发展条件。

二战之后，法国世居少数民族的民族主义运动呈现上升态势，甚至在一些地方爆发了具有独立主义倾向的运动（20世纪50~70年代）。为平息包括少数民族地区对自身发展滞后的不满，法国政府从20世纪80年代开始着手推进地方分权改革。1982~1983年，法国陆续颁布了《地方分权法》

---

① 〔美〕塞缪尔·亨廷顿：《谁是美国人？——美国国民特性面临的挑战》，程克雄译，新华出版社，2010，"前言"第2页。

（*Lois Defferre*），被称为分权制"一号行动"。2003 年，法国参众两院联席会议通过宪法修正案，明确了法国的国家结构为"分权制"（décentralisée），并在国家与各级领土单位之间进行了管辖权的又一次调整。2004 年颁布的《地方自由与责任法》赋予各级领土单位更多管辖权。这一阶段的行动被称为分权制"二号行动"。法国地区民族主义运动在拉开地方分权改革帷幕后，开始趋于平缓。

外来移民的民族认同问题在历史上并不突出，但是伴随移民数量的不断增加，这个问题不断凸显，到 20 世纪 80 年代开始变得表面化，并逐步走向尖锐化。这与多元文化主义思潮影响的扩大有一定关系。20 世纪 70 年代，欧洲多国选择以多元文化主义模式整合外来移民，法国推行了独具特色的共和模式。

多元文化主义模式在整体上具有承认移民文化，为少数族裔创造平等条件的政策倾向。共和模式与多元文化主义模式在促平等层面具有一致性，所不同的是，在法国"单一不可分"的宪法原则规制下，每个公民的权利和义务是一样的，除此之外并不承认少数族裔群体的集体存在。鼓励移民无差别地融入是法国明确的政策基调，但为了加强外来移民的国家认同，法国政府从 20 世纪 80 年代开始也陆续出台了一系列的"城市政策"，其中就包含了对移民群体的一些优惠措施，还成立了多个反歧视与促平等的机构。

2010 年前后，随着欧洲主要国家先后宣布多元文化主义模式失败，萨科齐治下的法国也发生了政策方针的渐变式转向。2015 年《查理周刊》恐袭的发生，彻底结束了鼓励融入进程，强化法兰西的"共和国价值观"成为法国政府的核心对策。

围绕强化"共和国价值观"，法国锁定了两类重点群体，一是青少年，二是极端宗教组织。对于年轻人，法国内政部将教育与反恐相结合，"去极端化"教育进校园成为史无前例的新举措。对于第二类群体，法国政府越发明确地将极端宗教组织列为有待规范和整治的重点。2020 年法国一名史地教师惨遭"斩首"后，法国关闭和解散极端宗教团体的行动尤其密集。到 2021 年 4 月，法国参议院通过了《强化尊重共和原则和反分裂主义法》，各类措施得到明显加强。通过强化法国主流价值观的移民整合做法，虽然也取得了一定效果，但与实现这些移民真正的国家认同和国民团结目标相比还有一定的距离。法国"熔铸一国之民为一族"的国家整合政策，不论是历史经验还是现实困境，都具有十分重要的观察和研究价值。

三 西班牙解决民族问题的主要政策及困境

直到今天，西班牙都是欧洲为数不多的保留着国王的国家之一，仍未真正解决中央集权进行国家治理与地方自治政治扩张之间的张力问题。加泰罗尼亚的独立运动折射的正是西班牙"强地方"挑战"弱中央"的现实逻辑。西班牙中央政府从加泰罗尼亚问题积累了丰富的经验教训，采取了一系列政策尤其是通过法制举措，为遏制加泰罗尼亚的分离确立了法理依据。

2020年1月起开始执政的桑切斯政府，更希望通过宽容的政治手段，而非诉诸法律的惩罚手段解决加泰罗尼亚问题。他的这一意图主要表现在四个方面。第一，加强同加泰罗尼亚的政治对话。桑切斯于2020年1月就职后，就与执政的温和独立派"加泰罗尼亚共和左翼"（ERC）明确了定期会晤机制（2020年2月起），轮流在马德里和巴塞罗那举行会晤，双方政府主席与副主席每六个月参加一次会议。第二，拉拢"加泰罗尼亚共和左翼"。桑切斯政府的措施包括：提名倾向于宽待加泰罗尼亚前政治犯的法官为总检察长（2020年1月）；支持来自"加泰罗尼亚共和左翼"的佩雷·阿拉贡内斯为自治区主席（2021年5月）；宣布特赦因组织非法独立公投而获"煽动叛乱罪"和"贪污罪"，分别被判9~13年刑期不等的9位独立运动领导人（多来自"加泰罗尼亚共和左翼"）。第三，打击强硬独立派"在一起为了加泰罗尼亚"（JxCat）。桑切斯政府推动欧洲议会通过决议，取消了强硬独立派领袖、自治区前主席卡尔斯·普伊格蒙特和两名前官员的豁免权，为三人被引渡回西班牙受审铺平了道路。第四，瓦解"在一起为了加泰罗尼亚"与"加泰罗尼亚共和左翼"的联盟。在2021年2月举行的加泰罗尼亚地方选举中，桑切斯政府指派因抗疫而声名鹊起的卫生部长角逐加泰罗尼亚自治区主席，其参选果然成功扭转了原来强硬独立派"在一起为了加泰罗尼亚"

和温和独立派"加泰罗尼亚共和左翼"联合执政的局面。

"一人一票"民主制的最大弊端就是彰显分歧和难以形成合力。在西班牙领土政治整合尚未完成阶段，多党制民主体制催生了加泰罗尼亚独立主义党派，中央政府反过来也可以利用独立派内部的党派之分，从政治上瓦解独立势力。当然，西班牙目前阶段的对策，在一定程度上还属于政治操作甚至政治手腕的范畴，要想真正实现加泰罗尼亚"不会与西班牙政府迅速决裂"的目标还有不少问题。加泰罗尼亚独立运动的根源很复杂，其中中央政府与地方政府之间如何进行权限分割是问题核心。只有从根本上解决这个矛盾，才能化解加泰罗尼亚争取独立给西班牙带来的国家治理危机。

四　墨西哥解决民族问题的主要政策及困境

20 世纪，墨西哥民族政策出现了从革命民族主义制度向新自由主义民族政策的转型。墨西哥统一的民族国家建立之后，于不同时期对于多元族群采取了不同的政策，这在一定程度上反映出政策的摇摆性。

2018 年，国家复兴运动（Movimiento Regeneración Nacional）的候选人洛佩斯·奥布拉多尔（López Obrador）当选墨西哥总统。在就职演说中，他 16 次批评新自由主义，认为新自由主义造成了墨西哥社会的腐败与阶层分化，导致了持久困扰墨西哥社会的原住民问题、贫富收入差距过大等问题。此后，洛佩斯总统宣布将制定新的针对原住民的公共政策，从制度和现实双重层面解决原住民问题。

洛佩斯总统解决墨西哥民族问题的核心政策有如下三点。第一，在政治上，对墨西哥境内现有 68 个土著民族的身份予以承认。以公共协商的方式，由土著事务协调员制定全面的、反映土著人民诉求的发展计划。第二，在经济上，洛佩斯政府提出创建一个新公共机构，帮助土著居民获得经济资源，更好地满足土著社区的需要，激活土著居民的发展。第三，在法律上，以革命制度党政府与萨帕塔民族解放军 1996 年达成的《圣安德烈斯协定》为基础，推动国家的宪法改革，承认土著居民的自治权利，建立国家与原住民的新关系模式。

洛佩斯总统宣称新政府推动的改革，是与新自由主义的决裂。这是与19 世纪墨西哥独立战争、共和国时期自由主义胜利、20 世纪的墨西哥大革命并列的"第四次革命"。第四次革命力求推动"和平有序但又深刻激进"的社会转型，真正帮助原住民改善经济社会发展状况，解决多种社会问题。

其实，新政府的这一改革政策仍然延续了 20 世纪墨西哥民族政策的左右摇摆之势，并未对墨西哥解决民族问题产生实质性影响，原因如下。第一，威权传统的遗留、社会阶层的分化与特权阶层的形成在很大程度上削弱了墨西哥的治理能力。洛佩斯总统不得不通过各种民粹主义的方式，与包括原住民在内的社会大众、追随者建立无中介的关系模式。这在相当程度上加剧了新政策的不稳定性。第二，20 世纪 80 年代以来，新自由主义改革与《北美自由贸易协定》的实施，导致墨西哥经济对美国高度依赖。特朗普时期新修订的《美墨加三国协议》在大框架上延续了这一经济格局，这意味着虽然洛佩斯总统口头上批判新自由主义，但在实践层面并不可能轻易放弃新自由主义路线。

墨西哥新政府对新自由主义的批判，在很大程度上只是选举时的噱头。洛佩斯总统执政期间出现了"打左灯、向右转"的状况，其所声称的解决原住民问题和制定一系列政策，只是对 20 世纪墨西哥民族政策摇摆之势的继承与延续，并不可能从制度上真正解决原住民的问题。

五　土耳其解决民族问题的主要政策及困境

"库尔德问题"是土耳其民族问题的根本和关键。为了解决这一问题，土耳其历届政府可谓殚精竭虑，但效果一直不佳。

进入埃尔多安时代，正义与发展党积极调整政策，主要表现在以下四个方面。第一，该党开始将库尔德问题视为一个涉及政治、经济、社会以及安全等多方面因素的综合性问题，承认土耳其长期存在对库尔德人的歧视问题，这是导致问题的重要原因。第二，公开承认库尔德人和库尔德问题的存在，强调土耳其国家民族和文化的多元化，放弃已推行 80 年的"土耳其化"政策。第三，在治理手段上进行调整，不再强调采取简单的同化、反恐方式和一味用军事手段解决，而是强调综合解决，如强调土耳其整体的伊斯兰特性、扩大民主、加快经济发展、允许少数民族自身特性的表达。第四，对库尔德工人党软硬兼施，在继续打击的同时与之展开对话。

在上述政策中，强调伊斯兰特性颇为引人关注。为了寻找与库尔德人更多的共性，土耳其当局甚至不惜祭出"温和伊斯兰主义"①，试图在伊斯兰教相关教义中，找到与库尔德人和解的价值契合点。此举在吸引相当数量宗教保守的库尔德民众的同时，亦在一定程度上危及土耳其现代国家治理的世俗主义根基。

在应对库尔德问题上，土耳其政府显然面临着双重两难选择：一方面选择"温和伊斯兰主义"可以最大限度地团结库尔德民众，但同时又难以防范伊斯兰教对国家世俗主义根基的侵蚀；另一方面，土耳其政治精英虽然认识到民主、和平地解决库尔德问题，是土耳其国家民主化进程中的客观要求，也是符合土耳其国家利益的最佳方案，但由于政党政治和民主政治的逻辑惯性，包括执政党在内的任何主流政党都不敢轻易提出"民主化"的解决方案。②

由于历史和地缘政治等因素的影响，库尔德问题深受国际因素尤其是周边国家如伊拉克、伊朗、叙利亚和大国（如美国）、区域性组织（如欧盟）、非国家主体（如散居西欧各国的库尔德人组织、IS 等）的影响③，这一特点决定了库尔德问题很大程度上不是一个土耳其可以独立自主解决的内政问题，而是一个牵扯面非常广的区域乃至国际问题。土耳其解决民族问题的道路漫长且艰辛。

六　印度解决民族问题的主要政策及困境

印度民族问题具有多重性。从传统的维度来看，印度种姓、宗教、文

---

① 当然"温和伊斯兰主义"的提出，也是为了吸引主流民众中的宗教保守主义群体。
② 周少青：《土耳其民族问题析论》，《学术界》2019 年第 8 期。
③ 参见周丽娅、周少青《论土耳其库尔德民族问题的"外部性"》，《学术界》2020 年第 8 期。

化、地区、语言、人种、地理分布及生态环境的复杂多样性，加之其历史上大部分时间处于分裂状态，严重缺乏政治统一性，构成印度长期存在的以国家凝聚力缺乏、社会松散为标识的民族问题。为应对这一问题，从印度独立一直到20世纪90年代初，主流政治的国族建构和国族整合一直沿着"在多样性中求统一"的进路行进。

印度人民党上台执政后，在政党利益逻辑指引下，加上国际性的民族主义浪潮的影响，印度解决民族问题的理念和路径发生了重大变化。为打造一个均质化的民族国家，执政党逐步放弃了沿用了约半个世纪的自由主义、公民主义和世俗主义的国家建构或整合理念，转用印度教民族主义塑造国家特性和认同。印度教民族主义代表了一种不同的国族理想，其核心思想是把印度性与印度教划等号，认为自然构成印度国族的是印度教徒——严格地说是扩大意义上的印度教徒，即印度教加上起源于印度的其他几个本土宗教（佛教、耆那教、锡克教）的信徒，但其核心仍然是狭义的印度教徒。穆斯林和基督徒则被视为外来宗教的信徒，他们对印度国族和国家的忠诚不是天然的，因为他们的宗教圣地不在印度。印度教民族主义本质上是一种右翼文化民族主义，向外是宣扬印度教文化，但主要是向内的——向内制造他者，边缘化他者，以此来凝聚被种姓、语言、地区等分裂的印度教社群，建设一个"印度教徒民族国家"（Hindu rashtra）。

印人党的国族构建理念及方略，在客观上具有缩小印度教内部差异、强化印度教徒团结的作用。同时，这一进程也容易造成严重的族群冲突、暴力和骚乱，加深宗教社群之间的隔阂，极化社会关系，从而形成新的、更加棘手的民族问题。

需要指出的是，尽管以莫迪为首的印人党政府，也曾试图淡化印度教民族主义的色彩，增进现代印度民族国家的包容性。但是，由于具有浓厚的印度教文化及种姓制度等历史传统，加上现代政党竞争以及地缘政治（特别是巴基斯坦的存在）等因素的影响，印度在可见的未来，难以在民族问题或现代民族国家建构问题上取得明显进展。

第四节　现代民族国家建设的国际经验

一　充分认识民族问题对现代民族国家建设带来的深刻影响

在现代化进程中，传统国家形态转向现代民族国家建设，不是一蹴而就的，也不是通过一次革命或者一项政策就能完成的，而是一个十分复杂而艰难的转型过程。因为转型与一个国家的现代化进程相生相伴，涉及政治改革、经济增长、社会发展、文化变迁、语言调整、心理认同变化、宗教政策调整、国家凝聚力建设等各个方面，同时受到世界格局、地缘政治、国际关系（或双边关系）、跨国民族（族群）、外来移民、外部宗教势力等多种外部因素的深刻影响。不论是传统的多民族国家还是以外来移民为主组成的所谓新的国家，针对发展程度不同、历史文化传统差异巨大的不同民族群体采取什么样的政策，引导各民族共同建设一个现代化的民族国家，共同实现最大的进步和发展，受到区域差异、政治体制、国家财力、国家发展政策调整等复杂因素的制约，都是异常艰难的。从某种程度上说，转型作为一个与现代化并列的动态演进过程，很难用哪一个时点去论证某一个国家的这个过程已经"完成"了。

伴随近代资产阶级革命和民主体制的发展，越来越多的民族脱离原来的帝国体制，建立拥有主权的近代民族国家。拥有平等国际权利的主权国家或者民族国家，成为最终确立威斯特伐利亚国际体系的基础。因为民族的数量远远多于已经获得国际认可的主权国家数量，近代以来的绝大多数国家虽然具备主权国家或民族国家的属性，但在民族构成上仍是"多民族"的国家。

但是，民族国家具有一个共性，那就是这个国家的所有公民从法律上看具有平等的权利与义务。民族国家就是集所有具有平等地位的公民组成的国家，所有公民组成的整体就是这个国家的民族，也叫"国家民族"或"国族"。这样就在一个国家内部形成了两种类型的"民族"：包括所有公民人口组成的"国家民族"及基于共同的血缘、地缘、文化、语言等要素组成的"族裔民族"。如何处理民族与国家的关系问题，如何认识两种"民族"

之间的关系，如何看待"两种民族"给公民个人赋予的不同身份在认同方面的内在关系（和谐的一面或者张力的一面），如何对待这个国家内部"少数族裔"（或少数民族）与"多数人口"（过去一般称为"主体民族"）在经济、社会、文化方面的差异性并做出相关政治安排及出台政策举措，就成为现代多民族国家不得不面对的重大问题。

民族问题在世界各国的现代化进程或者现代民族国家建设中，都占据十分重要的地位，在一些国家甚至成为核心问题。承认这种多样性的人群是"民族"也好，不承认他们是民族而是"族群"或者"公民个人"也罢，多民族国家的现代国家建设或者"民族国家"建构是无法忽略"民族"问题或民族现象的。

由于民族现象的复杂性和敏感性，民族事务治理在这个转型过程中特点表现得更加突出。一个国家在转型过程中面临的很多政治、经济、社会、文化等国家层面的问题，往往通过"民族"的形式，在某一区域或某一部分人群（民族或族群）中率先表现出来，成为这个国家的"民族问题"或者解决上述问题的"民族政策"问题。

我们研究的六个国家，美国、法国、印度是不承认差异性巨大的各种人群是"民族"的，西班牙加泰罗尼亚问题既是"民族问题"更是"地区问题"；土耳其的库尔德人问题既是国内问题，又与国际问题和周边国家同样存在的库尔德人问题紧密联系在一起；墨西哥的原住民，经过几百年的融合已经从总体上变成了现代墨西哥的公民或者"国家民族"的一部分，但在国家内部仍处于相对落后的经济和社会地位，离拥有真正的平等权利和发展机会还有很长的路要走。

二 维护国家统一与主权完整是民族政策的底线

国家认同是现代民族国家的基础和前提。一个国家的国民，不论其来自什么地区、来自哪个民族，都必须认同属于全体国民所有的同一个国家。尽管在历史的不同时期，一个国家的内涵、外延乃至领土、疆界都可以变化，但现代民族国家的领土疆域、国境线（未划定者除外）和主权范围及其国民（护照）身份地位，是得到国际法确认的，总体上是清晰的。现代国家的政府和权力机构只有有效维护领土完整和主权独立，才能获得国民的认同和拥护。

但是，由于历史、文化、宗教以及外部国际环境等因素的影响，现代民族国家在总体一致性的框架内或者前提下，也存在诸多边缘模糊地带。比如，一个公民的国民（国族）身份认同与民族（族裔）身份认同的非一致性问题，一些少数民族与该国绝大多数人口的文化特色或者宗教信仰的显著差异问题，一些地区与其他地区基础设施和经济社会发展差距过大的问题，一些民族与国外的民族具有天然相似性（跨边境线而居）而与国内其他人口民族身份不一致问题。这些问题在一定程度上会导致国家不得不采取一些特殊的制度安排，或者赋予更大的自治权甚至自决权，或者采取更多的支持援助政策进行平衡及调节。然而，有时这些政策并不能有效弥合特殊地区和特殊民族要求更大自治权乃至独立的诉求进而形成"民族分离主义"。

民族分离主义不仅要求国家给予更多的自主权和特殊优惠政策，一旦国家无法满足其诉求，他们将提出脱离国家进行民族分离的主张甚至实践，以实现从国家之中分离出去的最终目标。在争取实现所谓"民族自决权"及国际敌对势力的干预下，民族分离主义的问题并没有消失。从南斯拉夫的科索沃到西班牙的加泰罗尼亚、加拿大的魁北克、大不列颠及北爱尔兰联合王国的苏格兰以及土耳其的库尔德人问题等，不论是发达国家还是发展中国家，很多国家都面临民族分离主义的问题。

民族分离主义是多民族国家民族问题的极端表现，也是现代国家建设与发展面临的重大挑战，对内影响到国家的发展战略、宏观政策及一系列具体政策的制定和资源配置。对于具有特殊性的地区和群体，国家不得不采取非均质化的举措，从而制约了国家法制、政策的一致性，在一定程度上也影响了公民个人权益的公平性。如果处理不当，容易导致群体性事件甚至严重的社会冲突，给社会稳定与和谐社会关系带来不利影响。对外，这些地区或者问题容易成为国际敌对势力进行干预、遏制、掣肘、破坏的薄弱环节，国家不得不在国内外拿出大量的人力、物力、财力和精力加以防范、进行对冲，消耗巨量的国家资源和外交力量。另外，这些问题一旦恶化，将脱离一国控制的范围，成为影响地区安全、国际关系乃至世界和平与发展的隐患甚至国际冲突的导火索。

民族分离主义带来的威胁和挑战，是任何主权国家都无法容忍和承受的"国之大者"，也是现代国家建设的头等大事。对于具有民族分离主义威胁的国家来说，反分裂是国家建设的当务之急。西班牙中央政府针对加泰罗尼亚采取的各种举措，不论是政策调整还是立法约束，其目的绝不会是让其独立出去，更多的是中央政府与该地区政府自治权及优惠政策的多与寡不断进行讨价还价而已。西班牙经过长期的努力特别是修改宪法关于"公投"权力的条款，中央政府已经掌握了主动权。土耳其尽管针对境内外库尔德人的政策和措施具有粗暴简单、不计后果的特点，但对境内库尔德人的分离主义倾向也进行了有效的控制。相对而言，法国、印度、美国面临的民族分离主义问题尽管不是很严重，但对于这些问题的防范还是必要的。

三 促进各地区各民族的公平发展是维护社会团结的重要条件

现代化是从传统社会向现代社会转型的持续进程。受区域条件、资源禀赋、居民健康与教育水平等因素的影响，一个国家之内各地区的现代化一般不是同步的，经济社会发展水平的区域差异是客观存在的。尽管人口流动在一定程度上可以缩小区域收入差距，但如果没有国家对欠发达地区的强力支持，仅仅靠这些地区自主积累进行现代化、实现持续增长进而缩小地区发展水平差距是不可能的。针对欠发达地区和贫困人口的特殊帮助，包括对处于边疆落后地区的少数民族人口给予特定的支持与帮助，是现代国家的基本职责，也是政府获取绝大多数国民支持拥护的基本政策导向。

现代化的进程不仅仅是经济增长和物质生活水平的不断提高，也包括公民权的不断发展以及全社会范围内各个地区、各个群体能够获得平等的政治、经济、社会、文化权利。这个进程可从个人和集体两个维度进行评析。近代以来，每个公民获得平等的公民权尤其是政治权利的过程是不同的。资本主义社会尽管可以通过革命的方式取消特权阶级的传统"特权"，比如法国大革命取消了国王和封建贵族的世袭权力，所有国民获得了公民权。但是在美国，公民范围的扩大和公民权利的提升是相当漫长的渐进过程。以黑人获得公民权利为例，美国内战之后黑人才从奴隶的身份中解放出来，又经过一个多世纪的斗争才通过《平权法案》获得了平等的政治权利。但是，黑人和白人之间的收入、财富、教育与健康水平等经济社会发展差距，离公平的目标是十分遥远的。至于无所不在的种族歧视、社会问题、文化认同等方面的共同发展问题，信奉自由主义价值观的美国似乎对此并没有真正采取有效的举措加以克服。仅仅从个人政治权利和法律地位的平等观察美国的民族现象、种族问题、族裔文化，是远远不够的。西班牙、土耳其、墨西哥乃至印度，有的保留封建王权的残余，有的存在对少数族裔（库尔德人和原住民）根深蒂固的歧视，有的还保留十分古老的法律上乃至政治上十分不平等的"种姓制度"。由此可见，仅仅从个人权利的角度分析现代民族国家的发展，我们研究的六个国家显然具有十分显著的差异性。在迈向公平、共享的现代国家和社会发展方面，哪怕已经采取了一些地区支持援助举措甚至民族优惠政策，没有哪一个国家不存在问题，也没有哪一个国家完全解决了地区或族群之间的公平发展问题。

至于在不同民族和族裔公平、平等的集体权利建设方面，世界各国包括我们研究的六个国家，差异性更加显著。首先是是否承认不同民族和族裔群体在一个国家内部可拥有自己的集体权利问题，其次是采取什么样的方式承认或支持不同民族的平等权利。一般情况下，盛行自由主义理念、主张公民个人拥有平等政治和法律权利的国家，一般不认可、不支持少数民族、外来移民（族裔）享有超越社会大多数人口（主体人群）的集体权利。法国和美国是比较典型的国家。由于历史原因，西班牙中央政府对加泰罗尼亚人历史文化权利予以尊重，并给予该地区高度的自治权。墨西哥对于仅存的占人口很少比例的原住民给予了一定的优惠和照顾，但显然不是把这些政策作为凌驾于公民权之上的特殊权利，不过是给予一定的历史补偿或者发展援助而已。至于土耳其和印度，对于境内的少数民族（库尔德人、穆斯林或低种姓人口），依然存在各种歧视、偏见和不公正待遇，连给予平等、公平的集体身份都谈不到，遑论给予更优惠的支持与照顾了。

一个社会的团结与和谐关系的建构，需要在经济社会发展、平等政治法律地位、区域协调平衡发展等领域通过一系列举措共同发力。这是一个难度很大、不容易达成的目标，但也是人类社会前进的方向。现代民族国家建设，不能因为存在这样那样的问题和制约就不往这个方向努力。我们研究的六个国家，尽管发展程度不可同日而语，但在纵向进展方面，无疑都取得了显而易见的进步，对此我们应当予以肯定。但是对于实现未来的目标，也应当充分看到其艰难程度。

四 确立各民族和全体国民共享的国家价值观至关重要

文化认同是最深层次的认同。现代国家建设，必须把全体国民共同的价值观和各民族共享的精神家园作为提升国家凝聚力的根本和关键。特别需要强调的是，现代国家民族共同体意识，本质上是"国家民族"认同，是对国家价值观和文化的认同，也就是个体对"国家民族"的直接关联意识和归属感。增强这种关联意识和归属感，是摆在我们面前的一个重大任务。现代国家共同体建设需要一个目标清晰、价值理念自洽和具有内在稳定性的国家整合方案。

美国人之所以在建国 200 多年之后，还在追问"谁是美国人"，这与他们在"国家特性"或国家认同建构问题上存在的构建目标模糊、价值理念冲突以及缺乏内在稳定性密切相关。法国大革命之初就设定了一个目标清晰的公民民族主义的国家整合方案，总体上看是成功的，但是面对复杂的外来族群方面也存在不少问题。目前法国整合移民少数群体的经济社会及文化政策还不是很有效，一些外来移民少数群体的社会离心现象越来越严重，最终导致作为国家整合基石的"法兰西价值观"面临严重威胁。土耳其虽然在其建国之初就确立了世俗主义、公民主义的共和国理想，但由于不能直面对其影响深远的库尔德问题，不能恰当处置其主流群体的宗教情感或情绪（甚至有意利用这种情感或情绪），国家整合或建构理路越来越偏离凯末尔的建国理想和愿景。

印度的国家共同体建设和社会整合尽管问题丛生、步履艰难，但在印人党执政之后确立了一个比较清晰的目标，即建立一个"印度教国民国家"。只不过这个目标仅仅看到了印度教徒的力量，没有承认甚至歧视非印度教徒特别是穆斯林的平等权益（不仅仅有公民个人的权利还有集体权利）。由于这一目标严重背离了印度国情，且与世界政治文明的发展大势相悖，一方面造成其国内族际关系紧张，冲突不断；另一方面在国际上导致其国家信誉和国家软实力下降。

西班牙和墨西哥在文化整合方面虽有缺陷和瑕疵，但总体上维持了国家文化的整体认同。西班牙已经设定了一个"西班牙牢不可破的团结和全体西班牙人所共有的不可分割的祖国"的宪法防护栏，这是反分裂斗争的成果。当然，由于其政治理念和实践中的"民主决定论"、"自决权"、政党地方化或民族化以及根深蒂固的"一族一国"执念等，西班牙宪法所确立的"不可分割的祖国"不断受到挑战。进一步从经济社会尤其是文化方面把加泰罗尼亚与整个西班牙整合在一起，还是一项十分艰巨的任务。墨西哥虽然很早就确立了"一体化"的国家整合方案，总体上也是比较成功的，但由于长期找不到适合国情的政策方案（最近的方案是新自由主义和多元文化主义政策），加上墨西哥深受美国政策制约，自身独立自主的现代化进程十分艰难。国家和政府力量薄弱，对于原住民少许的支持优惠，很难改变整个国家二元化的结构和发展困境。

五　采取积极稳妥的宗教政策意义重大

谨防宗教成为影响和塑造国家认同的主导力量。上述六个国家中，有三个国家深受宗教影响——日益"复兴"的印度教对印度国家认同产生了支配性的影响；"温和伊斯兰"的崛起也严重威胁着土耳其确立了近一个世纪的世俗主义；全面政治化的福音基督教则挑战着美国国家特性或认同。

宗教民族主义是一种高烈度的民族主义，往往具有更强的排斥性。将其作为国家认同和国民特性的核心构建因素，不仅可能导致非特定宗教的民众离心，还严重违背了世界范围内政教分离和世俗主义的共识，最终不仅威胁一国国内民众的团结，也影响该国家的外部形象和国家软实力。

第五节　对现代民族国家建设的若干启示

一　确立现代民族国家建设与国家整合的总体目标和长远战略

在铸牢中华民族共同体意识问题上，我们首先需要确定一个目标清晰、价值理念自洽和具有内在稳定性的国家整合方案。虽然目前我们有"增强五个认同"和社会主义核心价值观作指导，也强调"加强各民族交往交流交融"和"促进各民族像石榴籽一样紧紧拥抱在一起"，但这些只是原则性的指导方针，我们需要更具体、更清晰、更连贯的共同体规范表达。这种共同体规范既要包含鲜明的中国传统文化特质，又要体现社会主义核心价值观，同时还要反映人类共同价值。这种共同体规范也可以被称为"中国信念"。我们建立了社会主义民族关系，奠定了各民族一律平等的政治法律地位。同时，我们还要进一步加强各民族的个人公民身份建设，从个人维度铸牢中华民族共同体意识，提升"铸牢中华民族共同体意识"的整体效果。

二　现代民族国家建设是一项耗时久远的巨大的系统性工程

现代民族国家建设是一项耗时久远的巨大的系统性工程，不论是发达国家还是发展中国家，都面临国家建设的艰巨任务。有着数百年民族国家构建历史的美国、法国至今还面临"谁是美国人"的难题和"法兰西价值观"危机。19世纪末就已完成统一大业的西班牙，至今还面临地方（民族）分离主义的严峻挑战。墨西哥虽不存在分离主义风险，但独立200多年，仍然没有解决主流-土著二元社会结构问题。至于建国时间相对较短的土耳其和印度面临的问题就更多。必须清楚，形成国族认同是一个长期历史积累的过程，是一项需要深耕细作、久久为功的系统性工程。对此我们必须保持足够的耐心、信心和定力。

三　国家共同体建设是一个争取人心、夯实共同利益和凝聚共识的过程

国家共同体建设是一个争取人心、夯实共同利益和凝聚共识的过程。在此过程中，国家不仅需要引导和塑造不同民族或族群民众的价值观，还需要采取切实可行的经济社会发展政策和有效的政治参与机制来保障各民族公民的平等地位，这一方面，法国的教训明显可鉴。长期以来，法国在促进移民群体的经济社会发展方面措施乏力，但在促进法兰西价值观上却不遗余力。从 2010 年开始，更是将整合政策从"促平等"转向"强调价值观认同"。这种只讲价值观上的认同，不讲共同利益的做法，显然难以争取人心、凝聚共识。

在当今世界许多国家，经济社会发展问题与民族问题或国家认同问题纠缠在一起，我们的基本看法是，单解决经济社会发展问题不一定能解决民族问题或国家认同问题，但是，不解决经济社会发展问题，则民族问题或国家认同问题会变得更加难以应对。在大多数情况下，经济社会发展是解决民族问题或国家认同问题的基本前提。但是，也要看到，解决民族问题或者说国家认同建设本质上是一个价值观重塑的过程，没有强有力的价值观和信念的支撑，基于"物质"——经济社会发展建立起来的国家认同，会随着经济社会状况的恶化而趋于弱化甚至逆转。这一点在当前美国表现得非常明显，不仅少数族裔群体如此，多数群体亦如此，甚至情况更加严重。

四　警惕新自由主义和狭隘封闭性多元文化主义政策对现代民族国家（共同体）的侵蚀，尤其要妥善处理宗教问题

资本主义国家的政党政治意味着很难实现全社会的真正共识，要谨防政党政治的发展偏离多民族国家的大局和根本利益。这方面，印度的教训值得关注。政党政治的初衷在于更好地整合一国国内各类政治和社会力量，从价值观和效率两个层面最大限度地实现国家整合及国家利益的最大化。然而，在资本主义的"市场政治"条件下，政党为了最大限度地实现自身利益，

往往不惜损害国家的整体利益和长远利益。在印度，执政的印人党为了最大限度地获取印度教民众的选票，先后有计划、有预谋地挑起"巴布里清真寺事件"，颁布禁止屠牛令和限制改宗法案，发起"回家运动"（即要求穆斯林和基督徒回归其祖辈的印度教），推行"反爱情圣战法"①等。印人党的这一系列操作，在极大促进党派利益（成功获得执政和连续执政）的同时，严重恶化了印度相对和谐的宗教和社会关系，给印度未来的社会团结和国家凝聚力建设留下了难以清理的负资产。

在这一问题上，墨西哥的教训尤为惨痛。该国自20世纪80年代以来奉行的以私有化、市场化、自由化为特征的新自由主义政策，使国家丧失了对经济资源尤其是土地的控制权，结果导致作为农民的原住民几乎完全失去土地和生活依靠。与此同时，国家放弃了文化上的整合责任，推行所谓自由多元的文化政策，导致原住民困守在自身封闭的文化圈内。2010年联合国开发计划署推出的《墨西哥土著人民发展报告》（*Informe Sobre Desarrollo Humano de los Pueblos Indígenas en México*）认为，墨西哥的印第安人民陷于极端的贫困、不平等和被排斥状态。

事实证明，现代民族国家（共同体）的建构离不开国家在经济社会发展上的全面统筹能力②。然而，由于社会制度的局限性，西方及大部分发展中国家的中央政府缺乏足够的资源统筹能力，无法有效干预族群或地区之间的经济社会发展不平衡问题；又由于这些国家大多采取自由主义的文化政策，它们也没有足够的能力引导文化发展的方向，构建国家层面的共同体文化。

关于宗教或宗教民族主义，要高度警惕宗教捕获主体民族民众的现象，一旦相当比例的主体民族民众信仰某个宗教，将对国家认同构成严重冲击。

---

① "Uttar Pradesh Legislative Assembly Passes 'Love Jihad' Bill Amidst Opposition Protest", https：//thewire.in/communalism/uttar-pradesh-legislative-assembly-passes-love-jihad-bill-amidst-opposition-protest.

② 有关这方面的案例，参见周少青《中西比较视野下的中国民族交融发展道路》，《民族研究》2019年第3期。

五　要深刻地认识到资本主义意识形态和价值观对现代民族国家（共同体）构建的危害

资本主义国家讲究"国家中立""自由竞争"，不论是个体，还是群体（地区），都需要通过自身的努力去获得生存和发展所需的必要条件。西班牙的分离主义者就认为，他们没有任何责任、义务"为国家养活、帮助贫困人口"，"贫困是贫困人口个人需要解决的问题"；经济发达地区向国家缴纳的税收，"是需要取消的不公正的剥削"，国家（中央政府）如果不取消这些政策，他们就将独立，建立"自己的国家"。这种赤裸裸的利己主义意识形态和价值观，与社会主义中国的"共同富裕""奔小康的路上一个也不能少"的共同体精神形成鲜明对比。

在一个现代主权国家里，选择承认"少数民族"或"少数族群"存在的策略，并不必然损害国家凝聚力建设和社会团结；同样，选择否认它们存在的策略，也不必然促进国家共同体的建设。上述六个国家中，至少有三个国家选择不承认少数民族存在的策略，但它们的国家整合或共同体建设并没有因此而比其他选择承认策略的国家更轻松。事实上，在一些国家，如法国和土耳其，选择不承认少数族群（民族）的策略，还直接影响到这些国家采取有针对性的手段解决少数族群的边缘化、贫困化和社会融入问题。问题的关键还在于，尊重历史和国情，选择恰当的国家认同整合政策与方略。

六　高度重视现代民族国家建设中的历史文化因素

具体而言，在对待历史问题上，国家必须牢牢把控叙事的主导权，不允许民间或学界在重大历史问题上自行叙事，更要坚决防范（民族）地区擅自篡改历史的自我叙事，这方面西班牙加泰罗尼亚的教训显然可鉴。值得注意的是，即使西班牙中央政府发现了加泰罗尼亚分离主义势力在大力宣传其"独特的历史和认同"，故意夸大加泰罗尼亚人与西班牙人的差异，但由于制度和体制等方面的原因，也无法进行有效的干预。

七 采取积极稳妥的策略尤其是法治策略坚决打击民族分离主义

鉴于地方（民族）分离主义已成为危害现代民族国家（共同体）建设一个极为重要的因素和我国实际面临的相关问题，在应对分离主义方面，特提出以下建言。

第一，要深刻了解中国地方（民族）国情。中国在处理包括地方（民族）分离主义问题上有着丰富的"本土资源"——天下式的包容观、自古以来的多元一体、因俗而治、差异性治理以及新中国成立后形成和发展的民族平等、民族团结和各民族共同繁荣原则等等。这些本土资源在应对地方（民族）分离主义问题上显示出强大的生命力，富有弹性和成效，不能妄自菲薄，轻言改变。在这一点上，我们尤其需要坚持道路自信、理论自信、制度自信和文化自信。

第二，警惕"一族一国"式的民族国家观念的危害。民族国家观念在历史上曾经起过非常进步的作用，在中国近代多民族国家构建中也起到重要的推动作用。但是，随着传统（多）民族国家向现代国家的深入发展，"一族一国"的民族国家观念不仅在其故乡——西方国家越来越显示出其解构性的破坏力量，在中国也日益展现出其分化的力量。因此，在中国，反思和批判"一族一国"民族国家观念的一个主要途径是深刻反思和批判形形色色的族裔主义，对此要深入、审慎研究国家整合的技术和价值问题，提防国家被各类族裔主义所侵蚀。

第三，继续坚持和完善中国特色的社会主义民主政治，在涉及国家主权问题上，不容许任何地方（民族）有通过"民主权利"而决定分离的权利，坚持有关主权的事项，必须由主权国家所有民众一起决定的原则。

第四，坚持和完善中国共产党对地方（民族）事务的统一领导，是应对地方（民族）分离主义的一大法宝。西方国家的党争不仅影响政府施政的效率，降低民众对国家利益的关切度，而且在一定程度上，成为地方（民族）分离主义的重要推手。特别是当政党民族化或地方化时，这种消极作用就更加明显。中国共产党的统一领导是中国的民族区域自治制度不走偏的根本保障，也是中国的民族区域自治不同于西方国家的重要表现。可以说，在处理地方（民族）分离主义问题上，中国共产党的统一领导具有举足轻重的作用。西方国家在应对分离主义问题上遇到的一切困难都与其多党竞争体制有关：中央政府统筹能力薄弱难以抑制"因富而分"的地方（民族）分离主义、党争与分离势力结合等等。

第五，制定以宪法为中心的反分离主义法治体系，以宪法划红线，坚决维护宪法权威，不容许任何政治势力挑战宪法体现的制度和价值安排。以刑法为底线，坚决依法打击敢于触碰法律底线的分离主义分子；分离主义分子一旦被判刑入狱，就会失去赖以行动的人身自由和权利基础。

第六，坚持以马克思主义为指导的社会主义核心价值观。这一价值的根本特点在于它超越了地方或族裔的狭隘（特殊）利益，具有保障整个国家主权安全和领土安全所必需的普遍适用性。因此维护习近平新时代中国特色社会主义思想，是解决中国民族问题和地方（民族）分离主义问题的重要前提和保障，失去了这一点，就会陷入西方及部分第三世界国家自由主义衰退，民族主义、种族主义和地方主义、孤立主义、民粹主义泛滥的困境。

第七，正确评估民族问题治理的国际经验教训。由于在历史文化传统、政治社会制度、族群结构及族群关系特别是在建国基础或背景及历史经历（心理）上的巨大差异，各国在对待彼此"成功的经验"或"失败的教训"时，须抱有相当谨慎的态度。须知道，在解决民族问题或构建现代民族国家（共同体）问题上，"他山之石"有时候可以"攻玉"，有时候则会导致"玉石俱焚"。正确的思路或许是本着"家家都有本难念的经"的理路，在充分尊重自身历史、传统和现实国情的前提下，审慎地鉴取他国的经验和教训。特别是在对待西方国家的经验方面，必须充分关注到其族群政策或国家整合政策背后的社会制度、基本理论特别是意识形态因素。

在共同体建设或者说在国家凝聚力和社会团结建设问题上，中国模式的最大特点在于，克服了长期困扰西方国家的政治认同与文化认同的二元对立，将政治价值观与传统文化的价值高度融合在一起，并在其政治及行政建制中进一步巩固这种结合，从而形成能够动员 56 个民族的强大凝聚力和社会团结。尽管由于种种原因（如地缘政治和国际分离主义的影响、渗透等），在个别地区也出现了"三股势力"，但总体上，中国境内各民族的团结和中华民族的凝聚力处于不断上升之中，中国国家凝聚力和社会团结处于历史最好时期。

"世界主要国家民族政策与基本经验研究"课题组

课题负责人：王延中

执笔人：王延中　周少青

第二章
美国国家特性（认同）的
危机及其启发

　　由于特殊的建国条件及理念、历史经历和政治过程，美国并不存在大部分西方及第三世界国家意义上的"民族问题"。美国的"民族问题"主要表现在国家特性或认同的构建方面，表现为国家特性或认同危机。独立200多年来，在究竟建立一个什么样的国家问题上，美国的政治精英始终缺乏明确一贯的共识。实践中，美国不同历史时期的政治精英在建国的价值取向和目标之间不停摇摆，其现代民族国家呈现"自由帝国"、"自由主义公民国家"和"盎格鲁-撒克逊新教国家"三重面相。这种状况，不仅导致美国国家特性的长期不稳定，还在不同历史时期造成程度不同的政治和社会危机。① 面对更加复杂的21世纪的新形势，反思并系统地整合充满张力的国家建构目标和价值理念，从根本上解决美国国家建构中存在的种种问题，从而建构统一、连贯、自洽的美国国家特性，是美国政界、学界面临的一项事关全局的重大议题。

第一节　"自由帝国"：美国创始时期的国家面相

　　美国的创建始于英国在北美的十三个殖民地的联合。特别值得注意的

---

　　① 当下基督教福音民族主义的崛起不过是这类危机的最新表现形式而已。

是，北美十三个殖民地联合发动独立战争并最终创立美利坚合众国的目的并不是建立一个西欧范式的传统民族国家。相反，它在几乎每一个重要维度上都与这种传统的民族国家相左：它不仅不追求基于族裔、语言、文化或宗教上的身份认同，还与有着近乎相同身份认同的英国白人殊死较量。为了确保斗争的胜利，这些扎根北美的英国殖民者不惜与"母国"的宿敌法国结盟。同时，美利坚的独立战争也基本上不存在反封建、反神权，为资本主义发展开辟道路的问题。还有一个重要的不同点是，美国革命的目的也不是建立一个强大的中央集权制国家，如此等等。

那么，美国独立革命意欲建立一个什么样的国家或共同体？首先可以肯定的是，它的目标不是建立一个身份意义上的"自己的国家"，更不是建立一个基于地域认同的区域共同体。如果用一句话概括，美国革命的目的在于争取殖民地人民的"权利和自由"。值得注意的是，尽管激发美国革命的主要因素是殖民地人民与宗主国之间的"不平等"①，但实践中斗争的目标日益指向"普遍的自由"。在美国的建国精英那里，"英国对殖民地的征税和其他举措，并非单纯的经济问题，而是对自由的严重威胁"，而"独立战争则是一场抗击暴政、决定自由命运的战争"。② 托马斯·潘恩认为"旧世界遍地盛行着压迫。自由到处遭到驱逐"③；他明确指出，独立战争的目的就是捍卫"自由"的"理想"；为了守护"一个国家的自由"。不仅如此，在潘恩看来，美利坚人正在争取的自由事关人类整体的福祉，他甚至断言"没有美利坚，就没有整个世界（Universe）的自由"④。1784 年，政论作家理查德·普赖斯牧师大力颂扬美国革命，称之为"一场为了普遍自

---

① 在殖民地的革命者看来，这种不平等不仅表现在税收、贸易政策等方面，更表现在英格兰议会与殖民地地方议会之间的统治与被统治的关系之中，对此他们强烈要求作为大英帝国子民的平等地位。

② 李剑鸣：《"危机"想象与美国革命的特征》，《中国社会科学》2010 年第 3 期。

③ 《潘恩选集》，马清槐等译，商务印书馆，1982，第 37 页。

④ 潘恩还声称，美利坚人所捍卫的自由远胜过古希腊罗马的自由，因为她"摒弃了对他人的奴役"。Thomas Paine, *The Political Writings of Thomas Paine*, vol. 1, Middletown, NJ: G. H. Evans, 1837, pp. 131, 149.

由的革命"，开创了人类历史的新纪元，传播了"对人类权利的正当情感"，激发了反抗暴政的精神，为世界各地的被压迫者提供了一个"避难所"，为创建一个可作为"自由、科学和美德的基地"的国家奠定了基础。[①]

从"为争取殖民地民众的平等"而斗争到"为广袤世界的普遍自由事业而奋进"，反映了美国现代民族国家构建的独特历程。宣示美国诞生的《独立宣言》本应是一个殖民地独立并进而创立主权民族国家[②]的寻常政治和法律文本，但其采取了"人类"本位的普遍主义模式。《独立宣言》宣称"我们认为下述真理是不言而喻的：人人生而平等，造物主赋予他们若干不可让与的权利，其中包括生存权、自由权和追求幸福的权利。为了保障这些权利，人们才在他们中间建立政府，而政府的正当权力，则是经被统治者同意授予的。任何形式的政府一旦对这些目标的实现起破坏作用时，人民便有权予以更换或废除"。从这一宣示中，我们至少可以看出：第一，即将建立的美利坚合众国是一个基于基督教理想的"山巅之城"（City upon a hill）[③]，在这个国度中，人在造物主（Creator）面前一律平等，拥有不可剥夺的权利和自由；第二，国家或政府的设立是为了保护这些权利和自由，换句话说，国家或政府只是手段；第三，国家或政府存在的正当性基础是人民的同意，因此，当国家或政府违背所设立的目的时，人民有权推翻它。《独立宣言》的这三重意涵不仅折射出美利坚合众国构建过程中的"主权在民"、社会契约论等理念，更反映出基督教普遍主义价值观。它提示世人，美利坚合众国不仅是一个"民有、民治和民享"的世俗主义民主国度，更是一个基

---

① Richard Price，*Observations on the Importance of the American Revolution*，*and the Means of Making It a Benefit to the World*，Boston：Re-printed by Powars and Willis，1784，pp. 3–5，转引自李剑鸣《从政治史视角重新审视美国革命的意义》，《史学集刊》2017 年第 6 期。

② "宣言"认为殖民地的独立是"一个民族"（people）解除与"另一个民族"（people）政治联系的行为。

③ "山巅之城"源于圣经《马太福音》第 5 章第 14 节"你们是世上的光。城造在山上是不能隐藏的"。早在 1630 年，马萨诸塞海湾殖民地牧师兼总督约翰·温斯罗普便在一次著名的演讲中提醒新英格兰的清教徒殖民者，他们所在的社群（community）将成为世人的楷模。

督教光芒照耀下的自由、平等之帝国。在建国精英托马斯·潘恩、托马斯·杰斐逊、约翰·亚当斯等人的眼里，美国革命主要是"政府原则或形式"的革命，其最大的历史功绩是建立了史无前例的"政府体制"（fabrics of governments），这种政府体制的最大使命是保障"生命、自由和财产的安全"。正是这种伟大的使命，才使美国人在特定的历史条件下放弃了对"母国"的热爱，而选择新的政治权威并最终建立一个独立的国家①。同时，这种政府体制所守护的"自由和权利"，不是政府甚至宪法所赋予的，而是自然法或上帝所预先赋予或创造的。从法理上看，这种权利和自由的享有主体，并不局限于美利坚人，它囊括了自然法或基督教光芒照耀下的每一个个体。

按照上述逻辑，初创时期的美利坚合众国并没有像"旧世界"国家那样将国家建构（nation-building）的重心放在国家认同（national identity）的构建方面。② 相反，为了防范正在建构中的政府的"暴政和专横"，美国的政治精英和普罗大众将他们的主要精力用在政府体制的具体设置方面。这一时期的国家建构实质上停留在制度层面，主要涉及国家制度、体制、机制及效能建设等议题。为了有效保障公民的权利与自由，国家权力最终被分解为立法、行政和司法三个部分，通过这三种权力的相互制衡，国家能力受到有效限制。

我们可以看出，初创时期的美国并没有循沿西欧传统民族国家的构建范式，即在国族建构过程中加强中央的国家权力，培育和强化国家认同。为了摆脱来自"旧大陆"英国的压迫和剥削，争取殖民地人民的"自由和权利"，美国的革命者一开始便把反对英国的"暴政"和争取人民的"自由"放在首位。独立后美国各州以及各派政治势力围绕如何最大限度保障人民的

① 参见李剑鸣《从政治史视角重新审视美国革命的意义》，《史学集刊》2017 年第 6 期。
② 所谓"国家认同"构建，简言之，是指一个国家将不同族裔（种族）、文化、宗教或语言的人锻造成具有共同国民意识的过程。本尼迪克特·安德森认为，国家认同不是与生俱来的，而是经过精心的社会构建而形成的。Benedict Anderson, *Imagined Communities: Reflections on the Origin and Spread of Nationalism*, revised edition, London and New York: Verso, 1991, p. 133。

自由和权利进行了激烈斗争。不论是反对还是赞成建立一个强有力的联邦政府的政治力量都以保障自由和权利为抗辩理由；不论是主张更多政治参与、更多平等和自由的普通民众，还是强调权威、秩序和有效政府的精英，都认为革命并建立新政府的主要目的在于维护自由和权利。最终达成的妥协是，一方面努力建设一个相对有力的联邦政府，另一方面以制度和体制性的力量驯服国家权力以更好地保障人民的权利和自由。实践层面，独立后通过的《邦联条例》一方面宣布刚刚组建的联盟是一个"永久性联盟"（Perpetual Union）并将其命名为"美利坚合众国"（The United States of America），另一方面将"主权、自由和独立"留给了各州。随后确立的三权分立体制又将这种经过州分权后"剩余的国家权力"一分为三，从而使得国家权力同时受到地方和部门分权的双重约束。

从培育和强化国家认同的角度来看，尽管这一时期也出现了将新兴的美国称呼为"nation"（国家）的现象，[①] 但从总体上来看，初创时期的美国并没有形成国族意义上的现代民族国家，其国家特性更多地呈现为一个以追求"自由""平等"为主要诉求的理想的、普遍主义的帝国面相。在这个"自由帝国"中，人人平等，没有国教，没有世袭特权阶层（君主制、贵族制），没有野心家，没有军政府，没有旧世界的腐化堕落。人们依据自然权利说、社会契约论和人民主权理论构建旧世界无法企及的"自由政府"（而不是民族国家）。革命时期的美国，"自由""平等"等话语是如此强劲，它不仅为推翻英帝国的暴政、实现美利坚的独立提供了强有力的支撑，也为生活在这片土地上的黑人及原住民争取自由和平等提供了合法性支持。在《独立宣言》"人人生而平等"话语的激发下，为追求自身的解放和自由，黑人群体或是加入大陆军革命队伍，或是追随"反革命"的英国军队。与此同时，为了捍卫自身的"主权"和"独立"，原住民毫不犹豫地追随对他

---

① 如 1796 年华盛顿在卸任总统的《告别词》演说中称美国"将成为一个伟大的国家"（A great nation）。

们的生存权利和自由有所保障的英王①及其军队。可以说，在美国初创时期，"自由""平等"等价值理念已然超越族群乃至国家认同，成为各个阶级和族群共同的"圣经"。

当然，必须强调的是，尽管初创时期的美国表现出崇尚"自由""平等"价值理念的情怀，呈现"自由帝国"的普遍主义面相，但其立国基因中实际上充溢着种族不平等性甚至种族主义价值取向，② 对于这种历史局限性，虽然我们不能用现代人所普遍具有的种族平等价值观去批评和非难，但其留给美国国家特性基因中的先天不足值得重视。实际上，正是这种种族不平等性甚至种族主义价值取向，使得美国自成立起便酝酿着深刻的危机。在此后的两百多年里，美国的国家特性一直在"人人生而平等"的"自由帝国"和白人实居金字塔上端的"盎格鲁-撒克逊人新教国家"之间摇摆。不同的政治力量和人群围绕美国国家特性或者说国家认同进行或明或暗、时而尖锐时而温和的斗争。这种因国家特性存在的基因性缺陷而引起的冲突和斗争几乎伴随了美国的整个历史进程，不仅极大地影响和塑造了美国的政治和社会生态，而且已然升级为一种难以回避、难以克服的国家安全问题。

第二节 "自由主义公民国家"面相的艰难显现

如前所述，尽管有着"自由帝国"的外在面相，但是毫无疑问，初创时期的美利坚合众国的内里是有特定群体价值取向的。在建国精英那里，所

---

① 为了缓和与原住民的矛盾和冲突，1763 年英王颁布公告令，禁止越过阿巴拉契亚山脉向西开拓土地，但是公告令很快就被独立战争打破。

② 这不仅表现在当时大规模的黑人奴隶制和对原住民的驱逐和屠杀等实践维度，也表现在《独立宣言》等相关文件和著述中，如《独立宣言》在历数英王的种种不义和暴行时，将"竭力挑唆残酷无情的印第安野蛮人（Indian savages）来对付我们边疆的居民"作为一条重要罪状。托马斯·潘恩在其名著《常识》中说："千千万万人认为光荣的是，把原住民和黑人煽动起来消灭我们的那种野蛮凶恶的势力逐出大陆。"《潘恩选集》，马清槐等译，商务印书馆，1982，第 36 页。

谓的"美利坚人民"尽管没有特别明确界定，但其具体指向是"约定俗成"的：他们是居住在美国的、拥有一定财产并且信奉基督教的成年白人男性，而妇女、未成年人、非公民、没有财产的人、非白人以及非基督徒则不能享有选举权。对于这一情形，约翰·亚当斯还明确做了辩护，他指出，尽管"人民的同意"是政府唯一的道德基础，但这并不意味着社会上的每一个人都必须不分性别、年龄和财富地对政府的每一项立法表示同意；妇女因不能很好地理解和关心国家大事，儿童因缺乏独立的判断，"没有财产的人"因易受他人控制、失去自主意识而不能获得投票权和发言权，否则就会"混淆和消灭一切差别，把所有的等级都拉平为一个等级"。①

值得注意的是，这里亚当斯并没有直接解释为什么非白人的黑人、原住民以及非基督教徒也不能享有投票权和发言权。或许在他那里，这是一个不用解释的前提性结论。按照约翰·亚当斯的上述标准，当时在美国居住的人口中，至少有一半都不属于"人人生而平等"中的"人人"，而这一点似乎并没有影响美国在《独立宣言》和《美国宪法》中的"生而平等""平等保护"逻辑。约翰·亚当斯之后，美国在原住民的"血泪之路"和黑人的血汗种植园续写着"自由帝国"的神话。

1790 年美国颁布第一部"归化法"，该法明确将美国公民身份获得限定在"外来的品格良好的自由白人"身上。在此后的 70 多年中，除了个别州允许自由黑人参加某些投票活动以外，85% 以上的黑人不享有任何形式的公民权。② 在 1857 年联邦最高法院的一次裁决中，黑人被明确剥夺公民权。③

---

① 李剑鸣：《"人民"的定义与美国早期的国家构建》，《历史研究》2009 年第 1 期；John Adams to James Sullivan, May 26, 1776, in Robert Taylor, ed., *The Papers of John Adams*, Cambridge, Mass.：The Belknap Press of Harvard University Press, vol. 4, 1979, pp. 208-212。

② 在宾夕法尼亚州等一些州，由于贵格会宣扬种族宽容，法律赋予自由黑人一定的投票权，但由于畏惧白人报复，这些州的黑人无人敢行使投票权。Christopher Malone, "Rethinking the End of Black Voting Rights in Antebellum Pennsylvania：Racial Ascriptivism, Partisanship and Political Development in the Keystone State", *Pennsylvania History：A Journal of Mid-Atlantic Studies*, vol. 72, no. 4, 2005, pp. 466-504。

③ *Dred Scott v. Sandford*, 60 U. S. 393 (1856)。

一 美国内战后的"自由主义公民国家"幻象

黑人第一次在宪法上获得"平等"的公民权利是在美国内战之后。美国内战耦合了①黑人平等、自由之诉求。战后通过的宪法第十四、十五条修正案确立了不分种族和肤色的公民权。第十四条修正案规定"所有在美国出生或在美国归化并受美国司法管辖的人,都是美国公民";第十五条修正案则规定"合众国公民的选举权不得因种族和肤色,或者过去的劳役状况(condition of servitude)②而被合众国或任何一州否认或缩减(abridged)"。宪法第十四、十五条修正案在美国历史上第一次从"法权"高度确认了美国是基于"平等"公民权的多种族所共有的国家,这也是美国自独立以来以宪法形式明确其国家属性的一次重要尝试。它至少从形式和文本上克服了《独立宣言》、1787年《美国宪法》及相关法律的内在冲突和不足,③ 自圆了"美利坚人民"概念的先天不足,从法理上初步完成了美国"自由主义公民国家"之构建。正是在这个意义上,美国内战被视为"第二次独立战争",而包括第十四条修正案在内的重建法案则被誉为"第二次制宪"。

美国内战以激烈的方式将捍卫国家领土、主权完整与争取黑人群体的自由、平等连接在一起。在这场长达数年的战争中,黑人与他们的白人同胞一起,肩并肩战斗,付出了数十万生命的代价。战争挽救了联邦,解放了黑人。战争也使得这两个曾经处于统治与被统治、奴役与被奴役的族群第一次有了共同的命运感。战争的洗礼,也让这个一度被视为"人造国家"或者只是英格兰人家园的、用一堆契约拼凑的政治共同体,成为一个

---

① 美国内战是美国社会多重矛盾和冲突不可调和的产物,对于它的起因,国内外学术界存在诸多不同的观点,但有一点是共识性的,即美国内战的爆发绝对不是单纯地为了"解放"黑人奴隶,这一点也为后来美国的历史发展所证实。

② 意指此前的奴隶制状态。

③ 南北战争期间,林肯在与北方的著名政治领袖道格拉斯的辩论中强调,《独立宣言》适用于"任何地方的所有人"。参见颜震《美国早期民族国家与帝国的双重构建》,《北方论丛》2013年第3期。

民族（nation）。① 历史就是这样的机缘巧合，美国内战使得黑人群体的命运与美国国家的国运在特定的历史条件下交织，成为两个难以分割的重要议题，其中前者还在很大程度上为后者提供了正当性。也许正是这种难以分割的勾连性对二次诞生的美利坚合法性的深刻影响，内战后的美国破天荒地通过了黑人、白人"平权"的宪法修正案，并通过一系列法案来巩固这种平权状态。②

然而，随着联邦军队的撤出，不甘与之平等的白人主导群体很快就祭出各种立法及政策手段③来限制乃至剥夺黑人的公民权，这些限制中，首当其冲的是黑人的选举权。在许多南方白人看来，黑人的平权诉求严重威胁传统的白人优越主义。④ 实践中，白人种族主义者公开推行对黑人的种族隔离、种族歧视乃至种族暴力，美国开始进入长达近一个世纪的臭名昭著的吉姆·克劳法时期。吉姆·克劳法坚持"隔离但平等"原则，在美国社会的几乎所有公共空间——学校、餐馆、剧院、公交车（火车）、咖啡馆、医院、厕所乃至公共住宅区，建立起白人与有色人（黑人）相分离的"平行社会"。至此，南北战争及战后宪法修正案所带来的黑白及其他种族共同的命运感及

① Paul Johnson, *Civil War America*, *1850-1870*, New York: Harper Perennial, 2011, p. 1; 战争期间，林肯在著名的葛底斯堡演讲中，一连多次使用 nation 这个强调统一性和共同命运感的词语。Abraham Lincoln, "The Gettysburg Address", November 19, 1863, http://www.abrahamlincolnonline.org/lincoln/speeches/gettysburg.htm。在此之前，美国绝大部分政客及官方文件都惯以"Union"称呼美利坚联邦。

② 1870~1871 年间，美国政府连续通过三个法案（The Enforcement Acts），将破坏（黑人）选举权的行为入刑并将其纳入联邦政府的监控下。这些法案导致包括 3K 党在内的数百名试图干涉黑人投票权的白人保守分子被逮捕、起诉和定罪。在美国陆军和"自由民局"（the Freedmen's Bureau）的帮助下，数百万新释放的黑人第一次获得了财产所有权、教育及政治参与的机会。到所谓"重建"时期结束的 1877 年，至少有 1510 名黑人在各级政府中担任从一般职员、学校负责人到国会议员的民选职务。Danyelle Solomon, Connor Maxwell, and Abril Castro, *Systematic Inequality and American Democracy*, Center for American Progress, August 2019, https://www.americanprogress.org/issues/race/reports/2019/08/07/472910/systematic-inequality-economic-opportunity/。

③ 这些立法及政策手段包括读写能力测试、人头税、祖父条款以及白人预选制等手段。

④ Kwame Anthony Appiah, Henry Louis Gates Jr., *Africana: The Encyclopedia of the African and African American Experience*, New York: Basic Civitas Books, 1999, p. 1211.

平等精神在南方及西部一些州①甚至联邦层面②近乎荡然无存。1896 年，在"普莱西诉弗格森"案的裁决中，美国联邦最高法院给吉姆·克劳法的"隔离但平等"原则戴上了"合乎宪法"的光环。此后经过 1954 年联邦最高法院在"布朗诉托皮卡教育局"案判决中宣布"隔离但平等"违宪，一直到 1964 年后系列《民权法案》的颁行，美国国内公开的、制度性的种族隔离和种族歧视才逐渐告终。

二 民权运动后"自由主义公民国家"的逐步建立

20 世纪 50 年代后期兴起的民权运动是美国现代民族国家构建一个极为重要的转折点。经过长达两个世纪的种族压迫（奴隶制）、驱逐和屠杀（西进运动）、隔离和严重的歧视之后，在国内外种种压力下，美国的"自由主义公民国家"的幻象开始逐渐向现实转化：1964 年影响深远的《民权法案》颁行，该法案明确禁止一切基于种族、肤色、宗教、性别或国籍的就业歧视，禁止在学校、工作场所以及所有公共场所的种族隔离，同时该法还终结了不平等的选民登记适用条件。当年，美国联邦最高法院在"亚特兰大汽车旅馆公司诉联邦"（Heart of Atlanta Motel, Inc. v. United States）一案中通过下达"要求亚特兰大汽车旅馆公司在向其房客或公众提供服务或商品时，不得有种族歧视行为"的永久禁令③有力地维持了《民权法案》的有效性及合宪性。1965 年《投票权法案》实施，该法案通过授权联邦监督那些历史上少数族裔代表性不足的地区的选民登记和选举来

---

① 如俄勒冈州，早在内战之前加入联邦的州宪法中就明确规定黑人和华人不得享有选举权。内战之后，该州公然拒绝宪法第十五条修正案，继续推行剥夺绝大部分有色族裔选举权的政策。事实上，直到 1959 年俄勒冈州才批准宪法第十五条修正案。Oregon Historical Society, "Suffrage Committee Report", https://oregonhistoryproject.org/articles/his-torical-records/suffrage-committee-report/。

② 如在联邦层面，1882 年美国国会通过了禁止中国移民加入美国国籍的"排华法案"。Chinese Exclusion Act, Public law 126, 47th Cong., 2nd Sess. (May 6, 1882), https://www.ourdocuments.gov/doc.php? flash = false&doc = 47&page = transcript。

③ "Heart of Atlanta Motel, Inc. v. United States", 231 F. Supp. 393 (N.D. Ga. 1964), https://law.justia.com/cases/federal/district-courts/FSupp/231/393/1444943/.

保护少数族裔的选举权。① 1968 年颁行的《公平住房法案》则禁止房屋销售和租赁中的一切歧视行为。行政立法领域，1961 年美国总统肯尼迪颁布 10925 号行政命令。该行政命令前言明确指出，"鉴于基于种族、信仰、肤色和原籍的歧视违反宪法原则""鉴于不分种族、信仰、肤色和原籍的促进和保障所有符合条件的人的平等的机会是美国政府的明确的积极的义务""鉴于现有的有关政府就业和遵守非歧视性合同条款的行政命令、实践和政府机构程序的审查和分析表明，迫切需要在促进充分平等就业机会方面做出更大的努力"……特制定并发布此命令。命令要求政府承包商"采取积极的行动以确保申请人在被雇用、雇员在工作中一律不考虑其种族、信仰、肤色或原籍"。为了保证反歧视、促平等目标的实现，该法令创制了以副总统为主席、劳工部长为副主席的"平等就业机会总统委员会"。②

　　肯尼迪是第一个发布明确促进有色族裔平等权行政命令的总统。在他之后，约翰逊、尼克松、卡特、里根、布什、克林顿等总统均签署过这方面的行政法令。民权运动后经过 30 多年的立法、司法及行政上的共同努力，到 20 世纪 90 年代后期，有色族裔的政治、经济、社会状况发生了重大变化：他们在政治上、法律上全面进入主流社会，议员、市长、法官、大学校园中各个族裔的学生以及各个行业的有色族裔白领人数等，都已大致符合人口比例。

---

① 《投票权法案》及其后续修正案为联邦政府及民权运动领袖提供了强有力的法律支撑，极大地促进了有色族裔获得选举权。从 1965 年到 1988 年，亚拉巴马州、佐治亚州和路易斯安那州等地注册投票的黑人公民数量就翻了一番。在此期间，密西西比州的黑人选民登记数量也增长了 10 倍以上。1970～1980 年短短 10 年时间，黑人当选美国官员的数量就从 1469 人上升到 4912 人。U. S. Department of Justice Civil Rights Division Voting Section, "Introduction to Federal Voting Rights Laws: The Effect of the Voting Rights Act", https://epic. org/privacy/voting/register/intro_ c. html#note1; John Kincaid, "Beyond the Voting Rights Act: White Responses to Black Political Power in Tchula, Mississippi", *Publius: The Journal of Federalism*, vol. 16, no. 4, pp. 155-172, 1986。

② 周少青：《反歧视："肯定性行动"政策和立法的本位》，《中国民族报》2013 年 1 月 18 日。

总体上有超过 1/3 的有色族裔进入了美国社会的中上层。① 至此，经过两个多世纪的斗争、冲突和自我完善，美国由建国初期漫无边际的"自由帝国"，经历内战后"自由主义公民国家"的虚幻镜像后，最终发展成一个相对真实的自由主义公民国家。在此过程中，两个因素起到重要作用，一个因素无疑是有色族裔尤其是黑人及其左翼同盟者的不懈斗争，另一个则是所谓"美国信条"。

自由主义公民国家的确立，固然是美国政府的政治选择，但选择的历史过程显然带有明显的被动性。事实上，它与民权运动的参与者——有色族裔及其左翼同盟者尤其是黑人的暴力行动密切相关。随着民权运动的不断推进，黑人社区的城市骚乱和暴力抗议浪潮不断蔓延，出现了挑战马丁·路德·金和平斗争派的"黑人权力运动"（Black Power movement），该派质疑合作、法律主义和非暴力的效果，认为马丁·路德·金的和平抗议路线既没有使黑人在就业、住房、教育等方面得到什么实际改善，也没有使他们摆脱政治和社会层面的受歧视状态。"黑人权力运动"公开号召以暴力对抗白人优越主义，以黑豹党为代表的黑人民族主义（black nationalism）者甚至提出建立"黑人自己的国家"，美国再次面临分裂的危险，正如肯纳委员会报告指出的那样，美国"正在变成两个国家，隔离且不平等"。② 正是在这种情况下，美国的行政、立法和司法精英都深深地意识到，如果不能真正地推进公民平等政策，切实改进有色族裔特别是黑人的政治、经济及社会处境，那么美国体制有被颠覆的危险。

从另一个向度来看，自由主义公民国家的最终确立，与"美国信条"的内生性作用密不可分。所谓"美国信条"，是指生发于《独立宣言》的政治宣示，即："我们认为下述真理是不言而喻的：人人生而平等，造物主赋予他们若干不可让与的权利，其中包括生存权、自由权和追求幸福的权利。为了保障这些权利，人们才在他们中间建立政府，而政府的正当权力，则是经被统治者同意授

---

① 周少青：《矫正措施：助力于反歧视的实践》，《中国民族报》（理论周刊）2013 年 1 月 25 日。
② 周少青：《矫正措施：助力于反歧视的实践》，《中国民族报》（理论周刊）2013 年 1 月 25 日。

予的。"这一政治宣示经威廉姆·泰勒·佩奇①概括、提炼，表述为：我坚信美利坚合众国是一个民有、民治、民享之国；其权力来源于被统治者的同意；共和制民主国家；由多个独立自主的州组成的主权国家；一个完美的、不可分割的联邦；建立在自由、平等、正义、人性的原则之上，为了这些原则，美国的爱国者可以牺牲他们的生命和财产。因此，我相信，爱国家，支持它的宪法，遵守法律，尊重它的旗帜，保卫它免受敌人的侵害是我们的责任。②

佩奇的"美国信条"延续了《独立宣言》、《美国宪法》以及亚伯拉罕·林肯《葛底斯堡演说》等美国建国以来有关美国国家认同的基本精神，其最大特点是，没有以具体的种族、族裔、语言、宗教或文化传统来定义美国国家特性。包括佩奇在内的许多美国人认为，美国是一个由人民掌控的独立、自由的国家。在这个国家，每个人都独立而不依附于族群、社区甚至家庭；每个公民都生而平等。美国（人）似乎是一个只有政治认同而没有文化特性的国家（民族）。

最能体现"美国信条"塑造国家认同观点的无疑是亨廷顿 20 世纪 80 年代出版的《美国的政治：失衡的承诺》（*American Politics： The Promise of Disharmony*）。亨廷顿认为，美国国家认同的独特基础在于包含着"自由主义、个人主义、民主主义和平等主义"的"美国信条"；他宣称谁坚信这些自《独立宣言》就确立的价值原则或"真理"，"谁就是美国人"。亨廷顿强调，正是这些价值原则或真理，才使得原本松散的各个种族和族群凝聚成独一无二的美国人。在谈到政治价值以外的因素对美国国家认同的作用时，

---

① 佩奇是一位普通的公务员，他曾在美国国会工作 61 年。美国参加第一次世界大战后，在参战热情的激发下，来自纽约的亨利·斯特林·查平（Henry Sterling Chapin）提议，在全国范围征集可以"完整且扼要"概括美国"政治信条"的宣誓词。1918 年 3 月，佩奇的来信从入围的 3000 多份宣誓词中脱颖而出，次月 3 日，美国众议院通过了佩奇提交的"美国信条"宣誓词，参见 https：//www. ushistory. org/documents/creed. htm。

② I believe in the United States of America， as a government of the people， by the people， for the people；whose just powers are derived from the consent of the governed；a democracy in a republic；a sovereign Nation of many sovereign States；a perfect union， one and inseparable；established upon those principles of freedom， equality， justice， and humanity for which American patriots sacrificed their lives and fortunes. I therefore believe it is my duty to my country to love it， to support its Constitution， to obey its laws， to respect its flag， and to defend it against all enemies.

亨廷顿基本上采取一律否定的态度，称美国人之所以认同自己的国家，不是基于"人格的、社会的、地理的或文化的因素，而是政治价值与实践"，亨氏甚至因此断言"美国人是政治人"。①

同亨廷顿一样，里亚·格林菲尔德在其《民族主义——走向现代的五条道路》（*Nationalism：Five Roads to Modernity*）（1992 年）中也特别强调"个体主义和公民"价值观在塑造美国国家特性中的重要作用。他结合自己的经历②认为，国家认同（民族身份）"本质上是被构建出来的"，个体主义和公民所界定的民族（nation）与那些用"族裔"界定的民族（nation）之间"存在着深刻的差异"③。格林菲尔德称颂公民民族主义，认为它摆脱了血缘和身份的羁束，真正实现了个人主义与自由主义理想。

从以上论述可以看出，不论是奠定美国国基的《独立宣言》、1787 年《美国宪法》④、1791 年《权利法案》⑤，还是内战后颁布的宪法修正案（特别是第十四、十五条修正案），抑或是 20 世纪 60 年代以来颁行的系列《民权法案》，这些影响乃至塑造美国国家特性的重要政治法律文件中，没有任何一部像世界许多国家颁行的宪法等法律文本那样从语言、文化（宗教）、种族（族裔）或历史传统等角度去定义美国的国家特性⑥，或者将这种语言、种

① 参见〔美〕塞缪尔·亨廷顿《失衡的承诺》，周端译，东方出版社，2005，第 28 页。
② 格林菲尔德本人 1982 年第二次改变国籍，用他自己的话来说就是选择"以美国为家"。
③ 〔美〕里亚·格林菲尔德：《民族主义——走向现代的五条道路》，王春华等译，上海三联书店，2010，"致谢"第 1 页。
④ 1787 年《美国宪法》序言称"我们美利坚合众国的人民，为了组织一个更完善的联邦，树立正义，保障国内的安宁，建立共同的国防，增进全民福利和确保我们自己及我们后代能安享自由带来的幸福，乃为美利坚合众国制定和确立这一宪法"。
⑤ 所谓《权利法案》又称《人权法案》，指的是美国宪法第一到第十条修正案，其全部内容的设定是为了保护"人民的自由和权利"。十条宪法修正案中所列的权利和自由包括言论自由、宗教自由、新闻自由、和平集会自由、持有武器的权利、不受无理搜查和扣押的权利等等。特别值得注意的是，第九条和第十条宪法修正案还明确规定，没有列入权利清单的权利同样受到保护，未经立法的权利由人民保留。
⑥ 亨廷顿在《失衡的承诺》中清醒地认识到："对大多数社会的人民而言，国民认同是历史长期演进的结果，它包含着共同的祖先、共同的经验、共同的种族背景、共同的语言、共同的文化，往往还有共同的宗教。因此，国民认同在性质上是机体性的（Organic），但美国的情况并非如此。"

族（族裔）文化和传统的因素与某些普世的价值原则结合起来以表达美国的独特性。相反，所有表达美国"特性"的政治和法律语言都采取了诸如"自由""平等""正义""安宁""福祉"等纯粹、抽象、普世的价值范式。最能反映这一点的也许就是美国的效忠誓词了。① 与此相适应，不论是美国的开国者，还是 20 世纪 80 年代的亨廷顿、90 年代的格林菲尔德等学者，都将自由主义的政治价值观或信条而不是文化或族裔作为理解和定义美国特性的重要基石。

这样，顺理成章的逻辑就是，既然"美国信条"或美国国家认同建立在纯粹的政治价值观和信条之上，那么便没有任何力量可以阻止有色族裔特别是黑人群体按照这一政治价值观或信条成为"自由主义的平等公民"。马丁·路德·金在其著名的《我有一个梦想》演讲中满怀激情地说"梦想这个国家要高举并履行其信条的真正含义"，"我们信守这些不言自明的真理：人人生而平等"，依据的正是这种普遍主义的自由、平等观。如此，在经历约两百年的名与实的博弈后，《独立宣言》、1787 年《美国宪法》及其后的多条修正案所宣示的自由、平等终于开启了其"名实相副"的历程，向正式承认黑人等有色族裔在法律和现实中的平等地位过渡，美国自由主义公民国家的理想方案由此部分地得以实现。

第三节　"盎格鲁-撒克逊新教国家"：后冷战时期美国国家面相的再次转向

一方面，冷战结束后，以"美国信条"为代表的自由主义价值体系取

---

① 这一经过多次微调、或许最能体现"美国信条"的誓词这样表述对美国的忠诚和认同："我谨宣誓效忠美利坚合众国国旗及效忠所代表之共和国，上帝之下的国度，不可分裂，自由平等全民皆享"（I pledge allegiance to the Flag of the United States of America, and to the republic for which it stands, one Nation under God, indivisible, with liberty and justice for all）。在这个自 1954 年沿用至今的效忠誓词中，没有任何一个属性是美国所独有的。事实上，除了"美利坚合众国"一词之外，人们无从断定这就是美利坚合众国。

得全面胜利。"终结历史"后的西方世界尤其是美国踌躇满志，意欲将其价值观推向全世界。另一方面，随着传统意识形态或价值观体系的崩塌，部族主义、民族主义、族群冲突在世界范围内勃发。与此同时，在美国国内，随着 20 世纪 60 年代以来"自由主义公民国家"理念的高歌奋进，"美国信条"在各族群的政治、经济、文化及生活中都得到彰显。随着少数族群在经济、社会领域实现相当程度的平等权，美国的左翼及进步主义阵营逐渐从传统的以改善包括少数族裔及白人中下层的经济、社会状况为使命转向文化领域，尤以倡导前者的"文化平等权"为己任。一时间，有关族群、性别及文化多元的叙事成为美国学界的主流。美国进入了前所未有的"多元文化主义时代"。① 在如何对待美国历史尤其是美国革命史问题上，形成了以"平民主义"、"多元文化主义"和"女性主义"为标识的所谓"新美国革命史学"。②

新美国革命史学将以往史学家长期忽视的边缘群体、少数群体及女性纳入了波澜壮阔的美国革命，城乡平民、妇女、效忠派、黑人、边疆的普通定居者以及原住民等程度不同地成为美国革命的重要角色。他们对自身权利、自由、机会、财富、独立甚至"主权"的追求被视为美国革命的重要组成部分。③

---

① 美国从来没有自称是一个"多元文化主义国家"，也从未像欧洲一些国家一样官宣"多元文化主义失败"。但是从实践层面来看，20 世纪 60 年代无疑是美国由传统的自由主义向多元文化主义过渡的一个分水岭。多元文化主义对美国的政治、社会、文化和历史产生了重要影响，其中对美国历史尤其是美国革命史的影响和塑造最为引人关注。

② 李剑鸣：《意识形态与美国革命的历史叙事》，《史学集刊》2011 年第 6 期。

③ 在新美国革命史学家的笔下，城市平民追求广泛的政治参与和全面的"平等和自由"，要求将独立革命的精神扩展到美国社会内部的方方面面，以求实现全面的政治和社会革命。革命中的妇女，在抵制英货、筹措战争款、照顾伤病员、刺探敌情、舆论宣传等方面起到重要作用。独立战争使女性接受并经历了考验，为她们今后在政治和公共领域争取平等权的斗争打下了重要的历史和政治基础。有论者甚至因此提出"美国革命同时也是一场妇女的革命"。革命中的黑人不论是参加大陆军的革命行动，还是与英军暗通款曲，其目的都是追求和实现自身的独立、解放和自由。原住民之所以选择加入英军一方，其根本目的也是保护自身的独立自主和西部广袤的土地利益，二者在本质上并不违背美国独立革命的精神实质。效忠派的站位和立场恰好反映了发生在美洲大陆上的这场革命与欧洲传统的泾渭分明的政治斗争不一样的特点，如此等等。

从积极意义上来讲，新美国革命史学意识形态中的"平民主义"、"多元文化主义"和"女性主义""都以平等为价值基础，都包含强烈的民主诉求，它们既是民主社会的产物，又以推动民主为指向。它们投射到美国革命史研究中，照亮了那些长期被忽视和被边缘化的群体，使他们在革命中的经历变得格外醒目"。新美国革命史学使得"长期遭到遮蔽和剔除的革命内容得以重见天日"，也丰富了革命的内涵，深化了对美国革命复杂性和丰富性的理解。在新美国革命史学中，"美国革命不再仅仅是一场'建国之父'领导的争取独立和创建新国家的革命，它是同时并存的多种革命的复合体，其中有精英的革命，有普通民众的革命，有妇女的革命，有黑人的革命，也有原住民的革命"，"美国革命"的英文表述甚至也因此从单数变成了复数。①

从消极意义方面来看，新美国革命史学继"进步主义"、左派及激进主义史学之后完成了对长期统治美国的辉格主义"正统"史学的全面覆盖。② 为了迎合意识形态斗争和现实的政治需要，新美国革命史学一方面将平民、妇女、黑人、原住民诉求多样的斗争及抗争行为一律纳入美国革命的范畴，另一方面，不遗余力地淡化、贬低甚至刻意丑化"建国精英"在革命中的领导或主导作用。③ 这种将平民与精英、少数族群与白人群体对立的历史叙事方式，深刻地影响着美国国家特性或国家认同建设的过程及效果。

至 20 世纪末及 21 世纪初，"新美国革命史学已取得强大的学术和思想

---

① 即由"American Revolution"变成"American Revolutions"。参见李剑鸣《意识形态与美国革命的历史叙事》，《史学集刊》2011 年第 6 期。

② 尽管辉格主义史学存在着白人民族主义和精英主义的历史局限性，但其高举爱国主义、自由主义的大旗，一定程度上历史主义地再现了美国革命的真实本质。

③ 20 世纪 50 年代，美国史学界曾出现试图纠正进步主义史学偏颇的所谓"共识派"史学，但这一学派走得比辉格主义史学还远，它不仅忽略边缘群体、少数族裔及女性在革命中的作用，而且否认殖民地人民反抗暴政、追求自由、平等的进步意义。参见 Robert E. Brown, *Middle-Class Democracy and the Revolution in Massachusetts, 1691–1780* (Published for the American Historical Association by Cornell University Press), Ithaca: Cornell University Press, 1955。

优势"，相形之下，"传统的美国革命史研究似乎开始退居守势"。任何一部美国革命史，如果不记述普通民众和边缘群体，那么在新美国革命史学者甚至在一般社会公众眼里都是政治不正确，甚至是有缺陷的。如获得普利策奖的《美国革命的激进主义》（*The Radicalism of the American Revolution*）（戈登·S. 伍德著）一书，就因"书中看不到海员、学徒、契约仆、无地农民或贫困化的退伍军人的身影，也听不到争取自由的黑人、妇女和原住民的声音"而受到批评。①

如何构建和解释民族国家的历史是一个涉及国家认同、国家特性建设甚至国家自身合法性的重要议题。由于历史的局限性，美国国家认同或特性构建一开始就存在名与实不符的先天缺陷：不论是倡导人人生而平等的"传统自由主义国家"时期，还是鼓吹"自由主义公民"时期，大量的非主流族群都处于实际上的严重不平等状态。随着历史的发展和社会的进步，那些处于实际不平等地位的群体奋起抗争，争取他们的经济、社会、文化及政治参与地位，从仅仅是名义上的平等向实际上的平等靠近和发展。与此同时，那些长期处于实际主导或支配地位的白人主流群体却千方百计阻止权利与自由普遍平等的政治宣示向实际方向发展。及至 20 世纪 90 年代，以有色族裔为代表的非主流群体不仅在经济、社会及文化层面取得重要进展，而且在进步主义、左翼尤其是新美国革命史学家的助力下，获得清算美国建国历史、重新分配"历史财产"②的重大胜利。在新美国革命史学的框架下，美国的黑人、原住民及其他少数群体获得了美国建国史的"追溯性承认"，他们分别被称为"非洲裔美国人"、"土著美国人"及其他带有连字符的美国人。

值得注意的是，新美国革命史学的构建在提升少数群体国家认同的同时，遭遇到白人保守派甚至白人至上主义者的顽强抵抗。在这些白人保守派

---

① 李剑鸣：《意识形态与美国革命的历史叙事》，《史学集刊》2011 年第 6 期。

② Gary B. Nash, *The Unknown American Revolution：The Unruly Birth of Democracy and the Struggle to Creat America*, New York：Viking, 2005, p.28.

和白人至上主义者看来，美国是他们的先祖作为定居者（settler）① 一手缔造的，这一点在《独立宣言》、《联邦条例》、1787 年《美国宪法》等重要的建国文件中都有明确的肯认。亨廷顿也认为，盎格鲁-撒克逊新教定居者的社会这一起源，"比任何其他因素都更加深刻地、更加持久地对美国的文化、体制、历史发展及特性起了定型的作用"。② 不仅如此，历史上和现实中不断有白人保守分子精心将"定居者"发展成"本土美国人"（Native American）概念，以期达到抗衡原住民和反黑人、反天主教徒、反犹太人以及反其他"外来移民"和"外国人"的双重目的。③ 在他们的话语体系中，黑人、原住民不是美国的"建国者"，新移民不属于"本土美国人"，只有盎格鲁-撒克逊新教徒是独一无二的：他们既是美国的创建者，也是本土美国人中最有资格的一员，对此他们明确反对将美国人区分为原住民和移民两大类，并将他们划归后者的做法。在白人保守主义者看来，盎格鲁-撒克逊新教定居者才是美国真正的主人或缔造者，相应的，盎格鲁-撒克逊新教文化才是美国国家特性的不二塑造者和国家认同的核心因素。

　　显然，在多元文化主义尤其是新美国革命史学的持续压力下，以往隐藏

---

① 以亨廷顿为代表的白人保守派认为，美国早期的白人群体是"定居者"，而不是"移民"。前者与后者有着"根本的区别"："定居者是离开一个现有的社会，通常是成群出走，以便建立一个新的群体，建立'山巅之城'，其位置是在一个新的、通常是遥远的疆域。他们充满了一种集体目的感，他们或明或暗地恪守一个协约或章程"。相形之下，"移民并不是建立一个新社会，而是从一个社会转移到（另）一个不同的社会。这种人口流动通常是个人采取的行动，涉及的是个人及其家属"。亨廷顿继而指出"在 17 世纪和 18 世纪，定居者来到北美，因为当时那里是一片空白的写字板。除了可以杀掉或向西驱赶的印第安部落以外，这里还没有社会，他们来这里是为了建立能体现和强化他们从原居国带来的文化及其价值观的社会"。亨廷顿的结论是"定居者先创建了美国，然后移民才来到美国"。〔美〕塞缪尔·亨廷顿：《谁是美国人？——美国国民特性面临的挑战》，程克雄译，新华出版社，2010，第 31 页。

② 〔美〕塞缪尔·亨廷顿：《谁是美国人？——美国国民特性面临的挑战》，程克雄译，新华出版社，2010，第 31 页。

③ 这里的所谓"本土美国人"（Native American）特指美国本土出生的白人新教徒。1860～1925 年的"本土主义运动"（nativist movement）及 20 世纪早期 3K 党的卷土重来都借助于"本土美国人"概念。Paula D. McClain, Joseph Stewart Jr., *Can We All Get Along? Racial and Ethnic Minorities in American Politics*, Westview Press, 1995, p. 6。

在"美国信条"或者说"自由帝国"和"自由主义公民国家"面相下的国家特性或国家认同教条逐渐露出了其第三张脸——盎格鲁-撒克逊新教国家。实际上，正是在盎格鲁-撒克逊新教国家的新面相下，亨廷顿开始其影响深远的"谁是美国人"的宏大叙事。

亨廷顿首先提出了美国特性面临的危机和挑战，这些危机或挑战择其要有：来自拉丁美洲和亚洲的移民剧增；学术界和政界热捧多元文化主义和文化多样性理论；西班牙语有成为美国第二语言之势，美国社会出现拉美裔化的倾向；一些群体强调基于人种、民族属性及性别的特性；移民群体及其原籍国政府对美国社会施加影响；[①] 精英群体越来越强调其世界主义的和跨国的特性。

面对冷战后的新形势及美国国内的种种危机，亨廷顿阐发了有关美国特性未来发展和演变的几种可能趋势：第一种是"出现一个只强调信念的美国，缺乏历史文化核心，团结的因素只是共同承认的'美国信念'的原则"；第二种是"出现一个分成两权的美国，有两种语言，即西班牙语与英语，两种文化，即盎格鲁-撒克逊新教文化和拉美裔文化"；第三种是"出现一个排他主义的美国，再一次定性于人种和民族属性，排斥和压制非白人和非欧洲裔人；第四种是"出现一个再次充满活力的美国，重申其历史性的盎格鲁-撒克逊新教文化、宗教信仰和价值观，并因为一个不友好的外部世界的对峙而充实力量"；第五种是"出现以上这些及另一些可能性的某种组合"。亨廷顿还强调，美国人如何界定自己的特性，将影响到美国与世界其他各国的关系，决定着美国"是一个世界主义的国家，还是一个帝国性质的国家，抑或是一个民族性质的国家"。[②]

在深入讨论前，他首先发问：美国是不是像某些人所声称的那样，是一个"普世之国"？它所依据的价值观对全人类来说都是通用的，原则上囊括

---

① 〔美〕塞缪尔·亨廷顿：《谁是美国人？——美国国民特性面临的挑战》，程克雄译，新华出版社，2010，"前言"第2页。

② 〔美〕塞缪尔·亨廷顿：《谁是美国人？——美国国民特性面临的挑战》，程克雄译，新华出版社，2010，"前言"第2页。

了所有各国人民？或者，我们只是一个西方国家，我们的特性是由我们的欧洲传统和体制所决定的？或者，我们是不是像"美国例外论"的鼓吹者二百多年所说的那样，有我们自己的独特的文明？我们是否基本上是一个政治群体？我们的特性只存在于《独立宣言》及其他开国文献所体现的社会契约中？我们有没有超出人种特性、民族特性和宗教特性之上的一种有意义的国民特性？[①]

"亨廷顿之问"已然涉及了美国自建国以来展现在世人面前的三个重要面相，第一个是美国初创时的"自由帝国"之面相，第二个是 20 世纪 60 年代以来的"自由主义公民国家"之面相，第三个是"盎格鲁-撒克逊新教文化"之面相。那么，在亨廷顿看来，哪个面相才应该是美国真正的面相呢？

首先，亨廷顿将美国国家特性发展分为五个时期，第一个时期为 1607~1775 年，即英裔殖民者登陆北美至独立战争前夕，这一时期影响和决定美国国家特性的要素是"民族属性"、"人种属性"及"文化"，它们一一对应的是英裔族群、盎格鲁-撒克逊白人和基督教新教。政治价值观或意识形态因素对美国国家特性或"国家认同"基本不产生影响。第二个时期为 1775~1940 年，即独立建国至二战初期，这一时期（1840~1865 年除外），影响和塑造美国国家特性的因素除了"民族属性"、"人种属性"及"文化"外，加入了政治价值观或意识形态的因素。第三个时期为 1940~1965 年，这一时期决定和影响美国国家特性的因素排除了"民族属性"，因为这一时期民族属性已扩大到德意志人、爱尔兰人、斯堪的纳维亚人以及一些东南欧人。第四个阶段为 1965~1990 年，这一时期受民权革命的重要影响，"人种因素"从界定美国特性的因素中被剔除，影响或塑造美国特性的因素只剩下文化和政治价值观或意识形态两项。第五个时期是 1990 年至今，由于盎格鲁-撒克逊新教文化受到很大冲

---

① 〔美〕塞缪尔·亨廷顿：《谁是美国人？——美国国民特性面临的挑战》，程克雄译，新华出版社，2010，第 8 页。

击，界定美国国家特性或国家认同的因素似乎只剩政治价值观或意识形态，也就是"美国信条"。①

在对影响和决定美国国家特性的历史情况和现状做出基本评估之后，亨廷顿开始了他的美国国家特性的系统论说。亨廷顿首先批评了将美国特性仅仅归于"美国信条"的观点，认为这是一个"不完全的真理"。在民族属性、种族失去界定美国特性合法性的历史背景下，亨廷顿开始在文化②要素上发力。他在与劳伦斯·哈里森共同编的《文化的重要作用——价值观如何影响人类进步》一书的序言中指出，"关于文化在人世间的地位，最明智的说法或许就是丹尼尔·帕特里克·莫伊尼汉的两句话：'保守地说，真理的中心在于，对一个社会的成功起决定作用的是文化，而不是政治'"。③ 这里，亨廷顿明确将政治置于文化之下。亨廷顿认为，"美国信条"或政治价值观决定于自17～18世纪以来的盎格鲁-撒克逊新教文化，这一文化包括了"基督教信仰、新教价值观和道德观、工作道德、英语、英国式的法律、司法和限制政府权力的传统以及欧洲的文化、艺术、哲学和音乐传统"。亨廷顿强调，正是在盎格鲁-撒克逊新教文化的基础上，18～19世纪的定居者们建立了"美国信条"。具体而言，亨廷顿认为"新教强调个人良知以及个人直接从圣经学习上帝的真理的责任，这就促使美国人笃信个人主义、平等以及宗教信仰自由和言论自由的权利。新教强调工作道德以及个人对自己的成败负责。新教的教堂组织形式是教区教友齐聚一堂，这就促进了人们反对等级制，认为类似的民主形式应运用于政府之中。新教还促进了从道德出发改造社会以及在国内和全世界争取和平与正

---

① 参见〔美〕塞缪尔·亨廷顿《谁是美国人？——美国国民特性面临的挑战》，程克雄译，新华出版社，2010，第29～30页。

② 按照亨廷顿的观点，文化"是指人们的语言、宗教信仰、社会和政治价值观、是非观念和好坏观念，以及反映出这些主观因素的客观体制及行为规范"。从抽象、普世的价值观到比较具体、特定的文化类型，存在着比较大的鸿沟，但是亨廷顿通过对文化的定义扩张，将二者统合起来。〔美〕塞缪尔·亨廷顿：《谁是美国人？——美国国民特性面临的挑战》，程克雄译，新华出版社，2010，第23页。

③ 〔美〕塞缪尔·亨廷顿、劳伦斯·哈里森编《文化的重要作用——价值观如何影响人类进步》，程克雄译，新华出版社，2010，第8页。

义"。为了佐证"美国新教文化生产'美国信条'"的唯一性，亨廷顿还举出了欧洲大陆各国及其海外殖民地以及伊斯兰教、佛教、东正教、儒教、印度教、天主教甚至新教内部的路德宗、圣公会文化，认为它们都无法产生类似"美国信条"的东西。亨廷顿最后的结论为"美国信条"是"持异议的新教文化的独特创造"，"美国信条"的"主要思想几乎全部源自持异议的新教"。①

很显然，按照亨廷顿的价值逻辑，美国过去本质上是一个盎格鲁-撒克逊新教国家，其未来的发展走向亦不能脱离这一本质。亨氏申言，写作《谁是美国人？——美国国民特性面临的挑战》这本书的目的就是"强调盎格鲁-撒克逊新教文化对于美国国民特性而言始终居于中心地位"，他雄辩地发问"倘若 17 世纪和 18 世纪来这里定居的，不是英国新教徒，而是法国、西班牙或葡萄牙的天主教徒，美国会是今天的美国么？肯定不是。那样就不会是美国，而会是魁北克、墨西哥或巴西"。② 从盎格鲁-撒克逊新教国家本质论出发，亨氏为美国未来国家特性发展指出了方向，即为了恢复一个"充满活力的美国"，必须"重申其历史性的盎格鲁-撒克逊新教文化、宗教信仰和价值观"。值得注意的是，亨氏还为这种国家特性定位设定了一个外部条件——"一个不友好的外部世界的对峙"。他认为只有这样，才能使美国"充实力量"。

至此，以亨廷顿为代表的保守派在美国国家特性或认同问题上，完成了一个大幅度的急转——在 20 多年前所著的《失衡的承诺》一书中，亨氏明确提出，政治理念或"美国信条"在美国国家特性或国家认同中起着"至关重要的"作用③。在这本书中，亨氏不只是将新教文化作为"美国信条"的思想来源之一，还将其积极意义限定在道德主义、个人主义及促进共和民

---

① 参见〔美〕塞缪尔·亨廷顿《谁是美国人？——美国国民特性面临的挑战》，程克雄译，新华出版社，2010，第 32、51~52 页。

② 〔美〕塞缪尔·亨廷顿：《谁是美国人？——美国国民特性面临的挑战》，程克雄译，新华出版社，2010，第 23、45 页。

③ 〔美〕塞缪尔·亨廷顿：《失衡的承诺》，东方出版社，2005，第 28 页。

主价值方面①。而在《谁是美国人？——美国国民特性面临的挑战》中，亨氏将传统的作为政治价值观或意识形态存在的"美国信条"转换成盎格鲁-撒克逊新教文化生成"美国信条"这一命题，美国国家特性或认同构建在亨廷顿等保守派那里实现了历史性转换，即从"自由帝国"和"自由主义公民国家"再次转向盎格鲁-撒克逊新教国家。

亨廷顿的盎格鲁-撒克逊新教国家特性说出炉的直接动因是 20 世纪 60 年代以来多元文化主义对美国传统国家特性的冲击，更深远的历史动因是美国建国两百多年来理想与体制、名与实冲突的不可调和。一方面《独立宣言》宣称"人人生而平等"，都有追求自由、平等和幸福的权利；另一方面现实中大量的黑人沦为奴隶，原住民遭到驱逐和屠杀，丧失了作为"人"的基本权利；一方面，《美国宪法》尤其是其修正案宣布赋予包括黑人和纳税的原住民在内的所有居住在美国的人"平等的公民权"；另一方面，黑人等有色族裔长期被隔离或限制在特定的区域和生活空间。20 世纪 60 年代民权革命后，随着体制与理想、名与实越来越相向而行，也就是说，随着"自由主义公民国家"的理念越来越付诸实践，"美国信条"越来越成为更多的人尤其是有色族裔群体真实的信条，美国自建国时就高扬的国家特性和国家认同反而遭受"危机"，这种情势正应了亨廷顿 40 年前悖论式的预言：即"美国人如果不信奉美国信念就不成其为自己，如果信奉美国信念就必定反对自己"②。

正是在"'美国信条'反对美国国家特性"的历史条件下，亨廷顿的基于新教国家论的国家特性或国家认同危机论登上了历史舞台。为了自圆其学说，亨廷顿不惜将具有浓厚普世主义的"美国信条"解释成盎格鲁-撒克逊新教文化的独生儿；不惜戳穿了奉行两个多世纪的自由主义国家面纱，将美

---

① 在《失衡的承诺》中，亨廷顿将《独立宣言》所倡导的自由、平等、民主、个人主义等核心政治价值以及洛克和启蒙思想家的思想和观念如自然权利、自由、社会契约、政府的有限作用、政府对社会的依赖等，作为美国信条的重要思想来源。〔美〕塞缪尔·亨廷顿：《失衡的承诺》，周端译，东方出版社，2005，第 15~17 页。

② 〔美〕塞缪尔·亨廷顿：《失衡的承诺》，周端译，东方出版社，2005，第 48 页。

国说成是一个自始的盎格鲁-撒克逊新教国家。① 亨廷顿的论说代表了传统保守主义势力关于美国国家特性的信条或信念，它不仅与具有相当共识性的"美国信条"相冲突，也与当时和当下的美国体制及实践相冲突。亨廷顿国家特性或国家认同危机论的出笼，标志着在国家特性问题上"美国反对美国"的斗争发展到一个新阶段。

第四节　美国国家特性构建的当代困境及其可能的出路

在建立一个什么样的国家问题上，美国的政治精英一开始就没有一个清晰的方案。在建国初的百年左右的时间里，美国一方面声称"人人生而平等"，另一方面堂而皇之地维持着对黑人及原住民的奴役、压迫和驱逐。内战后，美国一方面从法律（理）上确立了"自由主义公民国家"；另一方面在实践中，限制甚至剥夺有色族裔的公民权，直至建立起一个"隔离但平等"的种族分离的社会。这种理想与体制（现实）的公开冲突一直持续到20世纪50~60年代的民权革命时期。1965年后，美国通过在法律上确立平等权（选举、住房等）和在体制上反歧视，逐步确立了"自由主义公民国家"的特性。到20世纪90年代，美国"自由主义公民国家"特性建设不论是在法律、制度文本上，还是在实践中均有十分明显的体现。然而，问题也随之出现。

随着自由主义、多元主义和不问身份差别的公民政治的同时崛起，传统的盎格鲁-撒克逊白人新教徒（White Anglo-Saxon Protestant）主导的社会，不论是在价值观上，还是在制度上，抑或是在人口结构方面都发生了重要变

---

① 某种程度上可以说，亨廷顿说出了美国国家特性的真实一面，因为恰恰是在奉行"美国信条"的"自由帝国"和"自由主义公民国家"的大部分历史时期，原住民大量遭到驱逐和屠杀，黑人遭到集体奴役、隔离和系统性的歧视，亚裔人及其他来自西北欧以外的移民、天主教徒等遭到明确针对性的排斥和歧视。美国在大部分历史时期实际上都是一个白人种族主义+基督教新教的国家。

化。美国不再是那个公开排斥和歧视有色族裔的"白人国家"。在许多方面，建国两百多年来倡导的"美国信条"得到前所未有的践行。然而，由于盎格鲁-撒克逊新教白人国家强大的历史惯性和路径依赖，加上左翼、进步主义力量对历史遗留问题的矫枉过正①，21世纪以来，美国出现了严重的国家特性或认同危机。

必须指出的是，上述"国家特性或认同危机"并不全然是"国家的"危机。一些危机如白人人口数量的相对下降、有色族裔人口的相对增加实际上只是白人种族的主体地位危机，而同性恋的全面平权和堕胎自由损害的只是基督教价值观和伦理观。真正可以划归美国国家特性或认同危机的，一是英语主导地位受到西班牙语的挑战，二是意识形态维度的多元文化主义对美国主流历史叙事及学校教育的持续挑战，三是相对宽松的移民政策明显影响到美国国家特性或认同建设。②

如何应对这些有矛盾或者说存在着内在冲突的国家特性或认同危机？或者说，在新的形势下，应该如何构建美国国家特性或认同？以亨廷顿为代表的保守势力开出的对策清单是回归盎格鲁-撒克逊新教文化。从1980年开始崛起的所谓"新基督教右翼"则主张通过将福音派及其他保守基督教派别的全面政治化使美国回归基督教或重新回到上帝怀抱。政治上，他们的主要手段是"使福音派新教徒进入美国社会政治生活""使他们加入共和党阵营""把保守派人士选进政府部门"；文化上，他们决心在美国打一场"激烈而持久的文化战争"。值得注意的是，以福音派为代表的新基督教右翼力量，其关注点已不限于振兴基督教，而是着眼于对美国的政治、经济、文化及外交事务进行全面的特性改造。新基督教右翼阵营中不仅有基督教福音派

① 如从意识形态角度鼓吹几乎不受限制的多元文化主义，对英语地位、美国传统历史史观和学校教育造成冲击。在移民融入问题上，放松美国统一性标准，导致大量移民社群如拉丁裔、亚裔等难以融入。在同性恋及堕胎问题上，全面放弃基督教价值观，导致以福音派为代表的宗教保守力量的激烈反弹，如此等等。

② 大量的拉丁裔及亚裔移民，加上双国籍、多国籍和"世界公民"以及上千万的非法移民等，对美国传统国家特性或认同造成明显冲击。1965年熔炉式移民政策的废除，是一个分水岭。

及其他保守派别，还有大量的天主教徒。早在 1977 年，就有西方学者指出，新基督教右翼选民是美国选举政治中的一头"睡狮"。显然 2016 年大选中，特朗普唤醒了这头睡狮。①

　　在美国国家特性或认同问题上，与新基督教右翼有着千丝万缕联系但又有着自己独特个性的所谓"另类右翼"② 则提出了"重返白人国家"的主张。为实现这一政治狂想，他们甚至提出了隔离和驱逐的极端方案。

　　上述三个构建美国国家特性或认同方案的主张虽总体上都属于保守主义或右翼阵营，但在价值理念和实际操作规程上各有其特点。亨廷顿侧重于"新教文化"③，他希望通过"复兴"新教文化来拯救美国特性或解决认同危机。亨廷顿一再声称，他"强调的是盎格鲁-撒克逊新教的文化重要，而不是说盎格鲁-撒克逊新教的人重要"，如果"一代又一代的美国人致力于发扬盎格鲁-撒克逊新教文化以及我们的前辈所树立的'美国信念（条）'"，那么"即便是创建美国的那些白人盎格鲁-撒克逊新教徒的后裔只占很小的、无足轻重的少数，美国仍会长久地保持其为美国"。④ 显然，亨廷顿的侧重点在于文化和价值观。反观新基督教右翼，他们虽然也强调文化甚至诉诸"文化战争"，但其关于美国特性或认同的诉求则主要在于恢复美国的"（福音）基督教特性"，而不是亨廷顿所说的文化或某些价值观抑或准则。相形之下，另类右翼关于美国国家特性或认同的追求则要明确得多，他们直接将美国界定为一个"白人国家"⑤，认为恢复或重建美国国家特性就是要"找回白人美国"。

　　如果简单地概括上述三个保守主义或右翼阵营的美国国家特性或认同构

---

① 参见董小川《20 世纪美国宗教与政治》，人民出版社，2002，第 62~64 页。

② "另类右翼"（Alt-right）是一个相对宽泛的概念，其主要使命在于反对主流保守主义。本文侧重于从主张白人至上主义或白人种族（民族）主义角度界定这一概念。另类右翼属于极右翼的一种，其意识形态往往具有一定的暴力色彩。

③ 虽然他常常在"新教"之前加上"盎格鲁（-撒克逊）"的限定词，但也不得不承认，"种族属性"界定美国特性的时代已经一去不复返了。

④ 〔美〕塞缪尔·亨廷顿：《失衡的承诺》，周端译，东方出版社，2005，"前言"第 3 页。

⑤ 必要的时候，他们也借助于"文化"或"基督教"这些具有动员效果的语词。

建方案，那就是以亨廷顿为代表的主流保守主义侧重于"文化"和价值观，新基督教右翼则侧重于基督教尤其是福音基督教本身，而另类右翼则关注美国的白人种族属性。从兼容或接纳种族（族裔）或文化多元性的角度来看，主流保守主义最为包容，另类右翼最为狭隘，新基督教右翼则居于两者之间。

需要说明的是，三类保守主义力量尽管存在明显差别，但实践中它们往往是一股统一行动的力量。这在美国 2016 年及 2020 年大选中，表现得极为明显：特朗普的支持者中，不仅有主流派保守主义者和新基督教右翼分子，还有大量狂热的另类右翼分子。① 从结构上看，美国保守主义阵营呈现"中间大，两头小"的格局，即新基督教右翼构成保守主义力量的主要部分，主流保守主义因发生严重分化而与属于极右翼的另类右翼构成两端。

相形之下，与保守主义阵营对峙的自由主义、进步主义和左翼阵营（以下简称"自由主义阵营"）在国家特性或认同问题上观点要一致得多。自由主义阵营执着于"人人生而平等"的"美国信条"，追求彻底的无种族（族裔）、文化差异的"美国梦"。在自由主义者眼里，美国是一个无"色差"甚至无具体文化特性的"自由帝国"或"自由主义公民国家"。值得注意的是，为了打破体制化和结构化的种族不平等状况，建设一个完全真实的各种族"一律平等"的美国。自由主义阵营中的激进主义者还诉诸重塑历史叙事和多元文化主义，积极推进促进经济社会平等的平权行动。在激进自由主义者的话语中，黑人自始就是"非洲裔美国人"、原住民是"土著美国人"，后来的新移民则是各种各样的"连字符美国人"，他们的文化、语言和价值观同主流社会的文化、语言和价值观一样值得尊重。

从以上论述可以看出，在如何构建或定义美国特性或认同问题上，保守主义阵营与自由主义阵营存在尖锐的分歧：前者试图以文化（及其价值观）、宗教和人种属性界定美国特性，构建国家认同；后者则以无差别的公

---

① 此外，在铁锈地带和基层社会，还有不少蓝领及失业工人，他们除了胸怀阶级对抗意识外，还兼有主流派保守主义、新基督教右翼和另类右翼的意识形态。

民属性及权利自由来重申美国国家特性和认同。前者以特殊主义为本位，辅以一定限度的普遍主义；后者则以普遍主义为本位，辅以一定程度的特殊主义。前者在用文化、宗教或种族属性定义美国国家特性或认同的同时，表现出明显的本土主义和孤立主义；后者在以自由主义公民价值界定美国国家特性或认同的同时，还表现出鲜明的世界主义色彩；如此等等。保守主义和自由主义的分歧，反映了美国在国家特性问题上自建国伊始就存在的名与实、理想与现实（体制）的深刻冲突。在两百多年的历史进程中，美国在绝大部分时间里奉行的都是自由主义的"名"和保守主义的"实"，理想与现实（体制）的冲突伴随了美国的整个历史。

进入 21 世纪尤其是近些年来，保守主义与自由主义在国家特性或认同问题上的冲突进入白热化阶段。面对美国"国家特性危机"，前者试图以新教文化或福音基督教为抓手，恢复或重建国家认同；后者则继续其普遍主义的自由主义价值范式，试图以"人人生而平等"的"美国信条"重申或夯实美国的国家认同。这种分歧在实践层面，表现为（特朗普）共和党和民主党争夺国家发展方向的斗争。在这场争夺国家发展方向，或者更准确地说定义美国国家特性的斗争中，以福音派为代表的保守主义力量与左派、进步主义及多元文化主义合流的自由主义阵营产生了尖锐的冲突和对立，美国陷入内战以来从未有过的政治极化和文化对立之中。

像历史上每次政治和社会转型时期一样，新教福音派①总是率先登上政治和社会舞台。在这场争夺国家发展方向或定义国家特性和认同的斗争中，福音派联合美国社会的宗教和文化保守力量、白人优越论者以及全球化中利

---

① 福音派是基督新教保守力量的大本营，其正式形成于 18 世纪。根据哈佛大学神学院宗教史学家凯瑟琳·布兰克丝（Catherine Brekus）的研究，福音派是 18 世纪新教徒"逐渐发展出来的一种新的信仰"。但是在此之前，新教改革者就已经用"福音主义"来描述他们的信仰了。18 世纪福音基督徒的三个基本特征是强调个人与上帝的直接沟通、重生以及主张在全世界传播上帝的福音。福音派不是一个有明确指向的教派，它至少包括了浸信会、门诺派、卫理公会、圣洁教会、五旬节教会、改革宗等诸多新教教派。历史上，福音派曾是基督教复兴主义的同义词，现实中福音派有时意指宗教保守群体或宗教右翼，有时也指所有基督教徒。

益受损的蓝领工人等群体，在共和党①的政党竞争中起到举足轻重的作用。在 2016 年大选中，福音派以高达 81% 的选票将反全球化、反移民、笃信本土主义的"保守主义的民族主义者"② 特朗普推上总统宝座，从而使保守主义在争夺国家发展方向或定义美国特性的竞争中取得阶段性胜利。在四年之后的 2020 年大选中，自由主义阵营卷土重来，胜利者拜登在随后的内阁成员挑选中，再一次宣示了美国不分种族（族裔）的"自由主义公民国家"特性。③

值得注意的是，不论是以共和党特朗普为代表的保守主义力量，还是以民主党拜登为代表的自由主义阵营，它们获取支配美国发展方向或定义美国特性权力的选民基础都是高度分化的：在 2016 年大选中，特朗普获得的选民支持数量实际上少于其竞争对手；在 2020 年大选中，虽然拜登获得的选民支持数量及选举人票数都领先于特朗普，但双方倚重的选民数量总体上处于势均力敌的状态。这一情况表明，美国自建国以来就已存在的美国特性或认同之争的名与实、理想与现实（体制）的冲突，不仅没有得到改善或缓和，反而呈现加剧之势。

---

① 以福音派为代表的宗教右翼与共和党的政治联姻最早可追溯到 1954 年的"布朗诉托皮卡教育局案"，联邦最高法院的裁决结束了美国黑人白人不同（公立）校的种族隔离制度，宣布"隔离但平等"的法律原则违宪。从此，那些不愿意与黑人同校的南方白人纷纷逃离公立学校，建立自己的"隔离学校"——白人私立学校。这些学校往往以宗教学校的名义享受免税待遇，当公开禁止不同种族男女约会的福音派鲍勃·琼斯大学遭到美国国税局查处，面临失去免税地位之际，一位名叫保罗·韦里奇（Paul Weyrich）的共和党活动家，在种族隔离主义分子啤酒大亨约瑟夫·库尔斯（Joseph Coors）的赞助下，与南方宗教领袖杰瑞·法维尔（Jerry Falwell）等结成联盟，并成功游说软化国税局的执法立场。从此，一个以在宗教及道德上观念强硬、保守而著称的所谓"道德多数派"组织成立。1980 年该组织通过帮助罗纳德·里根进入白宫宣布自己是一支政治力量。此后共和党战略家便利用堕胎和同性恋婚姻等问题，将基督教保守分子吸引到自己的阵营，使其成为自身保守政治取向的坚定支持者。数十年来，共和党与福音基督教保守势力，在政治及价值观上共进退，共和党利用政治舞台"守卫"甚至提升福音派的价值观，福音派则给予共和党坚定的票仓支持。

② 有学者将特朗普在定义美国特性上的价值取向概括为"保守主义的民族主义"。孔元：《美国当代保守主义的民族主义转向》，《国外理论动态》2020 年第 1 期。

③ 为了回报自由主义阵营，拜登努力打造"美国有史以来最多元化的内阁"，以实现种族（族裔）、性别、性取向等多元群体的平衡和多元文化的公民平等。

种种情况表明，2020 年大选后的美国，面临比以往任何时期①都更加严峻的挑战。如何妥当地协调并应对保守主义与自由主义势同水火的国家特性或认同建构方案是包括两党在内的任何政治势力都不能回避的头等大事。对于保守主义尤其是以福音派为代表的宗教右翼来说，如何在"重振"新教文化或"找回"美国基督教特性的同时，避免与之密切关联的白人优越论甚至白人至上主义冲击自由主义公民国家的核心要素，避免宗教民族主义冲击久已确立的世俗主义价值原则，是取得或重获国家特性或认同塑造权的重大前提。对于自由主义阵营来说，如何在政治上打造自由主义公民国家特质的同时，避免国家丧失特性或核心文化特征；如何在争取包括各族群在内的多元群体权利和自由平等的同时，避免身份政治及其带来的文化上的碎片化，则是继续维持"自由主义公民国家"特性的重要条件。

从现实情况来看，两个阵营面临的问题都不可谓不严重。从保守主义阵营一方来看，无论是执着于"新教文化"还是"基督教特性"，其面临的一个最大问题都是，当下的美国基督新教似乎已不再是历史上那个引领主流政治社会文化、时刻矫正国家方向、充满世俗主义精神的宗教。在全球化、现代化、多元化特别是世俗化的强有力冲击下，美国的新教徒群体已经严重地"福音化"——其一个明显的特征是，日益沉湎于宗教信仰本身，僵化固守圣经信条（而不是"美国信条"）。福音基督徒普遍相信"世界末日"一说。全美福音派协会在一份有关信仰的声明中称，"我们相信《圣经》是天启的，唯一绝对正确、绝对权威的上帝语言"。面对批评者对《圣经》不谬性的质疑，一些福音基督徒坚定不移地认为，"上帝不能有错，《圣经》无有错谬"。大部分福音派新教徒对耶稣基督的再度来临以及他将信徒擢升到

---

① 即使是在南北战争时期，双方在基本价值取向上也没有今天的分歧更大，当时支持南方奴隶制的人更多地出于维护既得经济利益和社会政治地位需要，在价值观问题上，实际上连为南方奴隶制公开辩护的人都不得不承认"我们在文明社会面前是没有听众的"。钱满素：《美国自由主义的历史变迁》，生活·读书·新知三联书店，2006，第 58 页。

天国的预言深信不疑。①

今天的福音派已远远不是历史上那个数次通过"大觉醒"引领美国的复兴者及革新者。18世纪30~40年代的那次大觉醒，奠定了美国独立革命的心灵和观念基础；19世纪20~30年代的大觉醒则催发了声势浩大的废奴运动，最终导致奴隶制被废除②；19世纪90年代的第三次大觉醒"直接与争取社会改革和政治改革的平民主义和进步党主义运动相联系"，这次运动中的改革派强调"道义上消除体制与理想之间的差距，建立一个公正平等的社会"；20世纪50~60年代大觉醒的焦点之一是"法律和体制上的对黑人的种族隔离"，福音派的"绝对的道德价值观"对新左派和民权运动起到激发作用，"隔离但平等"在此期间被宣布违宪。历史上福音派的四次大觉醒，"每一次都与政治改革的重大努力相联系"，进而催生政治改革。③ 如果说历史上的福音派总体上促进了美国的政治与社会进步，那么现实中的福音派则试图让这种进步接受基督教福音神学的再次审查。④

新教徒的福音化使得亨廷顿们及其他保守力量所倚重的"新教文化"和"基督教特性"发生了重要转向：现时代的新教文化再也不是那个仅仅强调个人主义与追求世俗幸福和理想的"地上"文化；基督教特性也不仅仅是那个在很大程度上已经高度象征化和文化化的基督教存在。相反，它们开始强调作为新教徒的集体归属与责任，强调回归圣经并严格按照圣经的具体内容来工作和生活。"新教文化"和"基督教特性"的价值漂移不仅使保

---

① 在特朗普的当选及连任选战中，福音社区充斥着有关特朗普是"上帝选中的人"的传言。据调查，美国福音基督徒对以色列的支持甚至超过了美国犹太人，他们相信包括支持以色列迁都耶路撒冷在内的外交政策都是为了迎接基督的复临并建立地上"千年王国"。

② 在响彻北方的《战歌》中有这样的歌词：耶稣为让人们神圣而死，我们则要为让人们自由而死，上帝在前进。

③ 参见〔美〕塞缪尔·亨廷顿《谁是美国人？——美国国民特性面临的挑战》，程克雄译，新华出版社，2010，第57~59页。

④ 随着时代的发展特别是面对世俗主义潮流的强大冲击，福音派在组织化程度、维护传统婚姻家庭、反堕胎、抑制同性恋群体的权利，特别是在捍卫所谓"宗教自由"方面与天主教的差距越来越小，甚至出现与天主教合流的趋势。经过几个世纪，福音派在很大程度上又轮回到其最初所激烈反对的立场上——将群体的宗教自由置于个人权利之上。

守主义开出的国家特性建构方案严重偏离"美国信条"，而且使美国面临严重的世俗主义危机。①

从自由主义阵营一方来看，无肤色和族裔差别的"自由主义公民国家"特性固然是一个值得追求的、与美国梦相一致的价值目标，但是如果在实际操作中，把这种基于公民权利和自由的建国价值理念绝对化甚至僵化，将其理解成一个自始的、非历史的、绝对平等的价值方案则不仅无益于消除与保守派的冲突，最终还可能适得其反。情况正是这样，20 世纪 60 年代以来，虽然自由主义阵营在塑造美国国家特性或认同方面取得前所未有的巨大历史进步，但是由于其执拗于消除一切差别或"歧视"的严苛的历史观、文化观和价值观，造成美国历史的高度意识形态化和白人新教文化历史虚无主义。不仅如此，为了实现有色族裔群体"完全平等的"权利和自由，自由派中的左翼还有意无意诉诸身份政治②，最终将争取公民权利自由平等的斗争扭曲为有色族裔与白人群体之间的斗争，并进而引发了"谁是美国人"的身份认同斗争和危机。

以上笔者用较大篇幅论述了美国国家特性或认同建构的当代困境，这种困境，从民族国家建构的角度来看，源于美国自创立以来就存在的三种相互矛盾和冲突的国家特性定位。从更广阔的视野来看，美国国家特性或认同构建的当代困境则源于基督教国家的现代性危机。作为一个"基督教国家"，美国没有经历过西欧国家如法国那样彻底的世俗化历程，其政治和社会过程中存在浓厚的基督教新教色彩。在向现代公民国家发展的历程中，美国社会

---

① 为了对抗自由主义阵营，激进的宗教右翼分子苏赫拉布·阿马里（Sohrab Ahmari）甚至提出了取消政教分离的主张，他认为"自由派敌人将精英机构变成了自由放任主义者和异教徒的大本营，在应对这些敌人时，以德报怨不是正确的应对态度，以直报怨才是更可取的路径"，对此，他呼吁"抛弃国家在宗教事务上的中立态度，积极利用国家力量来击败自由派敌人"。转引自孔元《美国当代保守主义的民族主义转向》，《国外理论动态》2020 年第 1 期。

② "身份政治"是一个复杂的政治、社会和文化现象。笔者曾撰文指出，从历史源头来看，源于西欧诸国的民族主义是最大的身份政治。从这意义上来看，自由主义阵营尤其是其左翼及有色族裔的身份政治，实际上是一种"反应性的身份政治"。参见周少青《21 世纪"新民族主义"：缘起、特点及趋势》，《中央民族大学学报》（哲学社会科学版）2021 年第 6 期。

内部的新教群体，逐渐发生分化，其世俗主义、自由主义和左翼力量试图摆脱或超越国家的基督教特性，使美国成为一个比较彻底的"自由主义公民国家"。与此同时，新教内的保守派（福音派）则由于新教革命的"原罪"，而始终背负着"背叛上帝"的十字架。面对日益严重的世俗化倾向和自由派主导的同性恋平权、堕胎自由等非基督教行为以及各种非基督教文化多元主义的泛滥，福音派基督徒不惜与昔日的"政治异端"①——天主教结盟，共同致力于恢复美国的基督教特性和新教文化的支配地位，其直接后果之一便是原本世俗化倾向很强的新教徒在世俗–宗教问题上开始"福音化"甚至"天主教化"——教义保守、组织化、领袖化程度加强，美国政治和社会领域出现了比较罕见的宗教化价值取向。

特别值得关注的是，不论是致力于建设"自由主义公民国家"，还是退回基督教福音国家，美国的国家特性都呈现明显的"自由帝国"之面相：作为一个世俗的"自由主义公民国家"，美国有将其自由、民主模式推向全世界的冲动；作为一个基督教新教国家，美国同样有将其山巅之城"福音"推广到全世界的神学冲动。事实上，直至今日，在美国国家特性问题上，仍然存在三种声音，即"自由主义公民国家"、"盎格鲁–撒克逊新教国家"和"自由帝国"②。

如何在三个有冲突的国家特性或国家建构目标之间达成妥协，从而建构

---

① 历史上，新教徒对天主教徒可能"侵蚀"新教国家特性的行为抱着一种高度警惕的态度。1928 年 10 月总统大选前夕，美国《基督教世纪》（Christian Century）杂志上的一篇评论提出"基督新教反对一个天主教徒作为美国总统不是因为基督新教徒想限制宗教信仰自由，不是因为他们是坚定的基督新教徒，不是因为他们不欣赏天主教的崇拜方式，甚至不是因为他们担心史密斯当选总统后会发布命令服从教皇，而是因为天主教与美国制度之间存在着巨大的差距"。天主教在美国政治和社会生活中日益增长的影响力，将使人们再次面临"美国还是不是基督新教和盎格鲁–撒克逊的美国"的问题。1933 年哥伦比亚大学教授 T. 艾贝尔（Theodore Abel）提出，长老派、浸礼派和循道派应该联合起来，尽最大努力去解决天主教的宗教信仰问题，以"推进美国化进程"。这里"美国人"与新教徒完全对应，天主教被视为美国的政治异端。事实上直到肯尼迪当选美国总统时期，天主教仍然是一个有争议的"他者"因素。董小川：《20 世纪美国宗教与政治》，人民出版社，2002，第 54、213 页。

② Matthew Walther, "America Is an Empire, Not a Nation", *The Week*, May 29, 2019.

一个包含各方共识的、一致性（coherence）较强的现代民族国家？2019 年 3 月，美国一份名为《当务之急》（*First Things*）的保守派期刊刊发了一篇名为《反对过时的共识》的联名信。该联名信称，2016 年的大选结果表明，旧的保守主义已经破产，因此任何旨在恢复前特朗普时期"保守主义共识"的做法都不仅是误导性的，而且是有害的。对此，联名信呼吁"寻找新的共识"。2020 年 11 月 2 日大选前夜，该期刊又推出一篇名为《美国的未来》的评论。在这篇评论中，作者提出了保守派眼中的"新共识"，即美国的未来取决于健康的、有坚实道德基础的、基于宗教信仰的文化（religiously informed culture），明智的外交政策和良好的经济举措，其中"能够帮助美国人过上荣耀的生活并确保他们得到体面和尊重待遇"的文化占有优先地位，作者把这一"新共识"称为"具有共同善的保守主义"。①

"共同善的保守主义"对内主张：确保对胎儿进行充分的法律保护，并捍卫医生、护士和其他提供护理的人的良心自由；禁止基于身份的配额，让国家重回对所有个人而不是群体权利（及特权）平等的承诺；促进婚姻并保护家庭；鼓励美国人的宗教生活，摒弃那种认为信仰纯属私人事务的激进和错误的政教分离观点；保护并珍视国家的历史遗产（不必对历史上发生过的事件道歉），支持国家禁止破坏性的反美活动。对外政策方面：塑造和捍卫有利于美国中产阶级和工人阶级的国际经济秩序；防止一些国家主导对全球经济和美国人利益至关重要的地区的能力；建立并维持公平的伙伴关系，以实现美国的安全与繁荣目标；促进西方文明的蓬勃发展，这是美国共和制政府和自由文化赖以生存的基础。

显然，这一所谓的"共同善的保守主义""共识"在很大程度上维持了其基督教右翼观点，即捍卫美国的基督教国家特性。然而，值得注意的是，该共识也吸取了自由主义公民国家特性的某些要素，如坚持公民个体权利平等，反对对少数族裔的"平权行动"；同时，"共同善的保守主义""共识"

---

① R. R. Reno, "America's Future, First Things", https://www.firstthings.com/web-exclusives/2020/11/americas-future.

在坚持美国国民利益最大化的同时，也看到了在世界范围内推广"西方文明"的必要性，并将其视为美国政制和文化赖以生存的基础。总体上看，新共识有条件地融通了"自由帝国"、"自由主义公民国家"及"盎格鲁-撒克逊新教国家"三种国家特性。可视为保守主义在新的历史条件下，为促进美国国家特性或认同重构开出的新药方。①

相对于保守主义阵营积极致力于美国国家特性或认同重构的情形，自由主义阵营在美国特性或认同重构方面表现得并不积极。面对日益极化的国内政治和社会形势，自由主义总体上仍坚守于"自由主义公民国家"和"自由帝国"的国家特性：对内坚持不分族裔的公民权利自由一律平等的政治和法律策略（仅在"平权行动"尤其是种族配额方面有所松动），对外仍然痴迷于美国式自由民主的推广和张扬（面对海外军事行动和扩张导致的世界乱象没有更大的作为）。之所以如此，也许是自由主义者已经深刻认识到，美国在源头和本质上就是一个没有"民族"的现代"民族国家"。在这个国家里，维系国家凝聚力和社会团结的最好办法是不要照搬西欧及第三世界国家的民族国家构建模式，不要将美国国家特性或认同建设系于某种单一的族裔、文化或价值认同。因此，在实践层面，自由主义在将其主要精力用于维护美国特性（"美国信条"）或认同发展现状的同时，试图进一步推进各族群（种族）之间的实际平等，如积极参与"黑命亦命"运动，在移民的引进和社会融入方面继续推行传统的自由主义路线，等等。这些努力，在保守主义阵营的激烈抵抗下，不仅没有取得什么明显的进展，反而让美国社会陷入更大的分裂或撕裂。

当前美国正困厄于各种内外矛盾和冲突：政治参与上精英与民粹的对立，社会领域中贫困者与富有阶层的对立，文化、观念领域现代主义与传统主义、世俗主义和宗教保守主义的斗争，对外关系中世界主义与孤立主义的斗争，

---

① 在 2019 年 7 月召开的埃德蒙·伯克基金会资助的保守主义政客和评论家的会议上，这种新共识也被称为"民族保守主义"（National Conservatism）。Yoram Hazony spoke on the topic："Why National Conservatism?"，https：//nationalconservatism.org/natcon-dc-2019/presenters/yoram-hazony/。

等等。更加复杂的是，这些本来可能因相互重叠和交叉而消耗或减轻部分动能的对立和冲突，在两党制的催化下产生了空前的截然对立的效应：几乎来自所有种族、族裔、宗教、文化的群体和个人都选边站队，尖锐对立。在这种情况下，重构美国国家特性或认同几乎成了一件不可能完成的任务。

美国国家特性或认同问题，是一个与美利坚合众国相伴相生的世纪性、原发性问题。早在美国初创时，有关美利坚合众国是不是一个"民族"（nation）的问题就被提了出来。在独立后的很长一个时期内，大多数美国人都不认为美国是一个民族（nation），而正如其名是一个各州的联盟（confederation of states），这也是为什么促使各州批准《美国宪法》的过程是如此艰难，且那些建国者自称联邦主义者（federalists）而非民族主义者（nationalists）。[①] 在此后长达两个世纪中，这一问题不时地出现在美国重要的政治议题中。[②] 21世纪初，亨廷顿再提美国特性或认同问题，并将其提升到美国国家安全的高度。在《谁是美国人？——美国国民特性面临的挑战》一书中，亨廷顿引用卢梭的话说"既然斯巴达和罗马都灭亡了，还有什么国家能希望永世长存呢？"，他认为即使是最成功的社会（国家），也会在某个时候遭遇内部的衰落与解体。苏联的解体让亨廷顿印象深刻，他深深地意识到"在缺乏人种、民族和文化共性的情况下，意识形态的黏合力是弱的"，亨廷顿甚至发出了这样的悲观预言"倘若到了2025年美国还是跟2000年的美国一个样子，而不是成了另一个国家或几个国家，它的自我意识和国民身份意识也还是跟25年前没有什么区别，那倒会是最大不过的意外了"。为遏制美国的"衰亡"或"解体"，亨氏提出了"重新振作国民特性意识，振奋国家的目标感以及国民共有的文化价值观"[③]。

---

① Jill Lepore, "A New Americanism, Why a Nation Needs a National Story", *Foreign Affairs*, March/April 2019.

② "Shall We Be an American Nation", *Once a Week: An Illustrated Weekly Newspaper* (*1889-1895*), Dec 31, 1892; Nicholas Murray Butler, "Have We An American Nation?" *The Journal of Education*, vol. 85, no. 3, 1917.

③ 〔美〕塞缪尔·亨廷顿：《谁是美国人？——美国国民特性面临的挑战》，程克雄译，新华出版社，2010，第9~10页。

亨廷顿之问深刻地揭示了美国民族国家建构的先天性不足问题，即美国并不是一个有着共同祖先、共同历史、共同文化、共同神话的自然演进之国，因此，正如亨廷顿所指出的那样，在法国或德国这样的国家，价值观的激烈变动或去留并不会导致这些国家出现存亡之险，而对于主要靠"美国信条"价值观而黏合在一起的美国来说，价值观的崩溃之日可能就是国家崩溃之时。

当前美国国家面临的一个重大威胁正是（"美国信条"）价值观的撕裂。由于全球化、新自由主义及政党制度的交相作用，长期以来大体平衡的三种有关美国国家特性的观点，出现了势不两立的冲突：以新宗教右翼尤其是福音派为代表的保守主义势力试图以盎格鲁-撒克逊新教（基督教+白人）重新定义或"恢复"美国的国家特性；而自由主义和左翼则想继续其自由主义公民国家的方略。如果用获得选民支持的数量来显示两派力量对比的话，则是 7400 万人对 8000 万人，这既是一个势均力敌的斗争，也是一个对半撕裂的政治较量。怎么办？美国未来究竟沿着哪个方向前进？从近几年和未来几年的情况来看，特朗普大致代表了保守主义的政治意愿，而拜登无疑代表着自由主义阵营的价值取向，拜登胜选后，其领衔的自由主义阵营暂时主导美国国家方向，其团队着力于恢复被特朗普政府侵蚀了的美国特性。那么，拜登之后呢？

笔者认为，正确定位美国国家发展方向，或者说，准确界定美国国家特性或认同的一个重要前提是，正确认识美国国家的发展历程及特质形成过程。必须看到，美国国家特性的形成和发展不同于世界上绝大多数国家，作为一个"人造国家"，美国的领土不是"固有的"，而是通过殖民和不断兼并获得的；美国的"人民"构成多元且处于不断变迁之中①；美国的文化与

---

① 先是英国人（主要是英格兰人），后是西北欧人，再后来是东南欧人，直到近几十年来的亚裔和拉丁裔人，这些不断涌进的移民，加上原住民和被贩卖的黑人，构成了极为复杂的人口结构。

价值观整体上是新教徒从欧洲带来的①；美国经历过残酷的内战并从中获得统一性的力量；等等。这些差异意味着美国在很大程度上是"独特的"，其他国家包括西方国家在国家特性或认同构建问题上，难以为美国提供现成的模式或经验。

然而，国家特性或认同构建并非没有规律可循，通观世界范围内比较成熟的现代民族国家，其国家特性或认同构建方略无一不是有效平衡了族裔-文化和公民-政治两大因素。就族裔-文化来说，在族裔属性已基本失去界定美国特性的形势下，所谓族裔-文化实际上只剩"基督教特性"了。从公民-政治的角度来看，美国特性则包含了一系列与公民基本权利和自由相关的"美国信条"。为了平衡这两大因素，亨廷顿曾试图将"美国信条"解释成基督教新教文化的特定产物。但是这一尝试不仅没有能够调和或平衡保守主义与自由主义在定义美国国家特性问题上的内在冲突，还使冲突更加激化。笔者认为，新教文化并不足以解释"美国信条"，在当前新教不断福音化的情况下更是如此。正确的平衡路径或许是，一方面承认美国特性或认同自始至终包含着新教因素或者今天语境下的"基督教特性"，另一方面承认美国特性或认同也确实包含了大量的世俗主义的或非基督教的因素。承认前者既是尊重历史，也可以安抚以新基督教右翼为代表的保守主义政治势力；承认后者则既是直面现实，也可以满足占人口近三分之一的非基督教徒、世俗主义者的诉求。

承认美国特性或认同的基督教特性，不仅是因为"美国信条""天然地"契合着基督新教的因子，如《独立宣言》中的"人人生（created 而不是 born）而平等"，更重要的是，因为在当前美国，基督教特性已经渗透政治和社会生活的方方面面。② 21 世纪以来，伴随着新自由主义、世俗化、全

---

① 尽管其白人先祖在生活乃至建国理念上不可避免地受到原住民的影响，但美国的主流叙事只强调其文化的欧洲及基督（新）教性。

② 从显性的角度来看，美国国家的政治生活和实践中，充满宗教的因子：国旗效忠词中有"上帝之下的国度"，总统宣誓需要手按《圣经》，总统演说中"上帝保佑美利坚"不绝于耳，军队中有随军牧师等神职人员，国会的每一届会议都以牧师主持的祈祷开启，白宫有早餐祈祷会，美元上印有"我们信仰上帝"的字眼，等等。从身份等比较隐性的（转下页注）

球化以及资本主义、物质主义、科技主义和"新历史虚无主义"①的叠加性影响，美国国内政治和社会生活陷入一片混乱：贫富分化、种族冲突、精英分化、民粹肆虐、政府威信受损、家庭和婚姻不受重视、传统的道德和宗教共同体对社会的影响和塑造力下降。正是在这种情况下，福音民族主义或者说"民族保守主义"破土而出。福音民族主义或者说"民族保守主义"运动的复兴，"反映的是美国乃至西方文化所面临的一场生存危机"，"它最深刻的地方是期待一场灵魂救赎，从而将西方从物质主义和科技主义的精神荒漠中拯救出来，从资本主义的平庸生活中拯救出来，从历史终结的'末人'世代中拯救出来"，②而"基督教特性"或者将美国拉回传统基督教保守主义者所向往的"上帝的国度"是这场运动的一个核心命题，当前美国面临的最大危机之一是，自由主义及左派阵营试图以"个人自由""国家中立"的名义剥离"基督教特性"这一美国的本质特性。③

承认美国特性或认同也确然包含了大量世俗主义或非基督教的因素在于表明，美国虽然是一个基督新教国家，但是在其数百年的发展历程中，基督教以外的其他宗教信徒、无神论者、不可知论者以及"没有什么特定信仰"

（接上页注②）角度看，基督宗教尤其是新教在美国政治生活中占有极为重要的地位，表现在：美国历任总统都是基督徒，国会议员绝大部分都是基督徒。据皮尤研究中心最新调查报告，新一届美国国会的 535 名成员中，基督徒的占比接近 90%。在 63 名非基督徒议员中，犹太教徒占比最多，为 34 人。其余分别是穆斯林 3 人、印度教徒 3 人、佛教徒 2 人、一神论者 2 人、没有宗教信仰的 1 人，18 人拒绝透露信仰某个特定宗教。特别值得注意的是，在美国，尽管无神论者、不可知论者以及"没有什么特定信仰"的人口占比高达 23%，但是在国会中，只有 1 位议员公开声称"没有宗教信仰"。这说明，以民主自诩的美国并没有给无神论者等群体应有的民主和政治参与权。美国实质上是一个基督教徒治理的国家。参见周少青：《政教分离在当代世界的困境》，《中国民族报》2019 年 2 月 12 日。

① 最为典型的是"黑命亦命"运动中的极端左翼，他们超越时空地引证"自由""平等"理念，大肆诋毁建国先辈、破坏雕像、碑文等历史符号，非历史地看待和评价美国的历史人物和传统文化符号，严重地动摇了美国的国基。笔者将其称为"新历史虚无主义"。

② 孔元：《美国当代保守主义的民族主义转向》，《国外理论动态》2020 年第 1 期。

③ 2002 年 6 月，第九联邦上诉法院以 2∶1 的表决结果裁定，向国旗效忠誓词中的"under God"二字违反了政教分离原则，因为它构成了"赞成宗教"。这一裁决引起了许多美国人的反对，美国参议院遂以 99∶0 通过决议要求撤销该裁定，许多众议员集合在国会大厦台阶上宣读誓词，高唱《上帝佑我美利坚》。〔美〕塞缪尔·亨廷顿：《谁是美国人？——美国国民特性面临的挑战》，程克雄译，新华出版社，2010，第 61~62 页。

的人无疑做出了巨大贡献。只有承认这些非基督教或者世俗主义因素在界定美国特性时的地位和作用，继而以自由主义公民的理念去协调、统合"基督教特性"，才能形成一个无论是保守派还是自由派都能接受的美国国家特性观。

需要特别强调的是，除了"基督教特性"和"世俗主义的或非基督教"因素在定义美国特性或认同方面的作用外，还有一个极为重要的第三种因素，那就是"世界主义"。不论是从基督教神学的普世主义理想出发，还是从世俗主义的自由、民主理念出发，美国国家特性的形成都离不开一个充满冲突和苦难、等着美国去"拯救"的外部世界的存在——亨廷顿把这一条件描述为"与一个不友好的外部世界的对峙"。21世纪的今天，美国已深度融入全球化，其"全球角色"已然成为定义美国特性不容忽视的要素。① 一个美国人，不论其愿意与否，维护自二战以来形成的世界格局和秩序已成为守护美国国家利益和价值观的有机组成部分。② 如此，美国又回到"自由帝国"、"自由主义公民国家"和"盎格鲁-撒克逊新教国家""基督教特性国家""三合一"的历史路径之上。在某种程度上可以说，美国注定是一个"超民族国家"的现代民族国家。任何试图打破这一美国特性的做法，都可能不仅危害美国的国家利益及安全，甚至会影响到世界政局的平衡及世界安全。对美国来说，构建统一、连贯、自洽的国家特性似乎是一个不可企及的梦。

"世界主要国家民族政策与基本经验研究"课题组

课题负责人：王延中

执笔人：周少青

---

① 特朗普政府想逃脱这一角色，不可避免地遭到失败。

② Robert Kagan, "A Superpower, Like It or Not: Why Americans Must Accept Their Global Role", *Foreign Affairs*, March/April 2021.

第三章
铸牢国家民族共同体意识：法国的经验与启示

从理论上讲，铸牢民族共同体意识，本质上就是强化国家民族（État-nation）认同，也就是强化个体与国家民族的直接关联意识和归属感。实际上，现代化进程开启以来，"熔铸一国之民为一族"，也就是将族裔、语言、文化、宗教相异的国民群体熔铸为一个团结凝聚的新民族，作为时代主流的趋势越发鲜明。而这一"新民族"就是"国家民族"。作为"国家民族"理念与实践的先行者，法国的经验教训无疑具有参考价值。

第一节　法国的民族问题及其历史成因

法国的民族问题既包括世居少数民族问题又包括移民问题。法国少数民族问题在 20 世纪中后期十分突出，80 年代以后则趋于平息；移民问题恰好从 80 年代开始出现，发展至今越发尖锐。

一　少数民族问题

法国少数民族是封建王朝时代法兰克人通过皇室联姻或征战兼并而来的，少数民族与主体法兰西人的区别不在于种族，而在于语言文化。

这些文化差异性群体主要包括科西嘉人、布列塔尼人、阿尔萨斯人、加泰罗尼亚人、巴斯克人等。

在法国各少数民族中，科西嘉人的民族意识最强，这在很大程度上是由于他们所生活的科西嘉岛是最晚并入法兰西的地区。在归属法国（1768 年）之前，科西嘉岛一度作为独立国家（1755～1769 年）存在，当地岛民使用的科西嘉语更接近古意大利语，而不是法语。[①] 今天，科西嘉岛是一个享有特殊地位的"大区"（région），岛内的民族主义执政党始终坚持其"四大政治诉求"，包括：承认"科西嘉人民"的集体身份、赋予科西嘉语在本岛的并列官方语言地位、享有充分的自治权以及特赦前政治犯。这些诉求无一不带有民族主义色彩。

加泰罗尼亚人和巴斯克人是两个典型的欧洲跨境民族，这两个民族的传统居住区大部分属于西班牙领土，北方一小部分领土则隶属法国。因此，法国加泰罗尼亚地区也被称为"北加泰罗尼亚"，法国巴斯克地区也称"北巴斯克"。前者是法兰西国王于 1659 年从西班牙手中获得的，后者则分两部分先后于 1449～1451 年和 1620 年并入法国。法国加泰罗尼亚地区位于法国南部，几乎涵盖了整个东比利牛斯省（Pyrénées-Orientales），省内只有最北端的费努耶莱德斯市（Fenouillèdes）不属于加泰罗尼亚；"北巴斯克"则变成了今天的比利牛斯-大西洋省（Pyrénées-Atlantiques）西部地区。因此，今天的法国行政区划中不存在以"加泰罗尼亚"或"巴斯克"命名的地区。[②]

阿尔萨斯人是一个语言文化上更接近德国的少数民族，其所生活的阿尔萨斯地区位于法国、德国和瑞士交界处，该地区 1648 年开始归属法国。2015 年法国行政区划改革前，阿尔萨斯是一个大区，但改革后的阿尔萨斯与相邻的另外两个大区合并，"阿尔萨斯"这个地名也由此在行政区划中消失。

---

① 参见陈玉瑶《法国的科西嘉民族问题》，《世界民族》2013 年第 5 期。
② 参见陈玉瑶《法国的边疆少数民族及其"自我管理"模式》，《贵州民族研究》2020 年第 11 期。

布列塔尼人由大不列颠迁移居民形成，由于他们的到来，法国西北部伸向大西洋的整个半岛才被更名为"布列塔尼"，该半岛与大不列颠之间仅相隔一条拉芒什海峡（英吉利海峡）。布列塔尼于公元 10 世纪实现了统一，建立过独立公国。布列塔尼语属于古凯尔特语，既有别于法语，也不同于英语。1523 年与法兰西签订合并条约后，布列塔尼开启了融入法兰西的进程。今天的布列塔尼是法国 13 个大区之一。①

现代法兰西的国家民族整合始于 200 多年前的资产阶级大革命，"统一代表进步"的意识形态与消灭旧制度的斗争要求，使包括少数民族在内的各地区愿意接受巴黎革命政权的领导，共同成就法兰西的民族统一。因此，在资产阶级与封建特权阶级争夺国家统治权的斗争阶段，少数民族事务并不表现为一个亟待解决的问题，该阶段的主要矛盾在于资产阶级联合无产阶级反对贵族教权的阶级斗争。

直到第三共和国（1870~1940 年）建立，资产阶级实现长期独掌政权，法国国内的主要矛盾才逐渐转化为包括少数民族地区在内的绝大多数地区与巴黎之间的发展失衡问题。在这期间，布列塔尼、科西嘉与阿尔萨斯三个少数民族的代表于 1927 年联合成立过一个"法国少数民族中央理事会"（Conseil Central des Minorités Nationales de France）②，力图通过联合的力量争取自身利益，但无果而终。到 20 世纪中叶，地区发展失衡积累的不满终于演变为普遍的地区民族主义运动，许多少数民族地区都出现了以武力手段谋求独立的民族主义组织，如 1959 年成立的"埃塔"组织（ETA）、1966 年成立的"布列塔尼解放阵线"（Front de Libération de la Bretagne）、1976 年成立的"科西嘉民族解放阵线"（Front de Libération Nationale de la Corse）。至此，法国地区民族主义运动达到顶峰。随着 20 世纪 80 年代后法国一系列地方分权改革的启动，少数民族地区的这股"独立热"逐渐降温。

---

① 参见陈玉瑶《布列塔尼人文化认同特性的产生、发展与现状》，《世界民族》2017 年第 3 期。

② 参见 Michel Nicolas, *Histoire du mouvement breton*, Paris：Syros，1982，p.78。

二　移民问题

在法国国家民族建构过程中，20 世纪 80 年代是一个关键节点。正是在这一时期，地方民族主义运动趋于平缓，但移民问题，尤其是穆斯林移民融入问题，成为政治生活中的大事，并逐渐呈现尖锐化趋向。

法国是欧洲最大的移民接收国，历史上曾经发生过两次大规模移民涌入。第一波移民潮出现在一战爆发后，为充实军力，法国政府从尚未独立的北非殖民地（主要是阿尔及利亚、摩洛哥、突尼斯）招收了大批穆斯林，还有不少中东欧移民被引入以充实产业劳工队伍。第二波移民潮出现在二战后，由于劳动力不足，法国政府再次给阿尔及利亚人、摩洛哥人以往来便利。到 1962 年阿尔及利亚独立时，法国共接收 33 万阿尔及利亚人。阿尔及利亚独立后，移民大军换成了摩洛哥人，到 1975 年时，法国共有 26 万摩洛哥人。[①]

可以说，这些来自前殖民地的穆斯林不仅为今日法兰西的建立付出了鲜血和生命，也为战后法国经济腾飞做出了巨大贡献。然而从 20 世纪 80 年代末起，第一代穆斯林移民的牺牲与奉献被迅速埋没于日益凸显的移民后代"认同"问题中：穆斯林女学生在校园佩戴头巾、足球比赛时移民后代挥舞阿尔及利亚星月旗而不是法国三色旗、《马赛曲》奏响时移民青年嘘声一片、郊区青年骚乱、不少青年前往国外参加"圣战"等等，许多现象让法兰西人感到焦虑和不满。

于是 1989 年围绕校园内是否可以佩戴头巾、2009 年围绕"国家认同"、2014 年围绕学校是否应提供"清真餐"、2015 年围绕"表达自由"与"亵渎宗教"的关系、2016 年围绕是否禁止女性穆斯林穿"布基尼"（Burkini）泳衣、2020 年围绕"世俗主义"原则，法国社会不断涌现全国性论辩热潮。

而接连发生的恐怖袭击，更如雪上加霜般将伊斯兰宗教和穆斯林群体置

---

① 以上数据源于：Haut Conseil à l'Intégration，*L'Islam dans la République*，Novembre 2000，p. 19。

于聚光灯下，导致这一群体越发"问题化"，相关事务越发"敏感化"。但实际上，法国政府在引导伊斯兰宗教本土化、管理伊斯兰宗教组织方面的制度漏洞，外来移民长期处于劣势地位造成的结构性不平等，才是法国移民问题的症结所在。

第二节　法兰西民族价值观与解决民族问题的政策

在法兰西民族理念中，"平等公民"是一核心概念，学术界通常基于此将法国民族理论概括为"公民民族主义"。这是由于大革命时期，资产阶级坚信"平等公民"构成的"公民共同体"就是"民族"（nation）本身，公民身份而非语言文化，才是构成民族的核心要件。因此资产阶级革命者明知法兰西的"多语言多文化"事实，却始终坚信和坚守法兰西是"一个"民族（而不可分为"多个"）的理念。

大革命以后的历史进程也证明，该理念的确颇为成功地整合了各地差异，促进和巩固了法兰西民族的统一。但"公民民族主义"也存在缺陷，那就是它回避了将各民族区别开来的标准问题。即便是"公民民族"，也需要通过语言文化、价值观念来彰显自身相对于"其他民族"的独特性，以明确身份。语言文化和价值观由此成为彰显身份异同的"载体"和打造民族认同的"标的物"。

于是法国大革命之后，资产阶级执政者不仅在政治上承认"法兰西公民"，也在精神上培育"法兰西公民"，始终致力于打造具有法兰西特色的国家民族价值观和促进民族语言的统一，由此形成了一系列理念和原则。今天的法兰西第五共和国将大革命以来在民族建构过程中发挥过重大影响、具有核心重要性的一系列政治理念与原则进行总结概括，形成了现今反复强调的"共和国价值观"（Valeurs républicaines）。

对于"共和国价值观"，法国官方以"法兰西共和国基本原则"的名义做出过这样一个说明：法兰西共和国基本原则是自由、平等、博爱，它们体现于公民不可剥夺的各种政治、社会权利中，集中体现于法国宪法的第一条："法兰西是一个且不可分的（une et indivisible）、世俗主义的、民主的和注重社会保障的共和国"。2003 年宪法修订后，法兰西共和国基本原则又加入一条"分权制组织形式"（l'organisation décentralisée）原则；2008 年宪法修订时又增加一条"议员任期与职责方面男女平等"原则。在各种舆论宣传中，共和国基本原则经常被简化为"共和国价值观"，其内涵也往往有所侧重地概括为"自由、平等、博爱、民主、一个且不可分、世俗主义"。

在面对少数民族问题时，"一个且不可分"是起指导意义的原则；面对移民问题，尤其是穆斯林移民时，"平等"、"世俗主义"和"一个且不可分"都会在不同情形中被强调。

一　少数民族政策

现代法兰西民族通过资产阶级大革命继承了王朝国家的疆域。然而王朝国家统辖范围内的人民并非天然一致，而是语言文化各异的。在革命者看来，"只有文化上同质的民族才代表进步，而多样性则是倒退和迷信的残留"[①]。于是语言文化多样性连同各地的旧特权一道，成了革命的对象。

这是资产阶级革命者为日后的共和体制处理文化多样性问题奠定的意识形态基调，这一信念与卢梭有关人民、主权的论说紧密契合，凝练表述为"一个且不可分"，具体是指国家、民族、人民都"只有一个"，且"不可再分"。因此，在法兰西民族共同体之下，有且只有一个个平等公民，没有任何其他"共同体"、"人民"或"少数群体"（minorité）作为民族共同体之下的次级共同体存在。可见，"一个且不可分"的内涵，不仅包括了领土、主权的完整性和统一性这一基本要义，还包含了语言文化一致性的导向与追求。

在这种国家民族观念指导下，法国官方不承认法兰西民族内部存在"少数民族"，也不为其做出任何制度性安排，就连少数民族提出的集体身

---

① 〔英〕奥利弗·齐默：《欧洲民族主义，1890-1940》，杨光译，北京大学出版社，2013，第87 页。

份诉求，政府通常也会坚决抵制。如20世纪90年代，科西嘉人想要将"科西嘉人民"（peuple corse）写入法律文本，法国政府立即表明立场：只承认作为公民的科西嘉人的权利，不承认作为"人民"的科西嘉人的权利，因为"法兰西人民"之下没有任何其他"人民"。这种做法使"法国是单一民族国家"的外在印象得到了强化，却未能削弱科西嘉人追求其集体身份的诉求。

此外，法国对少数民族还采取过语言文化同化政策。法国大革命时期，为消灭旧省特权，旧制度下各地区的文化差异连同各地特权一道，被视为旧制度本身，成了"革命"的对象。在全国范围内普及法语，从此也成为历届共和政府的目标之一。到第三共和国时期，资产阶级最终战胜了封建复辟势力，实现了完全而长久地掌握政权。公立学校教育中全面教授法语，全面禁止少数民族语言的教授和使用，成为这一阶段最为鲜明的"少数民族政策"，"是法兰西儿童就必须说法语"是当时盛行的官方意识形态。20世纪50年代后，"同化"观念遭到越来越多的批评和质疑，少数民族语言得以凭借"地区语言"的名义有限地回归到公众视野，但法国宪法第二条"共和国的语言是法语"，始终像"紧箍咒"一样限制着地方语言的保护与发展。

2021年4月8日，法国议会历史性地通过了首部有关保护"地方语言"的立法，但在一个月后便被宪法法院判定"部分违宪"。违宪根据正是宪法第二条。在地方议会通过的法律文本中，允许民事登记文件中使用地区语言的所有变音符号（例如，在加泰罗尼亚语中使用的带有尖音符"´"的"i""o""u"，或在布列塔尼语和巴斯克语中使用的"~"），但宪法法院的判决公布后，有别于法语的这些特殊符号将禁止出现在公民身份证件中。此外，学校也不允许使用地方语言进行"浸入式教学"（如教数学）。因为这两项规定都有悖于"共和国的语言是法语"这一宪法规定。

二 移民政策

在移民管理方面，法国政府则更多强调"平等"原则。该原则尤其体现在官方对本国移民融入模式的定位上。法国政府称自身模式为"共和模式"（modèle républicain），这一模式从 20 世纪 70 年代以后逐渐流行开来，具体是指移民在会讲法语、了解并认同法兰西国家价值观的前提和基础上，国家通过多种途径（语言培训、职业技能培训、设立专门机构等）为其融入社会生活、平等享受公民权利提供便利的政策实践。其要点首先就在于促进公民平等，其次则是强调对法兰西国家价值观的认同。

在法国施行其"共和模式"的同时，欧洲多国选择了"多元文化主义"（multiculturalisme）模式。后者在整体上具有承认移民文化，为少数族裔创造平等条件的政策倾向。如荷兰将其政策目标界定为"促进多元文化主义和各族裔共同体的解放"（promouvoir le multiculturalisme et l'émancipation des communautés ethniques）①。"共和模式"与这股"多元文化主义"潮流在"促平等"层面具有一致性，都致力于促进移民个体在就业、教育等领域的社会平等，进而促进其融入社会。

对此，法国政府从 20 世纪 80 年代开始出台一系列"城市政策"（Politique de la ville），其中包含了明显倾向于移民群体的优惠措施。"优先教育地区"（Zones d'Éducation Prioritaires，简称 ZEP）是其中较为突出的一项，旨在通过给予移民学生比重大的学校更多辅助性手段来遏制学业失败。此外，2005 年以后法国还成立过"反歧视与促平等高级公署"（Haute Autorité de Lutte contre les Discriminations et pour l'Égalité，简称 HALDE）、"国家促进社会团结与机会平等处"（Agence Nationale pour la Cohésion Sociale et l'Égalité des Chances，简称 ACSE）等机构，这些政策或机构都以"反歧视""促平等"的名义创建，旨在促进移民及其后代融入法兰西。

在制定出台此类措施时，法国官方一再强调，政府遵循的是平等原则，而非"少数人原则"。也就是说目标群体是由于不平等才享受政策，并非因为他们是少数人。不承认少数族裔，是法国"共和模式"区别于"多元文化主义"模式的主要特点。

---

① Kastoryano, "Des multiculturalismes en Europe au multiculturalisme européen", In: *Politique étrangère*, No. 1, 2000, pp. 163–178.

2010 年前后，随着欧洲主要国家先后宣布"多元文化主义"失败，萨科齐治下的法国也发生了政策方针的渐变式转向，"边鼓励融入边排外"①是在法外籍人尤为突出的感受。2015 年《查理周刊》恐袭的发生，彻底结束了"鼓励融入"进程。对媒体人的恐怖袭击，被视为对表达自由和世俗主义等"共和国价值观"的攻击。由此，"共和国价值观"成了反复出现在法国政治领域的核心术语，在各种舆论报道中大有"怎样强调都不为过"之势。

反复强调"共和国价值观"是说给谁听呢？一是说给年轻人，教育他们不要听从极端组织的蛊惑去参加"圣战"；二是说给那些挑战、违背法国价值观的穆斯林群体听。

对于年轻人，法国内政部将教育与"反恐"相结合，"去极端化"教育进校园成为史无前例的新举措。2016 年出台的"打击极端化和恐怖主义行动计划"② 中就包括设立"预防极端化总监察组"，将私立学校、家庭教育纳入监察范围以防止教育内容有悖于"共和国价值观"，以及对 16～25 岁年龄段青少年强制推行"国防和公民教育日"活动等强化法兰西共和国价值观教育的措施。③

对于第二类群体，法国政府越发明确地将伊斯兰宗教组织列为有待规范和整治的重点。2020 年法国史地教师惨遭"斩首"后，关闭和解散伊斯兰宗教团体的行动尤其密集，理由通常都基于宗教极端主义嫌疑或不遵守法国法律和价值观。对于这类"越轨"现象，法国社会流行着好几种称谓，如"社群主义"（communautarisme）、"政治伊斯兰主义"（islamism politique）、

---

① 《外籍老师：法国一边鼓励融入一边排外》，http://www.cnfrance.com。

② 自 2012 年发现本土国民出境参与"圣战"以来，法国政府先后三次推出包含"去极端化"目标的反恐计划，分别是 2014 年 4 月的"打击暴力极端化与恐怖主义团伙计划"、2015 年 1 月的"反恐计划"和 2016 年 5 月的"打击极端化和恐怖主义行动计划"，关涉"去极端化"的举措越来越丰富。

③ 参见法国政府文件《打击极端化与恐怖主义行动计划》（Plan d'action contre la radicalisation et le terrorisme），下载地址：https://www.gouvernement.fr/sites/default/files/document/document/2016/05/09.05.2016_dossier_de_presse_-_plan_daction_contre_la_radicalisation_et_le_terrorisme.pdf。

"伊斯兰极端主义"等，但总统马克龙另辟蹊径地将其统称为"分裂主义"。其理论逻辑正是基于"一个且不可分"的"共和国价值观"，意在强调否认、攻击法兰西民族价值观的言行亦属于"分裂主义"。最终，马克龙2020年初提出的《反分裂主义法案》也在公布之际（2020年12月）更名为《强化尊重共和原则和反分裂主义法》，还是回归到了"共和国价值观"这个基点上。

三　政策成效

从少数民族政策来看，虽然法国不承认少数民族的制度性集体身份，但其语言文化与经济社会发展问题并没有因此消失。在制度渠道缺失的前提下，少数民族事务通常都通过各民族地区与国家政府单独谈判的形式解决。其地区经济社会以及语言文化发展权的实现程度往往取决于少数民族与巴黎政权的博弈结果。比如科西嘉人取得了宪法层面承认的特殊安排，阿尔萨斯取得了变通执行国家相关法律（如《政教分离法》）的特权。在很大程度上，少数民族获得的权利取决于他们的争取力度。

对少数民族的强制同化，给少数民族语言的确造成了很大冲击，却没有消除人们复兴民族语言的意愿。国家禁止在公立学校中教授少数民族语言，许多少数民族地区就设立了私立学校以绕过国家管制。宪法法院对《地方语言保护法》的违宪判决，随即招致法国相关民众的游行抗议。而民族意识最为强烈的科西嘉，至今仍在为争取"科西嘉语"在本地的并列官方语言地位（同法语并列）进行政治斗争。

在移民问题方面，"共和模式"虽然没有被宣布"失败"，但在政策方向上已经明显呈现了由"促平等"向"强调价值观认同"的转向。从20世纪80年代开始，移民政策越发超出原有范畴，逐步延伸到了社会、教育、国家安全领域，移民问题也渐进地勾连出了认同问题、反恐问题、"去极端化"问题，直至最新提出的宗教分裂主义问题。将宗教极端主义确立为"分裂主义"并大肆宣传以来，社会各界的反对之声不绝于耳。反对者明确指出，真正的分裂主义是把穆斯林当作问题看待的做法。显然自2010年政策转向以来，法国的移民融入政策不仅没有达到增强国家民族认同的效果，反而明显偏离了"熔铸一国之民为一族"的国家民族基本要义，越是以"贴分裂标签"的手段强化价值观认同，就越是令人难以认同其价值观。

第三节　法国的经验教训及其启示

法国强调国家民族的"统一性"，将其表述为"一个且不可分"。法兰西民族建构过程时至今日虽仍不能说已然完成，但从形成至今，却也已经经历 200 多年的时间。作为一个既存在国内世居少数民族问题又经受当代移民浪潮冲击的典型，法兰西在这漫长的建构过程中积累了丰富的经验与教训。

在增强国家民族认同方面，法国最值得肯定的经验，就是官方总结提炼了一套能够体现民族历史与特色的国家价值观。法兰西的"共和国价值观"这个提法虽新，但包含的内容普遍具有"历史悠久性"特点：大革命时期形成了对民族、公民的尊崇，"自由、平等、博爱""一个且不可分"成为共和国信条；19 世纪资产阶级共和派与教权的斗争，使世俗主义原则在 1905 年得到最终确立；20 世纪上半叶在社会主义思潮影响下形成"注重社会保障"等原则。这些高度凝练的原则性表述无一不承载着悠远的历史记忆，是公民在受教育时代就已扎根心底的自我认同的一部分，与其国家民族意识的养成具有直接关联性。

当今世界中，不是所有国家的国家价值观都可以与其国家民族意识建立直接关联，英国可以视为一个反例。"英国价值观"① 表述为："民主、法治、个人自由、相互尊重和包容不同信仰者以及无信仰者"，但这些理念仅具有普遍意义，不能像"足球和炸鱼、薯条"一样体现整个国家民族的特色。英国政府希望借此重建统一的国家意志，遗憾的是这个国家意志非但没

---

① 英国价值观即"英国基本价值观"（Fundamental British Values），由 2014 年保守党政府提出，其政策是要在英格兰所有公立学校推广"英国价值观"教育，以防止宗教极端主义和恐怖主义对校园的渗透。

能体现英国特色，也没有包含对"统一"的强调，导致连英国人自己都对"英国价值观"是否能够体现"英国身份"存在争议。①

但在法国却没有人质疑"共和国价值观"的民族代表性。因为这套价值理念在包含普遍意义上的西方价值观（自由、平等、民主、法治、人权等）的同时，还包括一些能够体现法兰西特色的原则，比如"一个且不可分""世俗主义"等，让文化维度的"法兰西身份"具有很高识别度和自我感受性。

法国维护统一方面的经验固然值得肯定，但在治理民族问题上的不足与教训也很多，主要包括三点。

第一，法国价值观中的公民"平等""一个且不可分"原则令体现族裔色彩的群体称谓难以公开出现在公众视野内，媒体只得用"郊区青年""敏感地区"来指代移民后代及其社区，民间则用"特殊地区"指代少数民族地区。这种做法或许可以让不懂内情的人产生法国没有"民族问题"的印象，但法国人都了解隐藏在这些名词背后的真实群体是谁。因此，意图通过避讳、禁用族裔称谓的方式来消除民族问题，无异于掩耳盗铃。此外，为追求"一个"民族的理想，政府对少数民族施行了 70 多年的同化政策，结果并没有消除少数民族的文化认同，说明对少数民族的语言文化采取禁止的方式行不通。

第二，法国的移民政策采取了前松后紧的立场，在很大程度上造成了今天的治理困难。20 世纪 70 年代以后在欧洲盛行的"多元文化主义"模式本质上仅限于"承认"，法国的"共和模式"虽然"不承认"，但实际上也默许移民群体按照自己的宗教文化生活方式在本国生活。政府最初的积极性干预很少，发现苗头不对后才越发明确地要求移民按照接收国的价值理念、行为方式来生活交往。"事后治理"的成效肯定不如"提前干预"。

第三，法国强化民族价值观认同的方式不可取。法国虽然为公民的民族

---

① 参见仝耀斌《"英国价值观"与英国公民教育的实践反思》，《思想政治课教学》2020 年第 12 期。

认同找到了具体的"标的物"——"共和国价值观",在实践中却是通过不断比照、排斥差异文化来强化自身价值观认同,也就是通过"树敌"的方式激发和唤醒国民的民族共同体意识。这种方式是在激发矛盾,必然引发更深的社会裂痕。

"世界主要国家民族政策与基本经验研究"课题组

课题负责人:王延中

执笔人:陈玉瑶

第四章
西班牙治理分离主义问题的得失

西班牙位于欧洲西南部伊比利亚半岛，面积约 50.6 万平方公里，人口不到 5000 万，主体民族是卡斯蒂利亚人（即西班牙人），少数民族有加泰罗尼亚人、加里西亚人和巴斯克人。卡斯蒂利亚语（即西班牙语）是官方语言和全国通用语言。少数民族语言在本地区亦为官方语言。西班牙 96% 的居民信奉天主教。全国划分为 17 个自治区、50 个省，以及 8000 多个市镇，在摩洛哥境内另有两块飞地。其中，民族分离情绪相对较强的自治区主要包括巴斯克和加泰罗尼亚。多年来，西班牙政府在治理民族分离主义问题上，取得了一些经验。

第一节 西班牙治理分离主义问题的有效举措

一 坚决斗争、依法斗争

一是不断完善"反分裂"的国家法律法规。西班牙政府通过宪法法院裁定维护国家安全。1978 年通过并沿用至今的西班牙宪法特别强调"西班牙不可破坏的团结"，从根本上排除了通过"民族自决"而实现"民族独立"建国的合法性。2017 年 10 月，加泰罗尼亚自治区不顾宪法法院裁定，举行所谓的"独立"公投，西班牙中央政府随即收回其自治权。2019 年 10 月 14 日，西班牙逮捕加泰罗尼亚自治区前副主席洪克拉斯等加泰罗尼亚地区"独立派"9 名高官。警方则用警棍、装甲车等严厉打击了破坏公共设施、攻击警察等暴力示威者致使城市陷入动荡不安的行径。① 西班牙的反分裂举措随即获得欧美多国的支持。

二是注重运用法律程序进行博弈。西班牙法治体系较为健全，在反分裂与推动和平进程方面比较注重依法进行博弈、斗争。被政府认定危害国家安全的行为，都直接进入刑事程序。犯罪嫌疑人一旦被判有罪，就会被剥夺选举权和被选举权。推动加泰罗尼亚"独立公投"的普伊格蒙特等人，就被西班牙中央政府视为违法分子，并被指控涉嫌犯有叛乱、煽动叛乱、欺诈和滥用公共资金罪。相关"分裂势力"代表人物担心被捕，于 2017 年 10 月逃亡比利时。

三是对所谓的"全民公投"进行有理有节的限制，并营造相应的舆论氛围。位于西班牙东北部的加泰罗尼亚自治区面积占全国的 3%，首府所在地是巴塞罗那，人口占全国总人口的 16%，GDP 占全国的 20% 左右，是国家最富有的地区之一，但其债务也居全国前列。加泰罗尼亚自治区第一官方语言为加泰罗尼亚语，其次是西班牙语（卡斯蒂利亚语），有自己独特的历史和文化，"独立运动"持续数百年。2014 年，西班牙加泰罗尼亚自治区主席马斯宣布于 11 月 9 日举行"独立公投"，但西班牙众议院立即否决了其公投请求。实际上，国际法中的"民族自决权原则"在西班牙具有严格的适用条件。尽管西班牙宪法法院禁止了加泰罗尼亚自治区举行"独立公投"，但是依然有许多当地政治人物表态支持"公投"。于是，西班牙总检

---

① 参见 Andrew Dowling, *The Rise of Catalan Independence：Spain's Territorial Crisis*, Routledge, 2018；Peter Lowe, *The Causes and Consequences of the Basque Separatist Conflict in Spain：ETA, Terrorism & the Basque Conflict*, Kindle Edition, 2014；John F. Burns, "Basque Separatists Halt Campaign of Violence", *New York Times*, October 21, 2011, https：//www. nytimes. com/2011/ 10/21/world/europe/eta - basque - separatists - declare - halt - to - violence - in - spain - and - france. html。

察院向 742 名来自加泰罗尼亚的市长发出了传唤，要求他们必须配合检方针对"公投"的调查。警方随之接到指令，逮捕所有拒不接受传唤的市长。总检察长马萨表示，会对加泰罗尼亚地方官员以及议员提起公诉，指控他们滥用职权、藐视法庭命令。西班牙宪法法院否决了加泰罗尼亚意欲举行"独立公投"的计划。西班牙宪法法院法官宣布，撤销加泰罗尼亚自治区议会通过的一项改革法案。中央政府对此向宪法法院提出起诉并获得胜利。西班牙首相拉霍伊强调称，加泰罗尼亚计划的"独立公投"将"绝无可能进行"。

二　亮明底线，严厉打击暴力谋独

一是坚定国家统一的立场不动摇。国家在对付分离势力方面高度一致，视国家主权和领土完整为最高准则和政治底线，将地区分裂定位为违法并依法严厉打击。国家反分裂的态度坚决、行动果断，在维护国家主权和统一上不做任何让步，目的就是让一小撮分离势力认识到分裂的后果非常严重。没有这样的底线、立场以及确保这种底线的决心、勇气和牺牲精神，再好的反分裂政策都不可能奏效，甚至会助长其嚣张气焰，使其铤而走险。

二是对分离活动依据刑法相关内容治罪。国家对从事分裂活动的言行有一套明晰的法规，违法即抓、行动坚决、非常严厉。

西班牙中央政府始终坚持法律武器和行政手段并用与分离主义势力斗争。加泰罗尼亚"独立派"在地区议会选举中获胜后，法院向其领导人马斯发出了传唤通知，指责他于 2014 年底组织"违抗行动"。西班牙中央政府随之从法律手段上着手阻碍"独立派"的活动。司法部门认为，"公投"之举构成了"公民违抗"行为。西班牙首相拉霍伊表示，将动用"一切政治及法律手段"，防止加泰罗尼亚"独立"，并谴责加泰罗尼亚"独立"是"一种挑衅行为"。2014 年，加泰罗尼亚举行了一次"独立公投"，约 80%的人赞成独立，但"公投"结果被西班牙中央政府否决。随后，西班牙 12名法官审议后做出裁定：根据西班牙宪法规定，西班牙自治区不可以自行公投决定是否作为西班牙一部分，加泰罗尼亚所做的"行管声明"因此被裁定无效。据西班牙《世界报》披露，西班牙中央政府制定了详细计划，如果"独立"势力继续推进其独立路线图，西班牙中央政府将切断对其资金供应，并着手接管自治区警察部门。

西班牙主要政党在该问题的处理上态度空前一致，坚决站在中央政府一边。地区民族主义势力因此难以在中央政府内部得到策应。西班牙经济部长金多斯断言，加泰罗尼亚的"独立运动""没有出路"。

三是对暴力谋独进行围剿和镇压。严打"埃塔"①、加泰罗尼亚分离势力，跨国抓捕分裂运动头目，把分裂组织逼到墙角，并将反分裂网延伸到国外。比如，"埃塔"制造多起暗杀和恐怖活动后，西班牙政府给予其严厉打击。② 21 世纪以来，西班牙警方先后摧毁了极端主义组织"埃塔"的 17 个突击队，抓获了 190 多名"埃塔"组织成员。目前，700 余名"埃塔"组织成员被关押。

三　采取多元化策略应对和平诉求

西班牙中央政府在治理分离主义问题方面，除运用强力打击方式，还根据实际情况，采取了谈判、妥协、分化等办法，成效比较明显。

一是采取谈判、协商等政治手段解决矛盾分歧。西班牙中央政府并非将武装镇压作为解决民族分离问题的唯一有效手段，和平谈判也通常被视为打破僵局的现实选择。目前，西班牙分离势力的主张及活动基本趋于缓和、式微。总体上看，在经历了对抗、恐怖主义和暴力谋独后，基本转向对话、协商、法治等和平轨道，从试图建立"独立国家"转向要求"地区自治"。西班牙政府对采取和平方式谋求自治权利的政治力量通常比较宽容。对加泰罗

---

① "埃塔"即"巴斯克祖国和自由"组织（巴斯克语 Euskadi ta Askatasuna，ETA）的简称。该组织成立于 1958 年，在佛朗哥独裁统治时期，为位于西班牙与法国交界处的巴斯克地区的一个地下反抗组织。佛朗哥政权垮台后，逐渐发展为反政府的分离主义恐怖组织。

② 参见 Peter Lowe, *The Causes and Consequences of the Basque Separatist Conflict in Spain：ETA, Terrorism & the Basque Conflict*, Kindle Edition, 2014。

尼亚诉诸法律手段和非暴力谋求"独立"的活动，西班牙中央政府大多积极开展谈判和对话，对曾经的"暴力激进分子"，也没有彻底关闭谈判大门。例如，中央政府数次与"埃塔"展开对话。

二是适当"下放权力"进行有原则的妥协。西方一些多民族国家在完善制度化权力分享机制的同时，采取"下放权力"、扩大区域自治权等措施，以保证各民族对国家政治事务的共同参与，西班牙就是一例。1978 年和 1979 年，西班牙政府决定对巴斯克、加泰罗尼亚分别下放权力。为平缓巴斯克分离活动，西班牙政府在法律上赋予了巴斯克一些特权。需要说明的是，西班牙所有的自治区拥有相同机构（立法议会、主席和政府），但是，其权力不尽相同。权力最大的自治区是那些根据宪法第 151 条规定通过自治法规的共同体，比如加纳利群岛和瓦伦西亚自治区；根据宪法第 150 条第二款之"过渡组织法"的相关规定，可执行其最高职能级别权力的共同体，比如纳瓦拉自治区。

三是控制、分化分离主义势力政治精英层，抑制其开展分裂动员所能造成的影响力。国家有一套控制分化分离主义势力政治精英、政治组织的做法。例如，采取政治吸纳的方式对分离主义势力实施"招安"，避免其走向国家对立面。建立开放性政府权力机构，为相关政治精英进入主流政治提供机会，减弱其群体与政府对立的情绪。此外，政府对有些地区采取鼓励移民的做法，利用区域内人口力量对比的变化抑制分离主义势力的发展。这些做法在西班牙反分裂的过程中都发挥了一定的作用。

四　运用经济文化手段动摇分离势力的群众基础

一是发展经济民生争取人心。由于私有产权和资本主义制度的制约，如何协调好地方利益与国家利益的关系乃至缓解相互之间的紧张冲突，是西方国家在现有制度框架内很难解决的问题。但是，促进地方经济的发展，改善相关地区居民的民生，的确是赢得民心的关键。适当给予相关地方一定的利益和文化关照，在一定程度上动摇地方分离主义的社会基础，无疑有利于巩固国家的统一，也不失为一种缓和中央与地方矛盾的举措。

根据西班牙相关法律规定，经济资源通常是非中央集权管理的一个重要因素，并可以在各种行政预算中得以体现。自治区通常可操纵的资源约占公共资源的30%。西班牙主要有两种财政体系，即特定的财政体系（主要在纳瓦拉和巴斯克执行）和普通的财政体系（主要在另外15个自治区执行）。两者主要的不同是，第一种财政体系赋予法定成员可以使用大部分税收，把税款的一部分上交用以补充国家公共服务所需费用的权利。在第二种财政体系下，国家设定和管理绝大部分税收额度，将部分税收转让给自治区用于其财政支出。近年来，西班牙的财政体系主要受到民族党的批评，将第一种税收形式推广开来的呼声较高。

二是完善文化政策，增强国家认同感。西班牙不断完善巴斯克、加泰罗尼亚等地区的自治政策，推动相关地区文化的复兴，在学校实行西班牙语、地方语言双语教学制度。

三是客观认识分离主义势力借谋取"独立"之名索要政策实惠的本质。西班牙政府和学界都能够认清，加泰罗尼亚等"闹独"地区并不是真想谋求"独立"，而是借"独立"之名，行向国家索要实惠之实。

五　正确应对外部干涉

一是采取积极的处理问题态度。分离主义势力普遍与外部势力保持密切联系。相关问题的出现，有的因分离主义势力主动投靠而生，如联系"母国"、周边国家，或诉诸国际组织，以获得同情帮助，推动问题国际化；有的因外部力量插手干预而生。因此积极处置外国势力的插手干预，甚至防患于未然，也成为西班牙国家反分裂的主要步骤之一。

二是加强国际协同。加强国际合作、区域国家之间的联系，共同遏制民族分离主义势力，在西班牙治理分离主义问题上发挥了重要的作用。例如，西班牙与法国在1978年就签订了联合反恐协议，两国警方随之也多次联合行动，先后逮捕了"埃塔"的700多名成员。21世纪以来，"埃塔"组织在法国和西班牙政府的合力围剿下屡遭重创，西、法两国警方6次抓捕"埃塔"组织高层管理人员，严重削弱了该组织的实力。"9·11"事件后，西班牙政府协调欧盟成员国于 2001 年共同将"埃塔"列为恐怖组织。欧盟明确表明不会让成员国内的分离主义地区独立后轻易加入欧盟。

争取国际援助，已成为西班牙政府阻遏分裂势力发展的有效手段。欧盟不允许、不希望主权国家发生分裂。根据"欧盟章程"，任何成员国的一个地区如果单方面宣布"独立"，不会得到承认，而且会被立即驱逐出欧盟，也将无权继续使用欧元。对于欧盟来说，欧洲债务危机缠身，欧盟"三驾马车"在西班牙投入较多，如果加泰罗尼亚"独立"，西班牙和欧盟层面的发展计划就会被打乱，包括会影响西班牙在解决难民问题上的投入。欧盟多位领导人已经公开表示反对加泰罗尼亚独立。前欧盟委员会主席巴罗佐曾明确表态，任何一个地区从欧盟国家中独立出去，都必须重新申请加入欧盟和欧元区，而且必须得到欧元区所有国家的批准。这意味着加泰罗尼亚如果选择"独立"，很可能会被迫离开欧盟和欧元区。

联合国反对加泰罗尼亚分裂主权国家的举动。联合国前秘书长潘基文说，西班牙是得到联合国承认的国家，"一个地方想要行使民族自决权时，需要联合国承认它是非自治领土。但加泰罗尼亚不属于这一范畴"。民族自决权是《联合国宪章》规定的一项重要原则。但是，联合国在 1960 年通过的《给予殖民地国家和人民独立宣言》同时又规定，"所有的人民都有自决权"，"任何旨在部分或全面分裂一个国家的团结和破坏其领土完整的企图，都与《联合国宪章》的目的和原则相违背"。

因"独立公投"缺乏合法性和国际支持，加泰罗尼亚的"独立派"被迫宣布取消原定的"公投"活动。

六　注重在中央政府与自治地方之间建立和发展互进关系

一是西班牙宪法法院把自治区对中央政府的忠诚，作为双方协作的基本原则，为国家和自治地方之间互进关系的建立打下良好的基础。

西班牙宪法里几乎没有对自治区之间的协作机制做出相关规定，只涉及一些在西班牙第二共和国时提出的国家与自治区之间开展交往的相关方式。西班牙宪法法院将自治区对于中央政府的忠诚性作为双方开展协作的基本原则，为国家和自治区之间互进关系的建立打下良好的基础。

依据西班牙宪法法院取自宪法第二条规定中的"团结原则"，国家和自治区之间形成了一种双方互尽的义务。当国家和自治区在同一地域实施不同职能时，宪法法院要求双方进行协作。例如，同一条河流中的渔业属于自治区，而水力资源的使用权归属国家，宪法法院强调，国家在行使职能时，不应忽视自治区的职能。再如，当国家推行的某项工业发展计划与某个自治区民生发展息息相关时，宪法法院会提醒中央政府需与自治区达成协议，从而避免双方产生矛盾。

二是在国家与自治区分担的职能领域（研究、卫生等），宪法赋予了国家拥有协调自治地方的权力。国家据此可以建立机构或者工作程序，使得各方达成共识。同时宪法规定，国家不能在双方意见没有达成一致的情况下，把决定强加于自治地方。

西班牙没有一个类似于德国和奥地利政府机制的主席团，也不存在可供不同自治区主席之间，或者自治区主席与中央政府之间对话的平台。大部分的自治区主席会集中在布鲁塞尔或者出席由国王主持的礼仪上。但是，中央与地方的相互合作最终会落实到国家的相关治理实践中。此举不仅有利于中央政府整体的职能运作，也有利于每个自治区的发展。例如，在推动历史文化发展方面，国家鼓励大部分地区联合起来，使得不同的自治区在欧洲经济圈中有所作为。在改善基础设施、环境保护和改善旅游业经营方式上，以及在提高公民公共服务水平和自治区机构合理化改革方面，国家会致力于积极推动自治区之间的相互协作，并注意避免自治区在相互协作时，相关职能出现中央集中化。

1977 年出现的地区自治制度，成为推进加泰罗尼亚和巴斯克民主化进程的一个决定性因素。加泰罗尼亚人提出"制定自由、宽恕的自治法规"诉求，被所有其他地区的政治精英所接受。至 2001 年，西班牙完成自治法规通过与自治区启动的过程。

西班牙自治地方享有的政治权利，类似联邦制下的各邦拥有的权利（例如德国各州或者奥地利各州）。这种权利受国家宪法保护，高于其他被认为是"非中央集权国家中的自治地区",意味着西班牙国家机构对自治区机构在政治管理上的权利让渡。有人认为,西班牙各自治区的政治权利可等同于"具有特殊性质的国家政治权利"。比如,自治区机构只对自己政府主席负责,在其城市建设、教育、环境和卫生等方面拥有重要的立法和执法权力,自治区法规与联邦制度下的各州宪法具有相似性,等等。

同时,为了不妨碍欧洲一体化组织机构的发展,西班牙政府开始让自治区参与到作为欧盟委员会成员的西班牙所做出的国家立场的决定中。在允许自治区参加的思路下,寻求中央政府与自治区、欧盟之间互进关系的建立与发展。政府的政策职能,开始从自治区过渡到一体化组织。因此,西班牙中央政府需要在宪法和自治区法规之间取得一个新的平衡。

三是实行共同参与和共同承担的财政政策。尽管西班牙多年来一直坚持经济领域内的政策调整,但是,实行共同参与和共同承担的财政政策,不断拉紧中央与地方间联系的原则并未改变。在财政方面,中央坚持把不同种类的收入集中在一起,将税款分别给予地方,建立中央对税收的转让和地方参与税收安排的制度。同时,关注负债的可能性和极限,并成立具有地方联合与平衡性质的基金会。总体上看,自治区拥有部分国家收入,从而避免了中央在政治上约束自治区,同时又使得其经济上的需求很大程度需依赖国家的供给,地方自治政府的自治层级因此受到规范。

宪法也包括一些通常意义的财政原则和规定,以谋求联合原则、财政自治原则和团结原则的平衡。政府将自治区财政自治,同国家财政部与自治区财政部之间的协作原则联系起来。宪法规定的基础原则保障涉及财政的组织法和常规法可以发挥有效的影响。由此,与通常意义上的财政税收体制不同,西班牙宪法把上述原则集中于自治区财政组织法之中。现行的财政体制从2002年1月开始实行。2001年7月,西班牙中央政府和所有自治区签署了一项新的财政改革条约,该条约主要有三点积极意义。首先,它获得了普遍的认可。1996以前做出的修改,已受到安达卢西亚、卡斯蒂利亚-曼查和埃斯特雷马杜拉等共同体的反对。其次,在国家将医疗职能转让给自治区后,新的财政政策又加入了医疗财政预算内容,并允许将其使用到欠发达的自治区当中。最后，实现了近几年自治区法定共同参与和共同承担事务的重要发展。

新的财政体系产生出自治区财政的一致需求，不单是转让给某几个自治区的特别公共服务（自治区政治思想或者地方语言的传播），还集中了三种职能（总体的、医疗的和社会服务的）的必要收入。

在对应原则上的进展尤其是由在一些转让税收领域中更进一步的转让和掌握在自治区手中的33%的IRPF，以及自治区参与税收管理的程度不断加深所造成的。因此上述这些进展演变成巨大的非常重要的收入并提供了税收最安全的保障。财政改革条约被注入新的内容，但只有时间才能验证其是否有效，例如平衡地分配从而保证基本的社会公共服务在自治区之间没有显著差别，以及改革跨地区补偿基金并把一部分税收分配给日常消费，从而保证涉及投资的公共服务的职能。

当然，西班牙政府积极进行财政改革，并不能掩盖宪法条例中存在的问题。最根本的是，需要完善一些宪法条款。这些条款几乎允许所有的自治区的方针得以贯彻。财政、金融政策委员会组成的不尽合理，其相关职能与国家现实需要的脱节，造成了宪法法律性缺乏，以及自治区之间、自治区和国家之间对话与协商程序运作空间不足等问题。

四是国家与自治区之间的矛盾由宪法法院解决。所有的国家都存在不同部门间的矛盾，而在西班牙，这些矛盾时常发生且影响越来越大，因为这种体制的国家里存在好几个议会和好几个执行不同政治路线的政府，每个部门在其职能里都享有很大的自主权。历史上曾出现多种方式来解决相互之间的矛盾（联邦强制执行、政治谈判、仲裁决定、权限解决等），但是，事实证明，将上诉宪法法院作为主要的解决机制更合理。

总之，作为一个多民族、多文化的国家，西班牙维护国家统一并不是一件容易的事情。在治理分离主义问题上，西班牙政府从坚决遏制的态度出发，采取不断健全法制、提升国家对地方事权的介入，以及刚柔相济、协同推进政治、经济、文化多样化等举措，取得了一定的成效。这是西班牙治理分离主义问题给出的经验启示。

第二节　西班牙治理分离主义问题可资借鉴的教训

虽然，我们可以从西班牙治理分离主义问题的举措中，获得一些经验启示，但是，同时需要认识到相关举措亦有至今解决不了的问题，并且还存在诸多包括会威胁国家安全等方面的隐患，可见，西班牙的自治制度也并非像西班牙人自己所说的那么进步、科学。

一　资本主义价值观是分离主义理念和实践久存不衰的重要思想基础

"自由""独立"等所谓的资本主义核心价值观在西班牙社会的长期传承，成为分离主义理念和实践久存不衰的根基。作为建立在西班牙经济基础和政治法律制度基础之上的意识形态，西班牙国家整合多元价值、维护政治统治、规范民众行为的重要工具，其资本主义核心价值观所倡导的个人自由至上、本民族利益至上、本地区利益至上等理念，在民众之中长期盛行。

在经济相对发达的巴斯克和加泰罗尼亚地区，分离主义势力竭力宣称，没有任何责任、义务"为国家养活、帮助贫困人口"，"贫困是贫困人口个人需要解决的问题"；经济发达地区向国家缴纳的税收，"是需要取消的不公正的剥削"，如国家不予终止相关政策，就需要"独立"、分离现属国家，建立独立国家。分离主义势力往往据此不断煽动相关地区与中央政府和经济相对落后地区的冲突，蛊惑民众参与、支持其分裂国家的活动。

二　对于非暴力分离主义的实践活动预警不足、缺乏防范

受多种因素的影响，西班牙中央政府对于分离主义势力篡改地方历史，对一些历史事实、传说断章取义，刻意制造中央政府与地方政府、西班牙人与加泰罗尼亚人等少数民族之间矛盾等举措，基本不加以干涉。此举在加泰

罗尼亚分离主义问题的治理方面表现得尤为突出。

一是放任加泰罗尼亚的分离主义势力以传承地方文化为由，进行分裂主义宣传。

西班牙政府长期以来，一直放任加泰罗尼亚的分离主义势力通过"讲述巴塞罗那的故事"，编织连接人们历史记忆纽带的行为。加泰罗尼亚的分离主义势力经常将佛朗哥政府对当地的专制统治夸大宣传，将嘲弄、对抗佛朗哥专制政府的加泰罗尼亚人视作民族英雄，将专制政府留下的街道指示牌长期保存，将神话传说中的庇护神演绎为加泰罗尼亚人的庇护神等，并通过城市建筑雕塑、旅游宣传品、节假日活动等大加展现。① 据此，不断宣传加泰罗尼亚人与西班牙人的差异，煽动民众对中央政府的不满，构建加泰罗尼亚人的地区认同和"国家认同"。

同时，西班牙政府对于一些以保护、恢复地方历史文化为借口的分裂主义宣传，也没有加以限制和打击。2011 年，象征加泰罗尼亚旗帜四道条纹的四根柱子，在巴塞罗那市中心的加泰罗尼亚国家艺术博物馆前复位。它最初建造于 1919 年，意图是成为新加泰罗尼亚黄金时代的民族象征，其建筑师普伊格是一名著名的加泰罗尼亚民族主义者②。他创立了第一个加泰罗尼亚主义政党，并担任加泰罗尼亚的主席。然而，这些柱子并没有持续很长时间，1929 年西班牙独裁者普里莫·德里维拉为举办国际展览会清除了巴塞罗那公共场所的加泰罗尼亚主义标志，这些柱子被毁。从 2002 年开始，加泰罗尼亚主义组织发起了恢复柱子的运动。在联合政府短暂任期中获得契机后，加泰罗尼亚主席阿图尔在 2011 年终于在人群高喊分离主义的口号中为四根柱子揭幕。在演讲中，他谈到了加泰罗尼亚人："这是一个在处于运动中的民族，他们作为一个民族的激情不需要任

---

① Ray Cashman, "Visions of Irish Nationalism", *Journal of Folklore Research* 2008, 45 (3), pp. 363–367.

② 在加泰罗尼亚语中，"加泰罗尼亚主义者"（Catalanist）的意思是"加泰罗尼亚民族主义者"（Catalan nationalist），而"独立主义者"（independentist）表示加泰罗尼亚"独立建国"的支持者，"加泰罗尼亚主义"和"加泰罗尼亚民族主义"这两个词语会交替使用。

何限制。"

二是放任加泰罗尼亚的分离主义势力对所谓"地方视觉形象"进行体系化的呈现。

对"地方视觉形象"进行体系化的呈现，可让当地民众在更加深刻地认识本地历史和文化的同时，进一步推动其对当地历史和文化"独特性"的理解。例如，在城市建筑等区域对"地方视觉形象"的凸显，可促使当地民众在日常生活中不断体会彼此"相互依靠、不可分割的事实"，认知加泰罗尼亚人与西班牙人的差异，以及牢记两个民族的历史怨仇等，从而逐渐提升其对加泰罗尼亚而非西班牙国家的认同感。

对于加泰罗尼亚分离主义势力通过不断建设具有现代主义风格的私人住宅，以将巴塞罗那打造成加泰罗尼亚"国都"的举措，西班牙政府也未加以关注。研究表明，在 19 世纪后期，城市通常被看成一种"制造公民"的空间，并且这些研究借用"行为体"一词，解释通过物质干预将城市打造成为独立"行为体"的过程。① 通过借鉴中世纪加泰罗尼亚地区的建设经验，19 世纪的加泰罗尼亚主义精英们试图建立起一套超越阶级或社会等级的视觉语义，以增强加泰罗尼亚人的民族认同感。他们以中世纪加泰罗尼亚的建筑为依托，重塑一系列可以体现加泰罗尼亚民族特性的政治艺术形式，并使之成为在"强大而流行的认同语义"下，整合不同利益诉求和社会排他性主张的族属象征符号。② 在不断聚合加泰罗尼亚历史与加泰罗尼亚民族认同的过程中，加泰罗尼亚主义者试图乘文化复兴运动发展和现代主义文艺思潮扩散的东风，利用建筑等加泰罗尼亚风格的视觉符号，将巴塞罗那打造成加泰罗尼亚人的"国都"。该政治计划实施所依托的城市建筑，遂成为当代加泰罗尼亚分离主义意识形态工具和强有力的加泰罗尼

① Umbach, Maiken, "A Tale of Second Cities: Autonomy, Culture, and the Law in Hamburg and Barcelona in the Late Nineteenth Century", *The American Historical Review* 2005, 110 (3), p. 660.

② Umbach, Maiken, "A Tale of Second Cities: Autonomy, Culture, and the Law in Hamburg and Barcelona in the Late Nineteenth Century", *The American Historical Review* 2005, 110 (3), p. 664.

亚"国民"符号。① 至今为止，经过不断打造的巴塞罗那城市建筑，不仅改变了巴塞罗那的视觉形象，还引导人们逐步认识或接受加泰罗尼亚人的"国族"认同。

位于巴塞罗那圣安德鲁中心区的一处旧式住宅，已被"左翼共和党"成员视为加泰罗尼亚人历经磨难的写照。他们会反复向人们讲述"老房子的故事"。作为左翼共和党地方分会的财产，它曾在西班牙内战结束后，被西班牙法西斯政党长枪党武装分子没收，当时，"左翼共和党"委员会的领导也遭到追捕并被处决。这种对"不公正历史"的描绘，看似一种关于道德故事的讨论，实为利用"加泰罗尼亚人情结"将圣安德鲁街区、巴塞罗那和加泰罗尼亚主义者的政治诉求紧密地联系起来。② 于是，通过放大街区历史记忆以勾画"西班牙人压迫加泰罗尼亚人"，以及"加泰罗尼亚缺乏自由"等现实问题，遂成为分离主义者建构加泰罗尼亚"国族"认同的重要手段。正如有的学者所言：原本没有标识的景物，"可以通过共有记忆赋予其特有的含义"。③ 巴塞罗那的加泰罗尼亚主义者，利用长期以来已经被符号化的加泰罗尼亚风格建筑中提取的象征性语义，不断地向世人表达巴塞罗那是加泰罗尼亚人的地盘。

在加泰罗尼亚主义者看来，加泰罗尼亚人长期被排斥在西班牙政治圈层之外，他们需要开展政治实践来获得"居住和改造城市空间的权力"④，其"所投身的民族主义实践是防御性的，旨在反对具有威胁性的西班牙民族主义对加泰罗尼亚人的欺压"，"让巴塞罗那重新成为加泰罗尼亚人的城市"，⑤ 并以此来标识和重建加泰罗尼亚人的"国族"身份认同。他

---

① Balibrea, Mari Paz, Urbanism, "Culture and the Post-Industrial City: Challenging the 'Barcelona Model'", *Journal of Spanish Cultural Studies* 2001, 2 (2), p.196.

② 参见 Keith H. Basso, *Wisdom Sits in Places: Landscape and Language Among the Western Apache*, Albuquerque: UNM Press, 1996。

③ Ray Cashman, "Visions of Irish Nationalism", *Journal of Folklore Research* 2008, 45 (3), p.378.

④ Secor, Anna, "There Is an Istanbul That Belongs to Me: Citizenship, Space, and Identity in the City", *Annals of the Association of American Geographers* 2004, 94 (2), p.365.

⑤ Anna Secor, "'There Is an Istanbul That Belongs to Me': Citizenship, Space, and Identity in the City", *Annals of the Association of American Geographers* 2004, 94 (2), p.365.

们经常采取悬挂加泰罗尼亚旗帜、撕毁西班牙国旗或者四处涂鸦等方式，发泄对西班牙人的不满，这些方式随之成为分离主义者在街区层面上为加泰罗尼亚人争取权利的重要手段。像国旗等象征西班牙民族主义的视觉提示，成为被剔除的对象，取而代之的是着力打造加泰罗尼亚主义的城市标识。事实上，争夺城市视觉线索的斗争，既是争夺打造城市标识主导权的斗争，也是界定巴塞罗那为加泰罗尼亚人所属还是为西班牙人所属的权力斗争。我们可以设想的是，如果在加利西亚和圣安德鲁街区的中心广场上，涂画出被视为"加泰罗尼亚新艺术建筑瑰宝"的加泰罗尼亚音乐宫的图案，一方面可以向人们表明该街区是加泰罗尼亚人的"家园"，将街区原本看似模糊的所属权明确定义为归加泰罗尼亚人所有；另一方面可以从一定程度上抑制西班牙人对相关街区的影响，并激发加泰罗尼亚人充当相关街区"主人"的热情与信心。

多年来，西班牙中央政府对上述问题的出现和发展，一直采取放任态度，分离主义因此获得了生长的温床。

三　在处理自治区诉求时未能排除简单粗暴方式，激发了分离主义情绪

近年来，欧洲经济危机四伏，西班牙经济随之一直不景气。相比之下，加泰罗尼亚一路保持了良好的经济发展势头。西班牙政府希望加泰罗尼亚多出资金支持中央财政，再由中央政府重新分配给经济落后地区以拉动发展。这显然不符合加泰罗尼亚自治区的自身利益。在经济危机依然存在的背景下，这一矛盾更加凸显。

加泰罗尼亚自治区历届政府，无论是民族党还是社会党执政都一直要求中央政府修改财政分配制度，减轻加泰罗尼亚的经济负担。中央政府在处理其诉求时未能排除简单粗暴方式，激发了其"闹独立"的情绪。从2013年开始，加泰罗尼亚"独立派"开始推动"独立运动"的进程。2014年曾进行过"独立公投"，后被中央政府认定无效。

第三节 结论

作为民族主义极端性产物，以及对民族国家的误读和民族自决权的滥用，加泰罗尼亚分离主义实践的非法性和非理性毋庸置疑。当今，国际社会保障少数民族政治权利的方式和程度不尽相同，但是始终坚持保证体现国家内部主权的政法统一和保证体现公民权利平等的基本原则。在各种法律法规的规范下，任何少数民族政治权利诉求，都只能在此原则之下寻找可能实现的空间。西班牙的最高宪法权力机构西班牙宪法法院已明确表态，加泰罗尼亚独立公投没有法律效力。西班牙宪法第 135 条明确规定，一旦自治区有严重违宪行为，中央政府有权中止其自治权，直接接管该地区。从现代国家建设保证公民政治权利平等的本质要求出发，在巴塞罗那业已形成的多民族杂居的现实，决定了生活在巴塞罗那的各民族公民在政府管理中都是权利平等的参与者。加泰罗尼亚分离主义者以"加泰罗尼亚主义"价值观为引领，长期致力于营造本民族共有的历史与文化记忆，旨在建构挑战西班牙公民身份认同的"加泰罗尼亚国民身份认同"，其分离行径可能给西班牙国家安全与稳定造成危害，已为世人所共识。其通过打造城市标识，从加泰罗尼亚历史与文化角度来激发人们的"国族"归属意识，确认人们对本"国族"文化的肯定和认可的举措，对于西班牙国族认同建构和西班牙各族人民共同团结进步可能造成的威胁和挑战，需要我们引起警惕并予以反思。

西班牙治理分离主义问题举措的产生、发展都有难以否认的合理性，其运作的效果有许多值得关注之处。但是，西班牙治理民族分离主义问题的举措，不是包治百病的"灵丹妙药"。这些举措也有许多至今解决不了的问题，并且存在包括会威胁到国家安全的诸多隐患。

西班牙的实践说明，在多民族国家民族事务治理过程中，并不存在一种放之四海而皆准的"标准答案"和"唯一模式"。西班牙的自治制度，并非像西班牙人自己所说的那么"进步""科学"。同样，其他国家的经验，也只能结合自己的实际才能充分理解、吸收和借鉴。不能拒绝别国的经验，但也不能照搬。

"世界主要国家民族政策与基本经验研究"课题组

课题负责人：王延中

执笔人：刘泓

第五章
墨西哥民族政策的演变
与原住民问题

在包括墨西哥的拉丁美洲，并没有"民族"这一概念。学术界通常采用族群（Grupos étnicos）一词来区分不同的民族。在信仰天主教的西班牙殖民者发现美洲大陆之前，美洲大陆的土著就已经从北至南形成了阿兹特克、玛雅和印加三个文明中心。其中，阿兹特克文明位于墨西哥中部，在公元14～16世纪得到进一步发展。玛雅文明位于包括墨西哥南部和危地马拉在内的中美洲，主要存在于公元5～14世纪。印加文明覆盖包括秘鲁、智利、厄瓜多尔和哥伦比亚等在内的南美洲，在公元11～16世纪达到兴盛。

根据考古资料，在西班牙殖民者到达美洲前夕，这一片古老的土地就已经有着9000万至1.1亿的原住民。[①] 哥伦布发现美洲后，西班牙殖民者与传教士们开始了对美洲殖民的进程。长达8个世纪被阿拉伯人统治的历史塑造了西班牙人对待混血的包容态度，秉持传统天主教教义的天主教士更是带着包容的"同胞之爱"前往新大陆，试图通过传教拯救同是上帝子民的原住民。因此，在西班牙人抵达墨西哥时，原住民第一晚就送去了女人。虽然征

---

① Peyser A, Chackiel J, "La población indígena en los censos de América Latina", *Estudios sociodemográficos de pueblos indígenas*, 1994.

服者的猎枪和天花的夹击使得原住民人口大幅减少，但必须承认的是，天主教殖民者仍然为拉丁美洲原住民人口的存在留下了一定的空间。在拉丁美洲，今天的民族问题也多表现为这部分原住民的问题。

尽管经历了五百多年的持续融合与发展，原住民仍然是今日墨西哥社会中不可小觑的存在。根据墨西哥国家统计和地理研究所（INEGI）2020 年 4 月的统计数据，墨西哥全国 126014024 人口中，5 岁以上能够说原住民语言的人口为 7177185 人，约占 5 岁以上人口比重的 6.2%。这部分原住民在墨西哥的经济和社会发展中，处于非常弱势的地位，成为墨西哥的一个显著社会问题。

第一节　墨西哥民族问题的具体构成

墨西哥的民族问题表现在政治、经济和社会文化等多个层面。这些问题既有殖民时代遗留至今的历史问题，也有近年来随着墨西哥政治民主化和经济自由化转型出现的新问题。总体上来说，墨西哥民族问题主要包括如下三个层面。

一　土地问题

土地问题是墨西哥民族问题中的重要组成。在以农业生产为主的原住民中，一直流传着土地母亲和太阳父亲孕育人类的神话。土地不仅是他们赖以生存的生产资料，更是赐予他们力量、支撑他们生活的神圣支柱。西班牙殖民者入侵墨西哥后，掠夺了原住民的土地，建立了农业大庄园，强迫原住民为其劳作。殖民者的残酷剥削与掠夺，引起了原住民的持续抵抗。仅在原住民聚居的恰帕斯州，就先后爆发 1532 年恰帕斯起义（Rebellión de los Chiapanecos）[1] 和 1712 年策尔塔起义（Insurrección Tzeltal）[2]。墨西哥独立

---

[1]　Bonaccorsi, Nelida, *El Trabajo Obligatorio Indígena en Chiapas* (Siglo XVI), México: UNAM, 1990, p. 50.

[2]　Acosta G R. , Cosmovisión y Religiosidad Entre "Los Soldados de la Virgen", La Rebelión Maya de 1712, *Estudios Mesoamericanos*, 2016, 2 (13).

之后，对原住民土地的掠夺依然是新政府施政的重要方面。其原因固然与精英阶层对原住民土地的掠夺有关，但独立战争中崛起的克里奥尔人也力图通过对土地资源的掠夺，在经济层面上消解作为土著社群共同体财产的土地，消解土著身份对民族国家形成的不利影响，完成对原住民的整合与改造。1824 年的《殖民法》剥夺了土著社区所谓的"未耕种土地"，这些土地被国家没收并分配，以法律的方式削弱社区作为土地所有者的角色。1857 年颁布的《宪法》进一步撤销社群的法人资格。① 为了将私有化与工业化相结合，1876 年以后，波菲里奥·迪亚斯（Porfirio Díaz）政府大力引进国外资本购买土地，1875 年和 1883 年相继修订的《殖民法》进一步赋予了公司购买土著土地的权力。② 此外，迪亚斯政府甚至允许大地主（Hacendados）以合法的名义大量收购土地，导致土地的大规模集中。在这一背景下，大多数土著社区已经失去了对其最重要和最富生产性的公共土地的控制权。统计资料显示，20 世纪之初，占墨西哥国内人口 0.2% 的地主拥有全国 87% 的土地。与之相对的是，占全国人口 91% 的乡村人口缺乏任何形式的土地资源。③ 土地分配不均成为墨西哥社会的重要问题，直接导致了 1910 年墨西哥大革命的爆发。

墨西哥大革命期间，卡兰萨（Venustiano Carranza）总统与萨帕塔（Emiliano Zapata）、比亚（Francisco Villa）在 1915 年共同签订了土地分配法案，承诺归还自 1856 年起国家征用的土地。1917 年颁布的新宪法第 27 条除了重申上述承诺外，亦将土地的所有权收归国家，铲除大庄园主、教会以及外国势力。此外，宪法中关于土地"归还"（Restitucion）与"赠予"（Dotacion）的规定回应了原住民对于土地的诉求。这两项规定以"共有土

---

① Rugeley T., "Indians Meet the State, Regions Meet the Center: Nineteenth-century Mexico Revisited", *Latin American Research Review*, 2002, 37 (1).

② Postero N. G., Zamosc L., *La lucha Por Los Derechos Indígenas en América Latina*, Editorial Abya Yala, 2005, p. 57.

③ Bartra A., Otero G., "Movimientos indígenas campesinos en México: la Lucha Por la Tierra, la Autonomía y la Democracia", *Recuperando la Tierra, El resurgimiento de movimientos rurales en África, Asia y América Latina*, 2008.

地"（tierras comunals）及村社集体（ejidos）的方式进行，主张土著的土地从此不得再转让，并依照土著的习惯，将土地划分为小块以利个别农民使用。① 尽管存在土地分配不均等问题，但新宪法第 27 条，至少在国家层面上赋予了原住民拥有土地的权利。原住民也以"村社农民"（Ejidatarios）的身份，在政府有条件的让步之下，得到拥有小块农地的权利。

从大革命之后一直到 20 世纪 80 年代，革命制度党的土地政策其实相当摇摆，土地分配的制度没有所谓的一致性。1917 年宪法第 27 条的立意是在墨西哥创造大量的村社小型农民，实现农民拥有土地的期望。实际的状况是，政府农改单位贪污情形严重、大地主有意拖延，农民分配到的大多是贫瘠而狭小的耕地，结果农村的人口压力以及土地的严重切割逼使农民开始出卖劳力或移居他处。② 不过，革命制度党至少在政策上满足了原住民的土地诉求，其对于土地的分配也在一定程度上缓解了自殖民时代以来困扰社会许久的土地问题。

20 世纪 80 年代后，墨西哥试图通过新自由主义的改革缓解困扰国内发展的经济危机。在这一背景下，1992 年，萨利纳斯政府修改了 1917 年宪法对于土地的规定，废除了墨西哥传统村社所有土地的制度，允许资本通过合法手续购买土地。新自由主义改革下国家土地政策的调整以及土地分配制度的取消彻底击碎了原住民获取土地的梦想，导致了 1994 年萨帕塔起义的爆发③。随着改革的持续深入，资本渗透领域已经远远超出了土地范畴。2012年，涅托总统上台后不遗余力地推进能源改革，允许资本参与石油、天然气和水电资源的开发。政府的土地和能源改革引起了原住民的持续抗争，在包括恰帕斯、瓦哈卡、韦拉克鲁斯在内的多个原住民占比较大的州，几乎每周

---

① Warman A., "La Lucha Social en el Campo de México: un Esfuerzo de Periodización", *Historia política de los campesinos latinoamericanos*, Siglo XXI de España, 1985.

② Félix F., Joaquin J., *La Revuelta por la Democracia: Pueblos Indios, Política y Poder en México*, UNAM. 1998, pp. 60-69.

③ Violeta Núñez Rodríguez, Adriana Gómez Bonilla y Luciano Concheiro Bórquez, "La Tierra en Chiapas en el Marco de los '20 Años de la Rebelión Zapatista': La Historia, la Transformación, la Permanencia", *Argumentos*, vol. 26, no. 73, 2013.

都有民众走上街头，抗议政府的土地政策与能源改革。

总体上来说，土地问题主要表现在两个层面。首先，是土地资源的匮乏。虽然 1917 年宪法改革后强调村社集体分配土地，但是土地分配的落实情况并不乐观。随着人口增多，原住民村社人均土地面积持续减少，而土地私有化改革彻底摧毁了土著获得土地的机会。以原住民聚居的恰帕斯州为例，2007 年，恰帕斯原住民农户家庭的土地面积不足 6.6 公顷，远少于 1991 年的 9.6 公顷①。其次，原住民将土地问题与能源问题并置以及"停止对我们土地上自然资源的掠夺"②"村社是土地的主人""国家不能出卖矿山"等口号的提出显示土地问题更为深刻的内涵——其实质是原住民对墨西哥政府通过修改宪法和政治改革，将土地与各种资源的开发权彻底转卖给资本市场的不满，是原住民对资源所有权与处置权的捍卫。

二 经济与社会发展问题

与墨西哥国内其他族群相比，土著在经济和社会发展层面面临更为突出的问题。其中，贫困是墨西哥土著经济社会发展中最为突出的问题，此外，墨西哥土著还在教育、健康、社会保障、住房、基本服务和食品等方面面临较为突出的问题。

墨西哥国家社会发展政策评估委员会（CONEVAL）2020 年的一份报告显示，墨西哥国内人口的贫困率约为 40%，5.3% 的人口处于赤贫状态。原住民的贫困问题更为突出。大约 72% 的原住民处于贫困状态，26.6% 的原住民处于极端赤贫状态。③ 从地域分布来看，墨西哥各州的贫困率大约为 30%~40%，仅有新莱昂州的贫困率在 20% 以下。而在原住民分布较为集中

① INEGI（Instituto Nacional de Estadística Geografía e Informática），*Censo Ejidal*（2007），México：INEGI，2008.

② EZLN，*Declaracion de la Selva Lacandona*，Chiapas，Manuscrito，1993.

③ 参见 *Población Indígena：¿Cuáles Son los Problemas con los que Conviven?* https：//www. universia. net/mx/actualidad/orientacion - academica/poblacion - indigena - cuales - son - problemas - que - conviven-1109735. html。

的恰帕斯州、格雷罗州和瓦哈卡州，60%以上的人口生活在贫困中。① 与贫困问题相伴而生的是失业问题。这些贫困的人口，难以获得正规的就业机会，导致墨西哥国内非正式经济兴盛的局面。墨西哥的非正式经济多是小商小贩等行业，没有竞争力，缺少社会保障。可以说，非正式经济在给予原住民基本生活资源的同时，也在很大程度上使原住民在结构上处于更加边缘的位置。②

原住民在住房方面也面临较大的问题。墨西哥国内 10%的人员面临住房问题，但在土著族群中，面临住房问题的人口比例上升至 40%。③ 在教育资源上，原住民也存在着严重的不足。民间组织"第一墨西哥人"（Mexicanos Primero）的调查数据显示，约 50%的原住民遭遇教育资源落后的困扰。在原住民聚居的恰帕斯州、格雷罗州、瓦哈卡州和米切肯州，这一问题的严重程度更为突出。④ 在医疗和社会保障方面，原住民也面临更为恶劣的问题。2019 年，国家健康与营养调查（ENSANUT）显示，墨西哥三种不同类型的医疗保障数据中，Seguro Popular 的覆盖率为 38%，IMSS 的覆盖率为 32%，ISSSTE 的覆盖率为 6%，而 21.4%的人口缺乏医疗服务。大部分原住民没有任何医疗保障。⑤ 在原住民聚居的恰帕斯州，土著孕妇和婴儿的死亡率是国家平均水平的 3 倍。此外，墨西哥社会普遍存在歧视原住民的行为。墨西哥全国预防歧视委员会（CONAPRED）的一项调查显示，44.1%的墨西哥人并不尊重原住民的基本权利。⑥

---

① 参见 *Mundo Indígena 2019：México*，https：//www.iwgia.org/es/mexico/3381 - mi2019 - mexico.html。

② Michel A L.，Economía，Comercio y Pobreza en México en la Primera Década Del Siglo XXI，IBeroamerica，2015，17（1）.

③ 参见 *Mundo Indígena 2019：México*，https：//www.iwgia.org/es/mexico/3381 - mi2019 - mexico.html。

④ 参见 *Mundo Indígena 2019：México*，https：//www.iwgia.org/es/mexico/3381 - mi2019 - mexico.html。

⑤ Michel A L.，Economía，Comercio y Pobreza en México en la Primera Década del Siglo XXI，IBeroamerica，2015，17（1）.

⑥ 参见 *Mundo Indígena 2019：México*，https：//www.iwgia.org/es/mexico/3381 - mi2019 - mexico.html。

土著人民人类发展指数（IDH-PI）是衡量原住民发展状况的重要指标，这一指标包括健康、教育和收入三个维度。在墨西哥，土著人民人类发展指数远远低于非原住民。在奇瓦瓦州（Chihuahua）的巴托皮拉斯（Batopilas），2010 年原住民的人类发展指数为 0.3010，甚至低于人类发展水平最低的国家尼日尔（0.3300）。巴托皮拉斯的原住民人类发展指数也远低于非原住民人类发展指数（IDH-PNI）最低的城市，即格雷罗州的梅特拉托诺茨（Metlatónoc，为 0.4903）。与之相对的是，在墨西哥城的贝尼托·华雷斯区（Benito Juárez），非原住民的人类发展指数是 0.9638。①

基于原住民经济和社会发展问题普遍存在的状况，墨西哥国家社会发展政策评估委员会（CONEVAL）从教育、健康、社会保障、住房、基本服务和食品等六个层面对原住民权利问题进行了系统的研究。墨西哥国家社会发展政策评估委员会的调查发现，93.9% 的原住民被剥夺了其中至少一项权利，64.2% 的原住民被剥夺了至少三项权利。此外，这一统计数据将绝对收入贫困和社会发展贫困的维度统一为多维贫困，70.9% 的原住民属于多维贫困人口。正是基于这一状况，2010 年联合国开发计划署《墨西哥土著人民发展报告》认为墨西哥的土著人民处于极端的贫困，不平等和被排斥状态。②

三 民族自决问题

从广义上来说，民族自决问题也属于发展问题。民族自决被纳入土著社会发展的维度与联合国开发计划署对发展定义的拓展密切相关。2010 年，联合国开发计划署重新定义了人类发展的概念，认为"消除贫困和社会边缘化是从根本上扩大人类自由的过程"。③ 这一发展观也意味着消除贫困，

① Michel A L., Economía, Comercio y Pobreza en México en la Primera Década del Siglo XXI, IBeroamerica, 2015, 17 (1).

② Michel A L., Economía, Comercio y Pobreza en México en la Primera Década del Siglo XXI, IBeroamerica, 2015, 17 (1).

③ PNUD, Programa de las Naciones Unidas para el Desarrollo (2010), Informe Sobre Desarrollo Humano de los Pueblos Indígenas en México, El reto de la Desigualdad de Oportunidades, México, Programa de las Naciones Unidas para el Desarrollo, 2010, p. 20.

获得教育与财富以及医疗保健的投入仅仅只是提升社会保障程度的指标，其更大的目的在于消除阻碍人们充分发展自身能力的障碍。正是基于这一诉求，联合国开发计划署认为，"人类发展所需要的不仅仅是健康、教育、体面的生活和政治自由。国家必须承认和接受人民的文化特性，人民必须自由地表达自己的特性，避免生活的诸多方面受到歧视"。[1] 因而，土著世界普遍存在的贫困不是"低收入水平，而是他们被剥夺了发展的能力，应该使他们能够自由决定自己的命运"。[2] 由此，民族自决问题成为土著问题的重要组成。

在墨西哥，民族自决问题主要表现在四个层次。

第一，墨西哥国内并没有形成承认土著差异的国家意识与社会氛围。虽然墨西哥宪法第 133 条通过国际劳工组织 1989 年颁布的第 169 条公约——《土著和部落人民公约》，授予公约国内法地位；2007 年批准的《联合国土著人民权利宣言》，规范了土著人民的经济、社会和文化发展权利。然而，无论是在国家层面还是在公众的认知中，原住民都是被动的无声的主体，是落后的象征。原住民在政治、经济和文化层面上遭遇普遍的歧视，一个包容的墨西哥社会并没有形成。

第二，原住民缺少基本的决策参与权。虽然墨西哥宪法规定，"联邦、各州、市政府为促进土著人民机会平等，必须消除任何歧视性做法，建立专门机构、确定必要的政策，以保障土著权利的有效性。土著城镇和社区的发展，必须与他们共同设计和操作"。[3] 但在实际层面上，土著人民和社群被系统性地排除在结构之外，并没有形成确保土著人民和社群利益的政策，也没有任何推动权利落实及其社群整体发展的保障。原住民更多只是充当了咨

---

① Laraña I C., "Informe Sobre Desarrollo Humano 2004, La libertad Cultural en el Mundo Diverso de hoy"（Recensión），*Revista de Fomento Social*，2004.

② PNUD, Programa de las Naciones Unidas para el Desarrollo（2010），Informe Sobre Desarrollo Humano de los Pueblos Indígenas en México, El reto de la Desigualdad de Oportunidades, México, Programa de las Naciones Unidas para el Desarrollo, 2010, p. 23.

③ de México G., "Constitución Política de los Estados Unidos Mexicanos", *Diario Oficial de la Federación*, 2011.

询的角色，而不是直接干预甚至参与决策，原住民参与发展的方案从未在真正意义上得到落实。这也意味着，虽然原住民是墨西哥社会中的显性存在，却从未作为主体出现在政府决策的制定过程中。原住民缺少政治参与空间主要表现在如下两个层面。首先，原住民在墨西哥政府涉及原住民的各种政策的制定过程中缺少基本的决策空间。从对国家人口的统计、消除贫困计划的制定与实施，到政府发展规划方案的设定，原住民都被排除在外，他们从来都不被视为社会政策的参与者、对话者与决策者，也不具备文化权利与政治代表权。其次，在一些涉及土著社群利益的项目开发中，原住民甚至连基本的话语权都不具备。这些项目往往以多数国民的利益为出发点，牺牲了原住民的各项利益，并侵犯了原住民对于自身资源控制与发展的权利。2014年底，联邦政府和国家电力局在恰帕斯州索盖人村社附近修建奇克森第二水电站项目，项目侵占了索盖人的土地，并对索盖村社的农业生产产生重要影响。但从项目启动之日开始，一直到项目的招标和施工，联邦政府和国家电力局都没有和村社民众有过任何接触，① 由此引发索盖民众的持续抗争。2019年，洛佩斯总统启动的墨西哥东南部的玛雅铁路项目，也因为缺少对于土著社群土地、文化传统与环境的考量，引起了土著民众的极大不满，导致土著抗争运动持续发生。

第三，原住民的自治权与自决权没有得到落实。随着1957年国际劳工组织颁布第107号公约提出对土著居民权利的保障，以及在此基础上1989年第169号公约对土著居民自治与土地权的关注，自治成为土著运动的一个重要概念。随着20世纪80年代以来政治多元主义和民主化进程的产生与发展，包括墨西哥在内的拉丁美洲，原住民作为政治主体和社会参与者的地位越发明显，而原住民政治参与的诉求也从反对歧视，保护土地，捍卫教育、健康和其他社会经济需求转向土著身份和政治参与，及对于自治权和自决权的捍卫与维系。墨西哥的土著自治运动除了要求捍卫基层社群自治权外，还

---

① 张青仁：《新自由主义秩序下墨西哥土著居民的发展困境评析——以索盖人抗争格里哈尔瓦河水电开发事件为例》，《世界民族》2019年第4期。

要求有民族自决权。大致上来说，原住民对于自治权和自决权的捍卫，主要包括三个层面：首先恢复原住民作为人民的身份与地位，改变原住民与社会、政府之间的关系；其次，建立以原住民为核心的自治政府，要求政府承认原住民自治政府自我管理的能力；最后，认可原住民自治、自决的能力，这是决定原住民未来发展的重要力量。虽然在墨西哥 2001 年修订宪法的第二条中，原住民的自治权已经被确认，但是根据墨西哥宪法程序的规定，原住民自治权利的获得必须经过地方议会的批准和州一级宪法的调整。事实上，只有极个别州的地方议会承认了原住民的自治权，并对宪法相关条款进行了更新调整。大部分州的原住民仍没有自治权与自决权，这些州甚至对原住民的自治权与自决权加以限制。正是因为如此，虽然已经存续了近 30 年，且在国际社会有着重要影响力的恰帕斯州萨帕塔民族解放自治区的合法性仍然没有获得认可。

第四，民主选举体制对于原住民权利完全排斥。从 20 世纪 80 年代以来，在经济自由主义的推动下，墨西哥开始了民主化改革。2000 年，国家行动党（PAN）赢得大选，统治墨西哥 71 年的革命制度党下台，墨西哥完成政党轮替，标志着墨西哥民主化的完成。在民主化转型的背景下，原住民不仅要求自治，也要求在市镇、州和国家三个层面上拥有更大的政治代表权。事实上，修订后的宪法也在很大程度上回应了这一诉求，宪法第二条承认并保障土著人民和社区的自决权，在关于自治权的具体规定中明确在市镇、州和联邦三个层级中必须承认、规范原住民在政治参与中的代表权，强调根据土著社群传统的规范强化其政治参与和代表性。在实际操作层面，只有少数州建立了原住民参加市镇选举的程序，大部分州虽然认可联邦宪法规定的原则，却没有在实际层面上遵守这一规定。

大部分州尽管认可赋予原住民政治代表的权利，但是没有建立保障原住民政治代表权利的制度，而是将这一职责转移给政党。在原住民占比很大的圣路易斯波托西州（San Luis Potosí）、恰帕斯州、巴斯科州，以及韦拉克鲁斯或克雷塔罗等地，州一级的选举法只是规定参与选举的政党有义务支持原住民竞选，以促进原住民的政治参与和政治代表。在普埃布拉州，尽管规定原住民可以按照传统习俗参选，但是在大多数情况下，原住民的政治身份与代表权并没有得到落实。在瓜纳华托州，最新的《保护土著人民和社区法》（2011 年 3 月 14 日颁布）承认土著人民有权选举各自市镇议会的代表，但并未制定程序。唯一例外的是瓦哈卡州，瓦哈卡州的土著居民占全州总人口的一半，土著居民在市镇和州的政治活动中有着良好的表现，但也只是局限在州内，其影响远远没有到达联邦层面。由于地方宪法缺乏对多元文化主义的承认，也缺乏对于原住民政治主体地位的认可，更没有在制度层面上建立土著政治代表制度，原住民政治抗争运动持续爆发。在一些原住民人口比重较大的城市，甚至出现了与行政当局并行的权力存在。更多的原住民因为完全不了解选举制度的情况，以自治的名义建立基层社区单位，恰帕斯州内大大小小的土著自治区即是其中的典型代表。在反复要求州、市镇一级贯彻联邦宪法第二条，尊重与保障原住民政治参与和政治代表权没有得到回应后，米切肯州的土著社群决定无视政党的选举，按照传统习俗选举出自己的民选政府。

第二节　墨西哥土著问题的历史根源与实质

墨西哥土著问题的形成与发展有着深厚的历史根源，与拉丁美洲遭遇的殖民历史有着密切的关系。事实上，在西班牙殖民者到达拉丁美洲之前，拉丁美洲的原住民已经形成了庞大而悠久的文明体系。殖民者抵达拉丁美洲后，打破了拉丁美洲传统社会的运作体系，将其政治经济思想文化的模式强制渗透殖民地社会中。在经济层面上，拉丁美洲的原住民成为全球市场的底端生产者，源源不断地生产满足殖民者需求的产品。在政治和思想文化层次上，西班牙人在构建殖民帝国的框架下统摄殖民地社会的政治经济和思想文化形式。殖民者在广袤的拉丁美洲引入了西班牙的政治体制，在摧毁土著等级制度的同时，建立了总督府的统治秩序。殖民地独立运动的发生与民族国家的建立虽然昭示着殖民制度的崩溃，但是这并不意味着原住民境遇的改善。虽然在法律层面上，包括墨西哥在内的新生的民族国家承认了原住民的合法地位，其实质却是以平等的名义，对原住民实施土地掠夺和商业交易的过程。20 世纪后，包括墨西哥在内的许多拉丁美洲国家，都兴起了对于土著民族的同化政策，并进一步发展成为拉丁美洲国家土著政策的重要组成。在实际层面上，所谓的发展只是对于制度利益的维系，并没有规划来捍卫和维护土著人民的利益。20 世纪下半叶拉丁美洲许多国家完成了民主化转型，民主政府的建立形成了一个有利于社会各个部门动员的政治自由与权力运作的机制，政府已表示愿意为所面临的问题提供解决方案。然而，土著问题的解决办法继续在国家定义的框架内进行。事实上，虽然 20 世纪 60 年代以后多元文化主义逐渐被国际社会认可，但在拉丁美洲许多国家中，仍然缺少对于原住民权利规范的基本认知。1992 年，革命制度党萨利纳斯政府通过了新修订的宪法，宪法第四条规定"墨西哥民族的多元文化起源于印第安人民。宪法将保护和促进其语言、文化、习惯、风俗、资源和特定社会组织形式的发展，并保证其成员得到国家有效的管辖。在涉及他们作为当事人的土地的审判与诉讼中，他们的习惯法与实践将在法律允许的条件下得到考虑"。[①] 然而，新自由主义改革下的政府仍然执着于对《北美自由贸易协定》的落实，根本无力也无意于落实宪法对于原住民权利的各项规定，由此造成了当前墨西哥国内原住民贫穷与受剥削的加剧，以及这一群体在政治和文化上的边缘化。从这一意义上来说，殖民时期形成的对于原住民的剥削与种族排斥遗留至今，甚至在当前仍然是拉丁美洲民族问题的根源。国家层面并没有真正意义上实现对于原住民的"全面融合"。

梳理从殖民时代至今拉丁美洲国家的社会结构，可以发现，包括墨西哥在内的拉丁美洲国家，通常存在两个不同阶序的社会文化集团。一个是社会的积极参与者，他们占据着社会的主导地位，是由西班牙殖民者、白人、克里奥尔人以及混血的梅斯蒂索人构成的群体。另一个是社会边缘地位的构成者，他们是由原住民组成的。原住民在经济上缺少财富，处于社会政治、经济结构的边缘地带，是国家发展之外的边缘群体，通常很难参与国家发展

---

① *Secretaría de Gobernación*，*Constitución Política de los Estados Unidos Mexicanos*，https：//www. gob. mx/salud/en/articulos/constitucion-politica-de-los-estados-unidos-mexicano-articulo-4.

进程。

政治、经济和社会文化的二元区隔将国家分割为两个边缘清晰却又相互连接的社会集团，形成了拉丁美洲国家内部殖民主义的现象。可以说这是西方殖民主义的遗产之一。虽然经历了独立运动、民族国家建立，拉丁美洲国家相继推动了工业化进程和土著社区发展，但在包括墨西哥在内的拉丁美洲，建立在种族区隔基础上的内部殖民主义依然存在。尽管目前的国家宪法承认了墨西哥多元民族与文化的历史传统，但是墨西哥对待少数族群的方式并未改变。在造访了拉丁美洲多个土著部落后，诺贝尔和平奖获得者门楚（Menchú）曾经发出感慨："我曾经访问过拉丁美洲大多数土著城镇，我们有共同的面孔，却是完全现代的奴隶制和殖民主义的表现。"① 从这个意义上来说，包括墨西哥在内的拉丁美洲土著问题，其实质是在拉丁美洲双重和二元社会结构对立的语境中所形成的内部殖民主义问题。当然，墨西哥民族问题的出现也与墨西哥政府民族政策的变化有着密切关系。

第三节　20世纪以来墨西哥民族政策的变迁及其评价

一　20世纪初：革命民族主义的民族政策

（一）革命民族主义的民族政策

由于殖民时代以来墨西哥社会持久累积的阶级冲突，1910 年，墨西哥爆发了旷日持久的大革命。大革命之后，执政的革命制度党迫切需要改变墨西哥社会政治持久动荡的局面，建立可以团结各个阶层的政治制度。在此背景下，革命民族主义思潮成为革命制度党执政的重要理念。这一制度宣称代表国家的普遍利益，能够给所有阶层带来社会福祉和利益，以福利国家的方式实现对所有阶层的整合，从而改变墨西哥社会持久的动荡与不安，实现整个社会的稳定与团结。

---

① Stella Calloni, *Editora del Día Latinoamericano*, Editado en Antropológicas; enero, 1993.

在革命民族主义政策的框架下，革命制度党一方面肯定了原住民及其文化在墨西哥民族国家建构中的基础性作用，将墨西哥民族国家之根溯源到原住民及其文化。另一方面，革命制度党也致力于改变殖民时代以来原住民身份不被认可的尴尬境遇，力求将原住民纳入现代民族国家的序列中。在革命民族主义思潮的影响下，融合墨西哥境内的多元族群、锻造统一的民族国家成为知识分子和政府的基本共识。建立在政治、经济和社会上的国家干预主义的国家社团主义政策逐渐形成。

具体而言，在社会文化层次上，基于大革命后混血作为墨西哥民族特征得到确认的事实，革命制度党采用了土著主义的政策实现对于原住民的控制，这一计划旨在以一种有计划的适应的方式，使原住民在社会、经济和文化上融入混血的主流社会，实现对于原住民的墨西哥化，完成墨西哥民族国家一体化的计划。在经济层面上，革命制度党以国家社团主义的方式，通过建立国家控制的农民职业社团，改变传统家庭生产单位的农业模式，将原住民纳入合作社和车间学校中，在实现其从文化层次上的原住民向经济层次上的农民身份转变的同时，改变墨西哥传统农林业不发达的状况。

在革命民族主义的框架下，文明民族主义的思潮得到了进一步确认与发展。依据殖民混血的传统，墨西哥可见的文化根源有两个部分：一个是作为殖民者的天主教文明传统，另一个是本土的印第安文明的传统。殖民统治后期，卡洛斯三世的改革推动放宽了对墨西哥殖民地社会经济发展的限制，导致了土生白人阶层的兴起。在土生白人的推动下，各个族群阶层联合推翻了西班牙人的殖民统治，实现了民族的独立。然而，独立后的墨西哥，并没有做好民族国家建设的制度准备，而是盲目效仿西方，沿袭了殖民时期的等级制度。在经历了民族国家独立、西班牙帝国没落、美墨战争和法国入侵后，统治者和精英将目光转向了本土历史悠久的土著文明。在国家权力机关和人类学者、社会大众的共同参与下，土著文化以可见的形式成为墨西哥民族国家的文化象征，土著文明作为墨西哥民族国家之根的地位也得到了进一步确认。墨西哥文化民族主义最著名的表达方式是"壁画运动"，以何塞·克莱门特·奥罗斯科、迭戈·里维拉和大卫·阿尔法罗·西奎罗斯为代表的

"壁画运动"三巨头，将土著元素融入壁画创作中，创作了数百平方米的公共壁画。这些土著元素的壁画作品，在相当程度上提高了原住民在墨西哥民族国家发展中的历史意义，并以一种可见的形式确定其作为墨西哥民族国家基石的地位。这些壁画引起了国际社会的普遍关注，成为西方世界现代艺术潮流的组成。在壁画之外，土著文明在舞蹈、电影、音乐、诗歌和文学方面也日渐显现。随着更多的土著遗址被发掘，土著文明作为墨西哥民族文化根基的地位日益得到强化，1964 年，墨西哥国立人类学博物馆落成，里面更是陈列了大量墨西哥原住民的考古遗址，墨西哥国立人类学博物馆及其对土著考古遗迹的全方位展现，更在事实层面上确定了土著文明作为墨西哥民族国家之根的地位，在相当程度上解决了土著文明合法性的问题。

在确认土著文明作为民族国家基石的同时，对于原住民的整合教育成为这一时期民族政策的重要组成。20 世纪 20 年代，墨西哥大革命尚未进入尾声之时，奥布雷贡总统（Obregón）于 1921 年在公共教育部下设的土著民族教育与文化部门就开始了土著农村教育改革。当时，整个恰帕斯州共有 400 万左右的原住民，其中 200 万人以其民族语言作为母语。在 1924 年底，这些土著社区的乡村学校共有 1000 多所，总共有 1146 名教师为 65300 名学生提供服务。1925 年，新的改革开始出现，农村地区的联邦学校改组为农村土著文化融合学校，致力于提升土著儿童的教育水平。土著地区学校的设立一方面旨在向学生普及西班牙语，提升学生阅读和写作能力，使其掌握基本的技能，另一方面旨在取代教会在村落生活中的中心地位。此外，联邦政府开始向土著地区派遣教育特派团，这些特派团起着文化宣教和提供各种知识的任务。

在 1925 年开始推广的"印第安学生之家"（Casa de Estudiante Indígena）计划则是一个更为激进的项目。这一计划旨在将乡村社区的学生聚集到首都墨西哥城，使他们经受现代文明生活的洗礼，消除原住民与现代文明的差距，改变其思维方式、风俗习惯，强化其对于墨西哥民族国家的认同。在他们掌握西班牙语，习得白人和梅斯蒂索人的生活习惯、结束学习之后，这些学生将返回自己所在的社区，将在印第安学生之家习得的文化习惯传播给所在的社区，实现对于整个社群的影响和再造。时任教育部长何塞·曼努埃尔·普伊格·卡萨劳南克（José Manuel Puig Casauranc）认为，印第安学生之家的设立，不仅能够以点带面地实现对于整个土著族群的教化，将学生们从农村带到城市，使其与城市居民接触，也将有助于消除城市居民对土著人民的不信任，缩小两者之间的心理距离。然而，这一计划的实施并不顺利，在完成学习之后，大部分土著学生选择留在首都谋生，而不愿意回到土著社区。鉴于此，位于墨西哥城的印第安学生之家在 1933 年关闭，取而代之的是在国内不同地区兴建的几所土著寄宿学校。

　　阿维拉总统（Avila）执政时期（1940～1946 年），"印第安语言委员会"（Consejo de Lenguas indígenas）推出了相当多的计划，最重要的是在 1944 年通过的扫盲运动法案，这项法案促请土著事务部提出双语教学的具体方案，协助培育土著语言的师资与编辑土著语的教材。著名的"国家印第安研究所"（Instituto Nacional Indigenista，INI）也应第一届美洲国家土著会议的要求在 1948 年成立，成为现代墨西哥官方最重要的土著研究机构。国家印第安研究所的宗旨是研究墨西哥土著族群的问题，提出改善其生活环境的具体方法。1950 年开始，在土著各社区出现了第一批"印第安协调中心"（Centros Coordinadores Indigenistas），这些中心吸取了之前双语教育的经验，推行师资下乡运动，吸引并教育土著青年，以协助土著社区的文化发展。这些"部落青年"的受教育程度为小学四年级到中学三年级，对于西班牙语和土著语都有相当的掌握，足以担负起教育当地孩童的重任，政府希望他们成为改变当地"旧文化"的代理人，成为政府和地区之间的联系者。这样的计划获得了部分成功，政府的理想是他们这批"部落青年"本来就出自土著社区，也就不至于和族群社区产生太大的隔阂。然而事实并非如此：一方面"都市化"的青年因缺乏族群意识，反而遭到当地人的排拒；另一方面，这些青年师资重西班牙语而轻土著语的态度引发土著语消失的危机。①

―――――――――

　　①　Alberto Saladino García co., *El Problema Indígena. Homenaje a José Carlos Mariátegui*, México：UAEM，1995，pp. 140–149.

在革命民族主义的思维下，建立在政治、经济和社会层面的国家干预主义的国家社团主义政策逐渐形成。这一制度旨在消除固有的阶级冲突，将国家内部统摄起来，并建立起代表国家普遍利益的福利国家。事实上，这一国家社团主义的运作体系与模式，在墨西哥大革命期间就已经有了雏形。当时，工人、农民、城市中产阶级等团体与政府结成联盟，共同组建了革命制度党。事实上，直到1938年卡德纳斯总统在任时，墨西哥才真正形成了这一国家社团主义的治理模式。具体而言，这一国家社团主义的治理模式是按照职业属性将墨西哥国内的群体分为四个部门——工人部、农民部、人民部和军人部门，并设立工人联合会、农民联合会、人民联合会和军人部加以管理。1940年以后，军人部取消，革命制度党控制的职业社团保持为三个部门。

具体来说，工人部主要由城市的劳工组成，由墨西哥工人联合会（Confederación de Trabajadores de México，CTM）领导；农民部由全国农民联合会（Confederación Nacional Campesina，CNC）领导，土著人被划入这一团体内；人民部包括政府雇员和教师联合会，是小土地所有者、学生和专业人士的组织，由全国人民组织联合会（Confederación Nacional de Organizaciones Populares，CNOP）领导。① 革命制度党在党内设有专门的机构来管理这些组织。具体来说，工人部在全国范围内成立了墨西哥工人联合会（CTM）和一些全国性的工会，农民部主要由全国农民联合会（CNC）管理，人民部主要设立了代表中产阶级利益的全国联合会（CNOP）加以管理。在国家社团主义的组织结构下，墨西哥联邦政府对国内的各个职业团体进行管理与控制，并在相当层面上赋予他们表达利益的能力。这一制度也在相当程度上缓和了革命制度党的施政压力。在不威胁国家权威和革命制度党统治地位的前提下，革命制度党在适度范围内赋予了社会团体一定的空间，保留其自治权和代表权，并在相当程度上赋予其表达诉求的权利。从这一意

---

① 夏敏：《政治衰败与国家社团主义的瓦解——革命制度党的案例》，《学习与探索》2015年第11期。

义上来说，国家社团主义的亮点在于其承认了墨西哥社会的多元主体性，并在相当程度上保障了各个社会团体的利益诉求，与此同时又确保了革命制度党的绝对权威。正因为这一制度，从 1929 年至 2000 年，革命制度党长期主政墨西哥。革命制度党创设的国家社团主义的治理模式也被称为"完美的独裁"。

在国家社团主义制度的框架下，革命制度党力求通过农民职业社团的建立，将文化层次上的原住民转变为经济层次上的农民，并依靠这一制度实现对其的彻底控制。革命制度党创设了全国农民联合会，命令原住民加入这一社团，以此将其纳入革命制度党的统一管理中。全国农民联合会在各地设立了区域性和地方性的农民联合会，实现对于农民群体的整体性控制，同时满足农民对于土地和公共服务的要求。在基层村社层面，革命制度党通过将土地分配给村社，在基层社区层面上建立合作社。土地虽然在名义上分配至村民个人，但在实际层面上仍然为集体村社共有，不能买卖和出售。革命制度党在基层社区建立的共有村社制度，是国家社团主义控制农民团体的又一表现。农民联合会和共有村社两种制度，进一步确保了农民和革命制度党之间委托—代理的关系模式。[①] 在国家社团主义的模式下，革命制度党瓦解了以家庭为单位的农业生产模式，在基层村社将原住民安排进合作社或是车间学校中，聘请城市的专家讲授农业生产技术。以农业合作社和车间为单位，国家还向农民提供信贷和市场援助。此外，政府部门也大力加强农村地区基础设施建设，鼓励地方社会发展出能够吸引农民劳动力的企业或公司。总体上来说，墨西哥政府试图通过土地的分配以及农民职业社团、基层合作社和车间的建立，将处于经济、社会生产结构底端的原住民纳入正式的国民经济序列，在推动土著农民无产阶级化的同时，将作为族群身份的原住民转换为作为经济身份的农民，从而弱化族群身份的标识，实现对于原住民的整合。

---

① Huizer, Gerrit, *La lucha campesina en México*, México: Centro Nacional de Investigaciones Agrarias, 1982.

国家社团主义的实质是一种政治约束与利益诱导的治理模式。20 世纪 30 年代，墨西哥联邦政府颁布劳工法，规定所有国民只有加入社团组织才能被雇佣，任何脱离社团组织的行为都将被辞退。这一规定将所有国民置于国家管理框架下，从而使革命制度党能够对劳工部门施以强大的控制力。以工人职业社团为例，墨西哥国内从国家到地方依次设有中央层面的工人联合会、区域性工人联合会和地方性工会。这是一个有着严格科层等级且极具包容性的组织。革命制度党与中央层面上的全国性工会维持着委托—代理的合作关系。一方面，工会为革命制度党统治的稳定提供支持。另一方面，革命制度党在极大层面上保障工会的政治特权和基本福利。除了对不同层级的工会直接施以控制外，革命制度党还在中央层级的工会中设立竞争与激励机制，以使其更好地贯彻执行革命制度党的决策。在中央层面上，势力最大的是 1936 年成立的墨西哥工人联合会。1967 年，墨西哥工人联合会和其他一些组织成立了劳工代表大会（CL），但劳工代表大会只是一个中央层面的工会联合组织。虽然其下属的工人联合会是全国范围最大的工会组织，但仍然有其他一些全国性的工会组织与其竞争。革命制度党通过奖励和激励机制，惩罚那些违背其意志的工会，同时利用政策性的垄断地位，为支持其的工会提供各种资源，由此使得革命制度党能够对劳工部门施以强大的控制力。

（二）革命民族主义的民族政策评析

首先，一系列民族国家建设的方案强化了原住民国家认同与民族认同，民族分裂问题得到了根本性的解决。即便是 1994 年爆发轰动全球的萨帕塔运动，发起人马科斯也声称"我们并不是想独立，而是我们想在不放弃原住民身份的前提下，成为墨西哥的一部分"。其他大大小小的原住民运动也从未威胁到国家主权。其次，革命制度党的这一政策及其对原住民土地问题的解决在相当程度上赢得了原住民的信任。大部分原住民改变了殖民时代几百年来没有土地的命运，对革命制度党和政府的支持与好感度倍增。2017 年，笔者曾经造访恰帕斯州索盖人聚居的格里哈尔瓦河沿岸乡村。20 世纪 60 年代开始，联邦政府和国家电力局对格里哈尔瓦河进行水电站开发，位于索盖人聚居区的三个水电站项目先后启动。1958 年，马尔帕索电站修建，奥克斯库阿乌塔（Ocozocuaulta）和特克帕坦（Tecpatán）两个村社的土地被淹没。1974 年奇克森水电站修建，淹没了奥苏玛西塔（Osumacinta）和奇克森（Chicoasén）的土地。1983 年佩涅塔电站修建，淹没了奥斯图阿坎（Ostuacán）村社的土地。此外，马尔帕斯图（Malpasito）和格楚拉（Quechula）玛雅遗迹被淹没。据不完全数据统计，三个水电站的修建使得 4064 户索盖人被迫搬迁，3 万公顷索盖人的土地被淹没。水电站修建时，正是革命制度党取得民众信任、统治稳固之时。对奇克森和奥克斯库阿乌塔村社领导人的访谈也佐证了这一观点。两个村社的领导们回忆，当时联邦政府和国家电力局承诺帮助索盖人整体搬迁，重新分配因为水电站修建而侵占的土地。大部分索盖人对此保持乐观态度，认为格里哈尔瓦河多个水电站的修建，能够改变索盖人聚居区贫困的面貌，推动索盖人聚居区的发展。此外，联邦政府帮助他们异地重建，且给他们重新分配土地，他们欣然接受了联邦政府的安排，支持国家对格里哈尔瓦河的开发。因此，在国家社团主义的支配下，多数索盖人更是将水电站修建导致的利益受损等同于对国家的认同，怀着感恩的心态支持对格里哈尔瓦河的水电站开发，没有提出任何涉及环境方面的要求。虽然淹没了索盖人的大量土地，但三个水电站的修建都得到了村社组织和村民们的大力支持，没有发生任何抗争事件。原住民问题的缓和与政权的相对稳定，对革命制度党持续 71 年的执政起到了重要的作用。也正是基于这一原因，在民主转型之后，土著民众仍然是革命制度党最为忠诚的支持者。

革命民族主义的政策也存在如下的问题。

首先，局限于革命民族主义的教育政策，没有通过教育来促进一个"种族平等"普遍氛围的形成，而只是局限在原住民内部的教育方案。这一教育方案并没有消除墨西哥社会中普遍存在的种族主义的氛围。另外，针对原住民的教育方案在相当程度上对土著居民做出了区隔。少部分土著民众自身比较富裕或是拥有丰厚的奖学金，在各州州府或者是墨西哥城等中心城市就读。他们在接受完教育后，基本不会回到原籍地。大部分土著儿童在完成初等教育后留在农村，继续从事传统农业生产活动。尽管他们学习到了写作、阅读和数学知识，但是这些技能并没有对他们族群身份的消解与国家认同的形成产生影响。①

其次，国家社团主义的经济发展政策也没有使得土著农民彻底"无产阶级化"②。由于当地居民缺乏参与，所有合作社和车间学校毫无例外地倒闭了。一些讲习班由他们的老师接管，成为私人公司。对于大部分农民而言，家庭微型企业仍然是劳动力组织的主要形式。③

二 20世纪80年代至今：新民族主义与新自由主义的民族政策及其评析

（一）经济危机、民主转型与墨西哥民族政策的调整

20 世纪 70 年代末至 80 年代初，墨西哥政府遭遇了严重的经济危机。一方面，为了解决经济危机，墨西哥政府开始了新自由主义改革，并使其民族政策出现了从革命民族主义到新民族主义与新自由主义的转换。具体而言，20 世纪 70 年代，墨西哥政府依靠境内发现的石油资源和外资借款迅速发展经济。1982 年，石油价格的大幅下降导致墨西哥政府陷入严重的债务危机，造成通货膨胀、货币贬值、政府负债严重等一系列严重的问题。在此背景下，联邦政府改变了既有国家干预的、保护主义的经济政策，推行以市场化和自由化为核心的新自由主义改革。具体而言，墨西哥政府推进的新自由主义改革是在马德里（Madrid）和萨利纳斯（Salinas）两位总统的执政下逐渐完成的。马德里总统执政时，致力于推动贸易自由化的结构性改革。1986 年墨西哥成为关税和自由贸易协定国，承诺在几年内将关税水平减半并将最高关税降至 20%。马德里总统亦以小企业为突破，推动私有化改革。

---

① Dietz G., *La comunidad P'urhépecha es Nuestra Fuerza: Etnicidad, Cultura y Región en un Movimiento indígena en México*, Editorial Abya Yala, 1999.

② Nahmad S., "Corrientes y tendencias de la antropología aplicada en México", *Teoría e investigación en la antropología social mexicana*, 1988.

③ Linck T., El campesino desposeído. 1988.

萨利纳斯总统执政时，私有化和贸易、服务与资本的自由化成为新自由主义改革的重点。萨利纳斯总统将一些重要的、大型国有企业出售给私人和经济集团。同时，萨利纳斯总统修改了宪法，允许资本进入土地生产领域，由此实现农业生产的自由化。为实现贸易自由化，萨利纳斯总统废除了一系列限制私人投资的法规，取消了政府对大多数商品的价格控制。恢复商业银行业务，允许建立金融控股公司，大力推动投资自由化。私有化和自由化的新自由主义改革得到了进一步深化。①

另一方面，在长期的执政过程中，倡导对少数族群文化尊重的文化多元主义概念也逐渐得到了认同，尤其是革命制度党长期以来推行的整合教育激起了越来越多的原住民和学者的不满。20 世纪六七十年代以来，在世界左翼运动爆发的背景下，越来越多参与墨西哥政府土著教育计划的人士意识到这一模式缺失包容性。此外，原住民也逐渐参与到这一反抗中来。在全球左翼运动与国内土著运动交相呼应的背景下，在新自由主义改革推动民主化转型的背景下，墨西哥政府的民族政策出现了大幅度的调整，实现从革命民族主义向新自由主义转型与发展。

（二）新自由主义民族政策的具体内容

1. 墨西哥民族政策调整的核心思想：新民族主义

墨西哥民族政策调整的思想建立在时任总统萨利纳斯新民族主义的基础之上。萨利纳斯发表于 1991 年 11 月 1 日的国情咨文，代表墨西哥面对历史潮流的回应与调整，更被视为其对内政策与对外关系观念转向的关键宣言，革命制度党所一向执持的国家社团主义也自此正式过渡到新自由主义语境下新民族主义的阶段。

具体而言，萨利纳斯并不否认民族主义的价值，但他认为并不存在一种一成不变的民族主义表现形式。

---

① Barbara Hogenboom, "Governing Mexico's Market Economy", in Jolle Demmers, Alex E. Fernández Jilberto and Barbara Hogenboom (eds), *Good Governance in the Era of Neoliberal Globalization Conflict and Depoliticization in Latin America, Eastern Europe, Asia and Africa*, London: Routledge, 2004, pp. 82-85.

虽然民族主义确定的内容使我们在几个世纪中发展成一个民族并始终维持着这个民族，但我们不能同意因为和过去的做法紧密相连，就试图把民族主义看作我们发展的障碍。

萨利纳斯进一步驳斥了那些关于民族主义不再适用的说法，他认为"把民族主义看作由昨天（今天已不再适用）的公共政策组成的惯用的、冻结了的建议，是（对民族主义的）一种扭曲"，对此我们必须予以拒绝，却也不认同某些民族主义的狭隘观念，"不是在民族主义那些山穷水尽的表现形式中，或者在放弃和屈服之中进行选择。民族主义是强化民族的东西，不是对过去的方式和特点的怀念，在当前的世界格局中，这种观念不仅不会强化，反而会削弱民族，使民族变得更加脆弱，降低它的生存能力"。因此，21 世纪墨西哥的新民族主义就是："捍卫主权、尊重自由，在全面繁荣的环境中坚定不移地促进公正和发展民主。"①

这一观点的提出，反映出在新自由主义语境下墨西哥政府构建平等自由的市场，强化与美国、加拿大联系的意图。因此，致力于构建自由市场的萨利纳斯总统必须清除旧有民族主义的束缚，在这一背景下，其提出了新民族主义的理念。可以从六个层面对旧民族主义和新民族主义的特征进行对比：在对外关系层面，旧民族主义主张不干涉原则，新民族主义主张对外发展；在对外经济关系层面，旧民族主义主张国有化，新民族主义主张弹性调整；在经济政策上，旧民族主义主张进口替代的工业化策略，而新民族主义主张新自由主义；在经济体制上，旧民族主义主张内向型的经济发展战略，新民族主义主张外向型的发展战略；在土地改革上，旧民族主义是一种分配不均的土地政策，而新民族主义呼吁社会公平；在对美关系上，旧民族主义主张一种敌对的关系，而新民

---

① 孙若彦：《经济全球化与墨西哥对外战略的转变》，中国社会科学出版社，2004，第 133~135 页。

族主义主张墨美合作。①

2. 正式承认多元文化主义的理念，建立"新公民身份"制度，将土著人民定义为市场经济中自由和独立的主体

1990 年，墨西哥政府批准了国际劳工组织第 169 号公约——《土著和部落人民公约》。这一对于原住民权利倡议与保护的法律的通过，为 1992 年墨西哥宪法的调整做了铺垫。随着 1992 年"发现美洲五百年"纪念日的临近，在土著运动此起彼伏的背景下，1992 年墨西哥政府推动了宪法第 4 条改革，承认了墨西哥多元文化的属性。新修订的宪法第 4 条规定，"墨西哥民族最初是基于其土著人民的多元文化构成的。该法将保护和促进其语言、文化、用途、习俗、资源和特定形式的文化的发展"。土著人民第一次在墨西哥宪法中被认可，且其墨西哥民族多元文化的组成地位也得到承认。此外，修订后宪法第 4 条和第 27 条规定，土著人民将成为市场经济中自由和独立的主体。这也意味着，在去除国家社团主义制度下原住民落后愚昧属性认知以及强加给原住民发展模式的基础上，新的宪法也为原住民建立了自由市场上的独立主体这一新的公民身份。当然，这一公民身份的建立并非对其文化多样性的认可，而是将其等同于自由市场上的经济主体。

3. 在构建自由市场的语境下，墨西哥政府取消了国家社团主义制度下的贸易保护政策，市场化与私有化成为民族政策的重要面向

为了构建资本流通的自由市场，包括土地分配、农产品最低价格保护制度等一系列利益诱导与政治约束的革命民族主义的政策与制度被终结。原有的价格保护制度，一系列针对民众的保障制度也被推向市场。自由化、市场化与私有化成为新自由主义改革背景下墨西哥民族政策调整的基本面向。

自由化与市场化突出表现在对土地问题的处理上。20 世纪初墨西哥大革命最为珍贵的遗产在于对原住民土地问题的解决上，并以宪法的形式对原住民的土地所有权予以保护。1917 年颁布的宪法第 27 条是这样规定

---

① 王芝琪：《从墨西哥经济危机看其政治发展》，淡江大学拉丁美洲研究所硕士学位论文，1997。

的：国家领土范围内土地与水流之所有权本属国家，国家有权利，并正行
使权利，将土地与水流之所有权转移私人，因此构成私产。除非因公共福
利并经补偿，不得剥夺私产。国家在任何时候皆有权利对私产加以限制，
以利公益之需要。确立持续向原住民分配土地的政策，亦写入了宪法第
27 条：应采取必要措施以分散大地产；发展小土地持有制；建立拥有必
不可缺之土地与水源之新农村居民中心点；奖励农业，防止破坏自然资
源，并保护财产免受不利于社会之损害。为了确保对原住民土地所有权的
保护，宪法 27 条的第 2 款、第 4 款明确规定了教会与商业公司不能买卖
乡村财产即土地。①

在新自由主义改革的背景下，解除 1917 年宪法对土地商品化的束缚，
构建资本自由流通的市场，推动着萨利纳斯政府对宪法的改革。1992 年新
修订的宪法第 27 条大幅度取消了各团体对于土地所有权获得的规定，原有
27 条第 4 款被修改为"商业股份公司可以是乡村土地的所有者，但仅限于
实现其目的所必需的范围内"。此外，宪法第 27 条的第 7 款，更增加了便于
土地买卖、转让的规定。此后，在 1992 年宪法基础上重新修订的农业法进
一步推动了市场与自由化，在放开对原住民村社土地束缚，允许土地作为担
保资产、参加股份公司和进入市场买卖交易的同时，完全承认村社土地的私
有化，主张经过对农庄土地的划界定权（Procede）、村民委员会（Asamblea
Ejidal）协商决定与完全控制（Dominio Pleno）等程序，原住民村社的集体
土地即可买卖。②

在土地私有化之外，革命制度党政府逐步改变了此前的农业补贴与农村
信贷政策。20 世纪 80 年代，革命制度党逐步取消了 12 种基础农作物中 5
种的生产者价格支持。作为墨西哥农业领域政府干预的国有企业——国营民
生公司（Compañía Nacional de Subsistencias Populares，CONASUPO）进行了
私有化和市场化的改组，在逐步取消对于农产品的市场干预后，完成了私有

---

① 姜士林等主编《世界宪法全书》，青岛出版社，1997，第 1627 页。
② 刘学东：《墨西哥新自由主义下的土地政策实施及效果浅评》，《世界近现代史研究》2013
年第 1 期。

化的转型。此外，墨西哥政府还在 1991 年建立了农业市场委员会，推动了农业国有企业的私有化改革，亦推动农村信贷业务向商业银行转移等。[①]

三　新自由主义民族政策的评析

（一）多元文化主义概念得到一定发展，实际层面上对原住民权益的保护收效甚微

自从墨西哥批准国际劳工组织第 169 条公约以及完成对于宪法的修订后，文化多样性、政治多样性和法律多样性等理念在墨西哥社会得到了很大的普及。然而这些政治理念并没有得到落实，关于多元性的争议与分歧一直是墨西哥土著社会的常态。这首先表现在原住民自治问题上，虽然自治与自决在法律层面上已经得到通过，但事实上在墨西哥并没有合法的土著自治单位，土著社群的经济、社会和文化权利也没有得到根本的改善。其次，多元文化主义下的土著教育实践也备受质疑。一些观点认为，多元文化主义是从文化层面上将土著人民锁定在社区中，使他们无法获得发展的道路。也有观点认为，多元文化主义不利于民族团结，容易激化墨西哥人之前的种族仇恨。更有观点认为，多元文化主义实际上是新自由主义背景下统治阶级为政治经济不平等寻求的合法性。

（二）加剧了贫困与社会不平等问题

新自由主义改革对于私有化和市场化的推进，以及在这一基础上对于土著居民保护制度的取消，在相当程度上加剧了土著居民的贫困问题。特雷霍和琼斯指出，在 1984 年至 1992 年，除了最富有的 10% 的民众收入大幅增加之外，其他人的经济收入都出现了急剧下降的态势。根据杜塞尔（Dussel Peters）的计算，最富有的 10% 墨西哥人的收入集中度从 1984 年的 33% 上升到 1989 年以后的 38% 左右。与此同时，最贫穷的 50% 墨西哥人的总收入份额从 1984 年的 21% 下降到 1996 年的 19%，贫困和极端贫困人口的数量从

[①]　张勇：《墨西哥在贸易自由化进程中的农业政策改革——兼论农业补贴问题》，《拉丁美洲研究》2004 年第 1 期。

63.3 万人增加到 6780 万人。① 尤其是在 1994 年，萨利纳斯总统取消农产品保护制度后，以农业为生的土著居民更是遭到致命打击。萨利纳斯政府取消了农产品最低价格保护、低利贷款，以及燃料和肥料补贴政策后，农业部门的劳动人口由 1994 年的 800 万人下降到 2003 年的 650 万人，自 1993 年以来约有130 万墨西哥农民失去工作，其中又以玉米和咖啡行业受创最为严重。1989 年美国生产一吨玉米的成本是 92.7 美元，墨西哥则是 258.62 美元。② 1992 年美国对墨西哥出口的玉米价格为墨西哥国内保护价格的一半。墨西哥的玉米便在这样的条件下逐渐失去竞争力，这样的情况在加入北美自由贸易区之后更加恶化，从美国进口的平价玉米充斥市场，导致墨西哥本地生产的玉米价格下跌。1994 年 1 月至 2002 年，墨西哥本国的玉米价格跌去了近 48%。在本国玉米价格下跌的同时，玉米进口量剧增。1993~2000 年，美国玉米的进口量增加了 18 倍。到 2011 年，墨西哥的食用玉米，有 1/4 从美国进口，而这一比例仍有上升的趋势。③ 萨利纳斯上台之后农业经费的削减及咖啡价格的大幅下降则造成墨西哥国内咖啡大幅度减产。1989~1993 年，原住民聚居的恰帕斯州咖啡产量下降了 1/3，可以想见这样的情况对原住民的冲击之大。

第四节　墨西哥民族政策的经验教训

20 世纪，墨西哥民族政策出现了从革命民族主义制度到新自由主义民族政策的转型，其实质是统一的民族国家建立之后，对于多元族群的不同政策模式。从历史与现实的经验来看，两种模式各有利弊，其经验教训总结如下。

---

① Peters E. D. , *Polarizing Mexico : the Impact of Liberalization Strategy*, Lynne Rienner Publishers, 2000, pp. 154–157.

② 张勇：《墨西哥在贸易自由化进程中的农业政策改革——兼论农业补贴问题》，《拉丁美洲研究》2004 年第 1 期。

③ Maximiliano-Martínez G. , Rivera-Herrejón M. G. , Franco-Malvaíz A. L. , et al. , " La comercialización de maíz después de Conasupo en dos comunidades del norte del Estado de México", *Economía, sociedad y territorio*, 2011 (11) .

首先，革命民族主义与国家社团主义的民族国家建设方案，极大地强化了多元族群的国家认同，墨西哥民族分裂问题得到了根本性的解决。印第安文明作为民族国家根基的角色得到了确定与巩固，土地问题的解决与农民职业社团的建立在政治、经济层面上使得原住民与国家之间建立了直接的联系，一系列民族教育的推进、西班牙语的普及推广和文明的交融增进了原住民与墨西哥国内其他族群的交往。大革命之后墨西哥民族国家建设达到了前所未有的高度。绝大多数原住民，基本上完全地成为这个新生民族国家的有机组成部分，解决了国家认同问题。

其次，新自由主义民族政策有利有弊。新自由主义改革的发生以及新自由主义民族政策的实施，代表着墨西哥民族政策的调整。新自由主义的政策在一定程度上激发了社会活力，将墨西哥从经济危机中拯救出来。然而，私有化、市场化等一系列措施的推进和对于原住民权益保护的取消使墨西哥经济和社会不平等的分化加剧，原住民的生存境遇恶化。墨西哥的民族问题成为社会发展问题，对墨西哥社会的稳定产生了不良影响。

最后，墨西哥境内的民族问题尚未根本解决。墨西哥的民族问题表现在政治、经济和社会文化等多个层面。在经济层面，主要表现为土地问题。原住民获取土地资源的机会和难度日益增大。殖民时代以来，不同时期的统治者一直掠夺原住民的土地。虽然 1927 年宪法强调村社集体分配土地，但随着人口增多，原住民村社人均土地面积持续减少，而土地私有化改革彻底摧毁了原住民获得土地的机会。与土地关联的自然资源问题也是如此。在市场化进程中，原住民对政府将土地与各种资源的开发权转卖给资本市场是不满的。在发展问题上，墨西哥原住民在经济和社会发展层面面临突出的问题。其中，贫困是墨西哥原住民经济社会发展中最为突出的问题，此外，墨西哥原住民还在教育、健康、社会保障、住房、基本服务和食品等方面面临较为突出的问题。墨西哥国家社会发展政策评估委员会的调查发现，93.9%的原住民被剥夺了其中至少一项权利，64.2%的原住民被剥夺了至少三项权利。此外，这一统计数据将绝对收入贫困和社会发展贫困的维度统一为多维贫困，70.9%的原住民属于多维贫困人口。正是基于这一状况，2010 年联合国开发计划署《墨西哥土著人民发展报告》认为，墨西哥的原住民处于极端的贫困、不平等和被排斥状态。在自治权利问题上，由于民主选举体制充斥着对原住民的排除，墨西哥原住民缺少国家事务的决策权、参与权，相应的自治权在市场化与资本的侵蚀下也没有得到保障。

"世界主要国家民族政策与基本经验研究"课题组

课题负责人：王延中

执笔人：张青仁

第六章
土耳其现代国家建构中的
库尔德人问题

　　土耳其共和国建国以来，在国家结构形式和制度层面都很难看出它的多民族国家本质。然而，土耳其共和国的确是一个以土耳其人为主体的多民族国家。关于土耳其的民族数目有多种说法，一说有 72.5 个民族，[①] 一说是不少于 47 个民族[②]。其中，库尔德人是土耳其第二大民族和第一大少数民族，也是中东地区第四大民族。土耳其的库尔德人口数在 1382 万人左右，约占土耳其总人口数的 18%（据 2012 年美国中央情报局推测），占库尔德人总数的一半。尽管多民族多宗教是土耳其国家的根本特征，但是土耳其政府只承认非穆斯林的宗教少数派为少数民族，犹太人、希腊东正教徒和亚美尼亚东正教徒是土耳其政府公开承认的 3 个少数群体。[③] 从土耳其共和国族群政策的这一侧面，不难看出，土耳其现代民族国家的构建是以单一制单

---

① Servet Mutlu, "Ethnic Kurds in Turkey: A Demographic Study", Int. J. Middle East Sud., 28 (1996), pp. 517–541。转引自唐志超《中东库尔德民族问题透视》，社会科学文献出版社，2013，第 50 页。

② Peter Alford Andrews, *Catalogue of Ethnie Groups*, *Ethnic Groups in the Republic of Turkey*, Wiesbaden: Dr, Ludwig Reichert Verlag, 1989, pp. 53–178.

③ 周少青、和红梅：《土耳其族群政策和立法的历史演变及其内在价值逻辑》，《贵州民族研究》2020 年第 11 期。

一民族国家为目标的。民族国家产生于近代的欧洲，单一制单一民族国家一直以来也是现代民族国家构建的理想模式。1923 年 10 月 29 日，土耳其共和国成立，民族国家成为共和国合法性的根基，这一事件在整个 20 世纪深刻影响了阿拉伯世界的政治运动和经济发展。同时，对中国的民主革命也产生了深刻的影响，当时研究土耳其民族解放运动和凯末尔主义的书籍文章纷纷出炉，鼓舞着中国的革命家尝试土耳其的民族独立之路。然而，就在土耳其建国一个多世纪之后的今天，反观土耳其民族国家的发展历程，学界普遍认为"土耳其虽然立国较早，且属于'第二波'民主化的国家，但其民族国家建设的任务远未完成"。① 中东国家在 19、20 世纪部分地采纳了世俗化政策，但未能产生真正的世俗社会。安德森强调 18 世纪的欧洲是民族主义的黎明，也是宗教性思维的黄昏，理性的世俗思维取代了宗教性思维。中东的问题在于，迎接民族主义黎明的同时未能够迎来宗教思维的没落，而是二者持续地互相作用和碰撞，② 这就是土耳其的现实。

在建国近一个世纪之后，土耳其民族国家建设非但没有完成，反而面临一个"尚无破解之法"③ 的"死结"——土耳其库尔德人问题。在阐述库尔德人历史时，其族源一直难以确定，但学界无一例外地都认同"库尔德是中东地区的一支古老民族"的说法。然而，从民族意识形成的角度来看，库尔德又是一个"新兴民族"④。究其原因，库尔德人执着于原初的认同，习惯于反对任何形式的国家。与库尔德人相反，土耳其人有着较为久远的国家传统，习惯于国家的管理。⑤ 由此可见，土耳其的库尔德问题产生的直接根源在国家的内部，是中央与外围之间文化差异及相互关系的问题。这也是

① 李秉忠：《土耳其民族国家建设和库尔德问题的演进》，社会科学文献出版社，2017，第60 页。
② 李秉忠：《土耳其民族国家建设和库尔德问题的演进》，社会科学文献出版社，2017，第29 页。
③ 李秉忠：《土耳其民族国家建设和库尔德问题的演进》，社会科学文献出版社，2017，第3 页。
④ "新兴民族"是指那些同时经历民主意识形成和民族运动两个并发过程的民族。
⑤ 李秉忠：《土耳其民族国家建设和库尔德问题的演进》，社会科学文献出版社，2017，第39 页。

作为跨界民族的库尔德人在不同国家表现出不同"状态"的原因。正如美国库尔德问题专家罗伯特·奥尔森（Robert Olson）所言：库尔德问题特别指代土耳其内部库尔德民族主义的挑战和伊拉克内部库尔德人国家的形成。① 除此之外，由于库尔德人居住区复杂的历史和地缘政治等因素，加之长期以来土耳其"向西"战略的影响，土耳其库尔德问题的"外部性"越发凸显。

总的来看，土耳其的民族问题集中体现为库尔德问题。按库尔德人自身、土耳其当局以及国际社会不同的视角，库尔德问题有着不同的定义：库尔德民族主义者将库尔德问题定性为库尔德人政治、文化、经济和社会权利被剥夺的问题；土耳其则将库尔德问题定性为对国家、社会稳定造成的威胁，甚至是恐怖主义，或者安纳托利亚东南部的欠发达问题；国际社会，尤其是欧盟，则将库尔德问题定性为库尔德人作为一个少数民族的相关权利被剥夺和库尔德人生活区欠发达的问题。② 三方视角也在很大程度上代表了影响土耳其库尔德问题产生和发展的三个面相，即库尔德人自身、土耳其国家和外部国际社会因素。本章将集中阐释土耳其库尔德问题产生的内部根源、库尔德问题的历史过程及其经验教训。

库尔德问题出现至今已经产生了"库尔德学"，在中东热点问题中仅次于"巴勒斯坦问题"。其中，土耳其库尔德问题的影响尤大。土耳其库尔德问题的根源在于，土耳其共和国在奥斯曼帝国多族群、多宗教遗产基础上所采取的强制性同化措施，损害了库尔德人的文化权利，向民主国家转变又过于仓促进一步激化了矛盾。③ 这一阐释把土耳其库尔德问题归因为土耳其在构建民族国家过程中强制性同化措施的失败，基本上得到了学界的公认。这应该只是问题的一个方面，如果进一步深究土耳其库尔德问题的根源，我们必须弄清楚两个事实：一是土耳其如何深陷欧洲"民族国

---

① 李秉忠：《土耳其民族国家建设和库尔德问题的演进》，社会科学文献出版社，2017，第2页。

② 李秉忠：《土耳其民族国家建设和库尔德问题的演进》，社会科学文献出版社，2017，第20页。

③ 李秉忠：《土耳其民族国家建设和库尔德问题的演进》，社会科学文献出版社，2017，第15页。

家"理念的泥淖；二是库尔德民族不能适应共和国国家管理和统治的内在历史文化因素。

第一节　土耳其民族问题的产生与土耳其民族国家的构建

至今，世界上已经经历了三波民族国家的发展浪潮，可以看到，人们对民族主义以及民族国家的讨论已经开始通过历史的经验来进行更为客观的阐释和反思。而在一百年前，在土耳其共和国建国时期，民族主义的意识形态以及民族国家的理念正在全球范围内传播和扩张。法国大革命之后，在一个很长的历史阶段内，欧洲的民族国家都是一种适合欧洲发展的制度安排。因此，谁要想在现代化的过程中不落后，就必须尽快地建立自己的民族国家。对此，列宁也认为：民族国家对于整个西欧，甚至对于整个文明世界，都是资本主义时期典型的正常的国家形式。[1] 在第一波西欧主要国家逐渐确立国民权利法案和完成民族国家建设之后，殖民体系随着一战结束而逐渐解体，一批从殖民体系下解放出来的民族纷纷以"民族国家"理念来建构现代国家。土耳其正是在这一浪潮下，从奥斯曼帝国直接脱胎而构建出的民族国家。

一　奥斯曼帝国时期的社会革新和民族主义的兴起

从一战之后凯末尔领导的民族革命以及共和国建国的视角来看，土耳其民族国家的确立似乎出自历史的偶然，甚至可以说是一蹴而就的。然而，事实并非如此，是奥斯曼帝国两百年左右漫长的社会改革构建了土耳其民族国家发轫的基础。一方面奥斯曼帝国横跨欧亚非，东西方文化对其都有着深刻的影响，其能够亲历欧洲国家的发展，欧洲意识形态也得以直接传播；另一方面，几乎与英国《权利法案》出台的同时，奥斯曼帝国随着苏莱曼大帝的离世迅速从辉煌走向衰落，帝国内外交困的社会现实促使社会变革势在必

---

[1]　周平：《现代国家基础性的社会政治机制——基于国族的分析视角》，《中国社会科学》2020 年第 3 期。

行。16 世纪末，与欧洲在政治、经济以及科学技术领域的飞跃发展相比，作为封建军事专政、具有伊斯兰教性质的君主神权的奥斯曼帝国，其内部阶级斗争、民族矛盾日益激化，农民起义和民族独立斗争风起云涌，社会内部危机四伏。帝国外部，奥斯曼帝国与奥地利哈布斯堡王朝、波兰、威尼斯以及俄罗斯等国存在长期的领土纠纷，为了和平解决领土纠纷问题，1699 年奥斯曼帝国与多个国家签订了《卡洛维茨停战协定》，将长期以来属于穆斯林的领土第一次永久性地转归欧洲基督教徒控制。尽管如此，贯穿整个 18 世纪的仍是帝国与俄罗斯屡战屡败的战争历程。这些都使奥斯曼人逐渐意识到，为了不使帝国沦为西方列强瓜分争夺的目标，为了恢复帝国昔日的地位与风采，必须实行社会改革。而近代以来，非西方社会无论是追求独立自主还是现代化，都无法摆脱西方的政治、经济、军事和思想文化的影响。[①]

在 18 世纪初，奥斯曼帝国向西方学习社会改革的历史进程，已经在小范围内悄悄地展开了。西方人才尤其是法国人络绎不绝地来到帝国首都伊斯坦布尔，有的属于官方交往，有的出自民间的经济交流，掌握大权的大维齐尔哈米德对西方人士和西方化的社会改革均持一种欢迎的态度。[②] 经过几代苏丹的努力，终于在马赫默德二世执政期间，帝国的社会改革逐渐深入，不仅组建了西式新型现代军队、向欧洲各国派出大批留学生，还创建了西方模式的政府部门。尽管这一时期的改革还只是停留在封建制度的表层，无法触及伊斯兰教法典和帝国的法令，其中一些改革措施也只取得了部分成功，但它奠定了"坦齐马特"时期社会改革的基础。"坦齐马特"在土耳其语中为"改革整顿"之意，这一时期（1839~1876 年）奥斯曼帝国颁布了历史上著名的《花厅御诏》，其相当于在遵守古兰经戒律和帝国法令的基础上补充的"新法令"，其中提出的"一切人不拘任何宗教信仰，在法律面前一律平等"，不仅具有浓厚的西方色彩，也打破了帝国的传统。"坦齐马特"时期，奥斯曼帝国在行政、财政、司法、教育等主要领域进行了全面改革，体现了

---

① 昝涛：《全球史视野下的土耳其革命和变革——以民族主义、独立革命与世俗化为例》，《社会科学战线》2019 年第 3 期。

② 黄维民：《中东国家通史（土耳其卷）》，商务印书馆，2002，第 116 页。

19 世纪 30 年代欧洲的一些法理精神。① "坦齐马特"改革在普法战争后，随着法国的败北而逐渐完成了它的历史使命。虽然对它的评价褒贬不一，但是它所倡导的新观念和制度，为之后奥斯曼帝国宪政时期，以及共和国时期的改革家指明了方向，即奥斯曼帝国如果要想继续立足于现代世界国家之林，除了实行具有西方色彩的社会改革，别无其他选择。② 社会改革虽然没能阻止帝国社会情况的继续恶化，但催生了 1876 年帝国第一部正式成文宪法，其再次强调了奥斯曼帝国全体臣民的平等地位。在公民自由方面、在所有法律权利方面、在担任政府公职方面以及在当选议员方面，均一视同仁。这部宪法最大限度地团结了帝国内的所有民众，同时也向欧洲列强表明了，帝国完全有能力自行改革，有能力处理自身的问题，并成为对付欧洲列强的有力武器。③ 这部宪法在帝国社会危机频仍、统治阶层腐败的现实面前很快被搁置了，却成为帝国未来民主化革新的一盏明灯。

至 19 世纪初，欧洲列强继续加紧对奥斯曼帝国的瓜分，此时的帝国也亟须采取立宪来结束腐败的专制政府。在境外成立的青年土耳其党，随着帝国内部青年军官们不断发起的兵变，做好了推翻帝国政权的准备。最终，1908 年奥斯曼帝国成立了第二个立宪政体，并由青年土耳其党人执政。这一时期，青年土耳其党分裂为两派，一派是自由派，主张某种程度的地方分权，并给予按宗教或种族划分的少数民族一些自治权利；另一派是民族派，主张中央集权和由奥斯曼人来控制一切。④ 经过激烈的争斗，民族派执掌了奥斯曼帝国第二宪政时期的政权，其所实行的专制和中央集权政策，决非仅限于帝国的基督教属民。无论是巴尔干还是亚洲诸省，以及帝国统治的其他地区，他们都执行着一种使一切奥斯曼化的政策，并企图把土耳其语强加于阿拉伯人、阿尔巴尼亚人以及其他非奥斯曼的穆斯林。青年土耳其党民族派的执政终止于 1918 年第一次世界大战结束。他们的专制统治引发了社会动

---

① 黄维民：《中东国家通史（土耳其卷）》，商务印书馆，2002，第 136 页。
② 黄维民：《中东国家通史（土耳其卷）》，商务印书馆，2002，第 140~141 页。
③ 黄维民：《中东国家通史（土耳其卷）》，商务印书馆，2002，第 146 页。
④ 黄维民：《中东国家通史（土耳其卷）》，商务印书馆，2002，第 157 页。

荡，但是面对当时的社会现实，他们的改革举措促进了社会进步，在制度、意识形态和社会发展等方面做出了巨大贡献，尤其是他们通过把西方的社会学理论确立为一种哲学，把它看作有关道德、社会、政治甚至宗教等问题上的准神权权威的一个来源，创立了土耳其民族主义的理论体系，为现代土耳其民族和土耳其共和国的诞生奠定了基础。①

二　土耳其共和国的建立及凯末尔的社会改革

一战后，作为战败国的奥斯曼帝国面临着被瓜分的命运。1920 年 5 月的《巴黎和约》和 8 月的《色佛尔条约》规定：奥斯曼帝国所有欧洲领土、除首都伊斯坦布尔周围的一小块外，都得割让。帝国海峡一律实行非军事化，向一切船只开放，并置于一个国际委员会的控制之下。帝国的重要城镇伊兹密尔交付希腊管理。独立的亚美尼亚和获得自治的库尔德斯坦出现在安纳托利亚的东部，仅留给奥斯曼帝国安纳托利亚的其余部分，也被指定为法国和意大利的经济势力范围。《巴黎和约》条款还规定恢复全部治外法权，并且奥斯曼帝国的一切财政均由协约国来控制。② 就在帝国签署《色佛尔条约》的同时，奥斯曼帝国的仁人志士也开始发起广泛的民族主义运动，其政治领导就是被称为"现代土耳其共和国之父"的穆斯塔法·凯末尔。促使民族解放运动高涨的主要原因是希腊军队在伊兹密尔强行登陆事件。希腊人的意图十分明显，就是想永久性地吞并安纳托利亚西部，恢复君士坦丁堡希腊东正教帝国过去的辉煌。对于奥斯曼人而言，割让遥远省份和首都被西方大国占领都是可以容忍的，毕竟西方大国是不可战胜的，他们的军队也迟早会退回西方。但是作为邻邦的希腊，帝国过去的一个附庸民族，突然冲进了帝国的心脏地带，是一种忍无可忍的耻辱。③ 凯末尔领导的民族解放运动由此爆发了。

凯末尔领导的民族解放运动于 1922 年 9 月在重新夺回重镇伊兹密尔的

① 参见黄维民《中东国家通史（土耳其卷）》，商务印书馆，2002，第 162~166 页。
② 黄维民：《中东国家通史（土耳其卷）》，商务印书馆，2002，第 167 页。
③ 黄维民：《中东国家通史（土耳其卷）》，商务印书馆，2002，第 169 页。

胜利中告捷。1922 年 11 月 20 日，在瑞士洛桑召开了和平会议，并于 1923 年 7 月 24 日签订了正式和约。和约确定了奥斯曼人对几乎包括今天整个土耳其共和国在内的全部领土所拥有的完全和不可分割的主权。至此，奥斯曼帝国的民族解放战争取得了最终胜利。民族解放战争胜利之后，摆在凯末尔及其拥护者面前有几种选择，可以乘胜长驱直入叙利亚和伊拉克，占领奥斯曼帝国失去的亚洲领土，恢复往昔奥斯曼帝国的辉煌；凯末尔本人也可以登上苏丹和哈里发的宝座，维持封建神权专制的统治。但是凯末尔最终选择了资产阶级民主改革，宣布放弃一切对外野心和一切形式的大奥斯曼主义、泛伊斯兰主义的意识形态，要实现土耳其民族主义，并下决心一劳永逸地结束奥斯曼帝国君主的政治权力。这一决心源自召开洛桑会议之前，协约国同时向安卡拉的民族主义政府和伊斯坦布尔的苏丹政府发出正式邀请。这种双重邀请，显示出西方列强的别有用心，也显示出国家权力分裂的前景，凯末尔由此下决心彻底废除苏丹制。

凯末尔的政治改革，首先是排除万难废除了苏丹制度。但是单单保留哈里发制，使得国家元首不明确，不论是在大国民议会里，还是在其他地方，许多民众都认为哈里发是合法的君主和国家元首。因此，凯末尔随即又废除了哈里发制。1923 年 8 月 9 日宣布共和人民党成立，凯末尔任主席，该党成为这一时期的唯一政党。同年 10 月，凯末尔宣布共和。政治改革之后，凯末尔开始了世俗化的社会改革，包括废除旧历采用西方历法和纪元、文字改革以拉丁字母代替阿拉伯字母、规定每一位土耳其公民都必须有自己的姓等措施。紧接着，凯末尔进行了一系列艰难的宗教和法律制度改革，成立隶属总理府的宗教事务局，并规定伊玛目、布道师、穆安津（宣礼人）等教职人员的任免一律由宗教事务局局长负责，将伊斯兰教置于政府的直接监控之下。然而，伊斯兰教作为国家宗教教权的性质仍然存在，并且影响着人们的社会关系、婚姻家庭和财产继承等方面。对此，凯末尔通过政府和议会进行了进一步的改革，取缔所有教团、关闭道堂并没收财产，禁止使用教长、教团教士、圣门后裔、教团首领等宗教头衔或称号及其服饰。此外，念咒、占卜、魔法、书写符咒、问卦等活动均被视为犯罪行为。经过一系列宗教改革，土耳其共和国最终将宗教同国家政权相分离。对于土耳其共和国的民族问题，共和国的第一部宪法第 88 条规定："凡土耳其公民，不分种族、宗教，皆称为土耳其人，法律地位一律平等。凡土耳其人，必须进土耳其学校，习土耳其语，不悖于土耳其的礼俗文化。"对境内的第一大少数民族库尔德人，则试图通过文化教育使其民族特征消失，融于土耳其人之中。政府强行关闭了库尔德人的学校，禁止使用库尔德语言，在所有的书籍出版物中消除"库尔德"和"库尔德斯坦"词句，把库尔德人称为"山里的土耳其人"，并将库尔德人每十人为一组迁往土耳其的各地区，使其处于 95% 的土耳其人的包围之中。① 此外，土耳其还进行了一系列文化教育和经济方面的改革。在全面改革的基础上，1937 年，凯末尔领导的共和人民党提出了六项总则，并写进了宪法，这六项原则指共和主义、民族主义、人民主义、国家主义、世俗主义和改革主义。其中，世俗主义成为其社会发展的一个重要原则。

三 土耳其民族主义的来源及世俗化的确立

土耳其民族主义具有很深刻的外来影响因素。就土耳其民族主义来说，它的思想、知识和资料来源，无一不是西方的。此外，土耳其的民族自觉也是从西方的东方学中找到思想原料的。土耳其的民族主义正是源于这两方面的因素。

奥斯曼帝国虽然存在了 600 年，但是它的辉煌仅限于前十位苏丹的统治时期，他们各个英武盖世，具有治国平天下的雄才大略，深得人民的敬仰和钦佩。这前十位苏丹平均在位 27 年，经济繁荣、社稷稳定，统治的年代较长，而这一支系其余的统治者都是养尊处优、平庸软弱、任性妄为、腐化堕落，其中有些人甚至相当无能，智力上还存在一定的缺陷。因此，奥斯曼帝国仅仅经历了前 200 多年的辉煌后就迅速地衰落了。② 与此同时，与土耳其毗邻的欧洲却在迅速地崛起，在思想文化、政治、经济、军事等各方面都体

---

① 黄维民：《中东国家通史（土耳其卷）》，商务印书馆，2002，第 212 页。
② 黄维民：《中东国家通史（土耳其卷）》，商务印书馆，2002，第 99~100 页。

现出优越性和先进性。奥斯曼人面对现实所产生的巨大心理落差可想而知。尤其是在经历了 17 世纪和 18 世纪对外战争的屡屡败绩之后，奥斯曼人在欧洲的种族主义论述中被视为低等民族，处于被歧视的地位。因此，土耳其的民族主义目的无非是希望对内提高土耳其人的民族自尊心、自信心和自豪感，对外提升土耳其民族的历史地位，能够与欧洲民族平起平坐，被接纳为"当代文明"世界的一员。① 这一普遍的民族心理造成了土耳其对西方民族主义理论的盲目崇拜和全盘接受。

土耳其的民族主义发轫于通过西方的"突厥学"来认识自我和界定自我。19 世纪末 20 世纪初的"突厥主义"是其民族主义构建过程的第一个阶段。"突厥学"是指来自俄罗斯、德国、匈牙利、丹麦、法国和英国等国的很多学者所从事的与古代突厥、匈奴和蒙古人有关的语言学、历史学及考古学研究。概略而言，东方学家们提出，"突厥"是一个很古老的概念，其散布于广大的领域，而且，突厥人还在不同历史时期创建了主导世界的国家和高级文明。对此，"泛突厥主义"思想的"祖师爷"——齐亚·格卡尔普（Ziya Gokalp）也承认，东方学家所说的突厥人并非在土耳其这块土地上生活的土耳其人，而是所谓古代东方的突厥人。② 尽管如此，土耳其人还是吸收了欧洲"突厥学"研究中对土耳其人有利的部分。由于这些东方学者的工作，一幅关于土耳其人在亚洲史和欧洲史上扮演重要角色的新图画出现了，并且为土耳其人在尚未接受伊斯兰教以前的一段模糊不清的历史找到了新的解释。③ 就此，土耳其早期民族主义者开始不断地在西方的"突厥学"中汲取"精华"，进一步通过西方人种理论的"科学性"来论证"突厥人"的白种人血统。其中，突厥语研究专家亚瑟·大卫对奥斯曼土耳其人和中亚的游牧突厥人进行了区分，大卫批判说，欧洲人（以及土耳其人）把讲突

---

① 昝涛：《全球史视野下的土耳其革命和变革——以民族主义、独立革命与世俗化为例》，《社会科学战线》2019 年第 3 期。
② 昝涛：《现代国家与民族建构：20 世纪前期土耳其民族主义研究》，生活·读书·新知三联书店，2011，第 89 页。
③ 昝涛：《现代国家与民族建构：20 世纪前期土耳其民族主义研究》，生活·读书·新知三联书店，2011，第 90 页。

厥语的人统称为"鞑靼人"（Tartar）是错误的，他说，正确的词应该是"突厥人"（Turk）。在他的书中，大卫把突厥人看作高加索人种的一支，不同于蒙古人种，说突厥人是一个伟大的种族，在不同的历史时期和不同的地方、不同的名下都做出了伟大的事业。① 此外，逃亡伊斯坦布尔的波兰人杰拉莱丁，在他的《古代与现代的土耳其人》一书中，力图证明土耳其人和欧洲人属同一个种族，都属于他所谓的"土鲁–雅利安"（Touro-Aryan）种，即所谓的"雅利安种的土兰系"。这样，对于奥斯曼土耳其人来说，向西方学习就不再意味着从一种文明转向另一种文明，而只是回归自身的源起。杰拉莱丁还认为，伊斯兰教破坏了土耳其人的文明，故土耳其人必须重新检视自身的伟大过去。杰拉莱丁写作此书就是要证明土耳其人是欧洲人，并尽量缩小土耳其人和欧洲人之间的差别。② 在这些突厥学的研究中，19 世纪初马赫默德二世的改革也得到了肯定。

在凯末尔时代，关于土耳其人的种族属性及人种划分是土耳其民族主义者所关注的一个重要问题。在当时的官方民族主义表述中，土耳其人及其"祖先"被肯定地说成白种人。③

实际上，对世界上的多数民族来说，他们的族源问题将永远得不到公认的解答，土耳其人尤其如此。但正是由于这种族源的模糊性，加之因种族融合而获得的与西方人日益接近的体质特征，受到西方种族主义意识形态影响的土耳其人在思考自身的种族归属问题时，也就不能不顾忌当时流行的人种等级观念。特别是对于主张全面学习西方的凯末尔党人来说，宣称土耳其人是白种人，是一种很自然的选择。不论是奥斯曼帝国末期的土耳其主义还是共和国时代的"土耳其史观"，他们所谓的民族历史大多是通过改编西方人有关突厥/土耳其的历史著述与近代突厥学、考古学、人类学、语言学上的

---

① 昝涛：《现代国家与民族建构：20 世纪前期土耳其民族主义研究》，生活·读书·新知三联书店，2011，第 91 页。

② 昝涛：《现代国家与民族建构：20 世纪前期土耳其民族主义研究》，生活·读书·新知三联书店，2011，第 92 页。

③ 昝涛：《现代国家与民族建构：20 世纪前期土耳其民族主义研究》，生活·读书·新知三联书店，2011，第 110 页。

各种假说来完成的。① 而在推行世俗主义，如将影响至深的伊斯兰教与土耳其人的种族属性相剥离的过程中，突厥学研究中的前伊斯兰突厥史就具有了决定性的意义，将世俗化建立在民族自觉和文化复兴/回归的基础上，就具备了合理的、有说服力的理论基础。

综上所述，土耳其民族主义的发展经历了两个重要的历史阶段，一是19世纪末20世纪初的"突厥主义"阶段；二是20世纪20~80年代的凯末尔主义阶段。尽管这两个阶段土耳其民族主义都是以西方理论为思想来源和论证依据的，但是不可否认的是，土耳其人的这种需要实际上还是以其头脑/意识已经被西方的普适主义哲学俘获为前提的。② 而在凯末尔主义阶段，凯末尔党人对西方思想和"学术成果"的接受已经更加主动，其目的非常明确，即为其推行世俗主义构建合理的"土耳其史观"，通过使用宪法权力和文化意识一硬一软双重手段把一个伊斯兰意识根深蒂固的以穆斯林为主体的国家构建成为一个世俗的现代化民族国家。从奥斯曼到共和，这种观念从少数知识界人士逐渐散布得更广更远，等到第一次采用"土耳其"和"土耳其人"作为这个共和国及其人民的正式称号时，就标志了这类概念的最后胜利。这种对于土耳其共性的感情的滋长，是和疏远伊斯兰教的习惯与传统转而倾向于欧洲的这一运动联系在一起的。开始的时候，这种运动只是推行各项纯实际性的短期改革措施，要达到的目的也是有限的，后来逐渐发展成为大规模的有意识的运动，为的是使全国都由一种文明领域进入另一种文明领域。③

第二节　土耳其民族问题的根源：现代国家
与部落社会的对峙

土耳其人和库尔德人的政治意识同他们对自身和世界的诸多观点，是在

---

① 昝涛：《现代国家与民族建构：20世纪前期土耳其民族主义研究》，生活·读书·新知三联书店，2011，第109~110页。
② 昝涛：《现代国家与民族建构：20世纪前期土耳其民族主义研究》，生活·读书·新知三联书店，2011，第110页。
③ 〔英〕伯德纳·刘易斯：《现代土耳其的兴起》，范中廉译，商务印书馆，1982，第9页。

历史长时间的演进中塑造和成熟的。① 库尔德民族最明显的民族特性是，除了生存所处的高山之外，拒绝完全信任任何盟友，这已成为库尔德人政治心理的重要组成部分。土耳其人也往往认为土耳其没有朋友，只能依靠自己。有学者指出，土耳其生存环境险恶，面临全方位挑战。土耳其和库尔德民族都充满了危机感，双方安全感的缺失，从心理层面阻碍了问题的解决。②

一　部落主义——库尔德社会的历史文化特征

作为中东地区最古老的民族之一，库尔德人的起源扑朔迷离。关于库尔德人的族源有多种说法，俄国东方学家弗拉迪米尔·明诺斯基在《伊斯兰教大百科》中认为现代库尔德人是多族裔混合通婚的结果，因此任何寻找独具特点的库尔德人的努力都属幻想。然而，情况远较此复杂。库尔德人也被认为是中东的伊朗人种，人数不等地居住于土耳其、什叶派的伊朗、阿拉伯和逊尼派的伊拉克，以及叙利亚北部和苏联的外高加索地区。他们的历史依附于其他民族的历史，无法构建独立的库尔德人历史，因为库尔德人受不同外部统治者影响的程度，远甚于其自身内部结构的影响。只有承认这一特点，方可理解库尔德部落之间的差异性。③

库尔德斯坦是库尔德人构成主要族裔的区域，面积大约为20万平方英里，大致相当于法国的领土面积。库尔德人在此生活了上千年，一方面他们拥有共享的历史，另一方面库尔德社会又具有异质性。"库尔德是一个多语言、多种族和多宗教的社会。"大部分库尔德人是进入和居住在该区域的不同于波斯印欧部落的后裔。④ 库尔德人生活的区域被称为部落区。库尔德人

---

① 李秉忠：《土耳其民族国家建设和库尔德问题的演进》，社会科学文献出版社，2017，第1页。

② 李秉忠：《土耳其民族国家建设和库尔德问题的演进》，社会科学文献出版社，2017，第3页。

③ 李秉忠：《土耳其民族国家建设和库尔德问题的演进》，社会科学文献出版社，2017，第5页。

④ 李秉忠：《土耳其民族国家建设和库尔德问题的演进》，社会科学文献出版社，2017，第10页。

生存的地理和政治环境使得部落主义成为库尔德历史文化的核心。库尔德斯坦崇山峻岭、互不相通的自然地貌，以及被挤压于奥斯曼帝国和波斯帝国两个帝国角逐地带，使得部落组织成为保障库尔德人利益最坚硬的外壳，单独的个体既无法保障自身和家庭的安全，也无力和周遭帝国讨价还价，因而归属于部落成为一种自然的选择，由此也导致库尔德人的最高忠诚往往止步于部落、部落首领或者宗教领袖。奥斯曼帝国和波斯帝国针对库尔德部落采取的分而治之策略，强化了库尔德斯坦的部落主义。①

库尔德部落是一个以继承和血缘为基础（真实的或推断的）的社会-政治体，同时也是一个地域（因此也是一个经济）单位。库尔德人的社会组织建立在分层的血缘基础之上，属于以男系血缘关系为基础的平等型部落，每个部落分为家庭、胞族、亚部落和部落四个层级，或者说部落体系应该包含这四层关系。这四层关系也是库尔德社会关系最为核心的部分，其他社会关系都是它们的附属物，无法超越前四层关系。库尔德学权威专家杰拉德·沙利昂和迈克道尔认为库尔德部落是领土较为固定的社会经济单位。真实的或者推定的血缘关系在库尔德部落形成过程中意义重大，即便是不同部落的库尔德人居住在一起，他们也从未形成一个新的部落。库尔德社会的这种分层血缘关系使得各个部落维持彼此的独立存在，既难以吞并对方也规避了被对方吞并的危险。事实上，不同库尔德部落之间的战争，其目的不是要吞并或控制对方，而是要维护各自部落的利益。②

库尔德部落不只是血缘关系的简单结合，对部落的忠诚才是最为重要的因素，这也是库尔德部落社会最大的特征或者最为核心的价值观，是部众对于部落首领无可置疑的忠诚。这种忠诚决定了库尔德人的复仇和结盟，也在很大程度上决定了库尔德人与外部世界的关系。每一个部落都与特定的领土相契合，将部落库尔德人与非部落库尔德人区分开来的不是游牧或者放牧，

---

① 李秉忠：《土耳其民族国家建设和库尔德问题的演进》，社会科学文献出版社，2017，第120页。
② 李秉忠：《土耳其民族国家建设和库尔德问题的演进》，社会科学文献出版社，2017，第121~122页。

而是部众对于部落怀有的热烈的忠诚感。无论在何种情况下，部众的第一忠诚都应指向部落首领，不管是否与政府的指令相符合。即使对于离开库尔德斯坦，前往城市的库尔德人来说亦是如此，他们仍有忠诚和服从部落首领的义务。这种对于部落首领的忠诚，也包含了对宗教首领的尊重。此外，推崇名誉是库尔德社会基本价值观的另一重要方面，在他们的价值观中，名誉的重要性排在生命和财产之前，部落文化中的荣誉更多指代的是部落的集体荣誉，或者是部落首领所代表的集体荣誉，而非个人的荣誉。杰拉德·沙利昂指出，在部落文化价值体系中，几乎不存在"我"这样一个概念，"我们部落"居于压倒性的优势地位。部落首领拥有执行权力，他的命令就是法律。① 库尔德人的部落作为一个组织结构存在，也是一个生产单位，代表了一种特定的生存方式。关于部落结构的重要性，侯赛因·塔希里（Hussein Tahiri）有极为精到的论述：库尔德历史一直有两个永恒的主题，库尔德部落首领之间为权力和至高地位而明争暗斗，库尔德部落被各个帝国和国家作为傀儡而利用。部落价值依然是现代库尔德政党的基础，难以想象没有吸收部落领袖的库尔德政党可以充满活力。库尔德社会内部的部落结构依然健全。忠诚于某人而非忠诚于民族事业依然是库尔德社会的主色调。② 由此可见，部落主义所固有的历史文化特征是最为根深蒂固的库尔德民族特性。

从库尔德人的这一民族特性出发，就不难理解，库尔德人为什么始终无法适应共和国的国家管理和统治了。部落是库尔德社会最主要的组织形式，部落的生活方式直接影响了它与中央的关系。库尔德斯坦直到 19 世纪实际仍处于"封建"状态，社会主要组织形式是部落，而部落主义似乎是民族主义意识形态出现最主要的障碍，甚至对宗教的拥抱也是部落主义的附属物。③ 关于部落的定义，学界并无统一的认识，然而很多学者还是同意，作

① 李秉忠：《土耳其民族国家建设和库尔德问题的演进》，社会科学文献出版社，2017，第125页。

② 李秉忠：《土耳其民族国家建设和库尔德问题的演进》，社会科学文献出版社，2017，第27~29页。

③ 李秉忠：《土耳其民族国家建设和库尔德问题的演进》，社会科学文献出版社，2017，第146页。

为一个集合体，部落社会拥有富阿德·胡瑞（Fuad Khuri）所讲的"文化内质"，主要是指一种典型的行为方式和价值体系，或者如坦博（Tappe）所称的"心理状态"。由于价值和信仰以抽象形式存在，因而与变化中的生态和社会条件相比，它们可能会有更为持久的存在。同样关于国家也没有理想型的形式，坦博认为，具备了一定的领土边界（无论如何模糊）、中央政府和异质的人口三个条件，就足以认定其为一个国家。但不可避免的是，这样一种构建过程最终产生的是一个新的群体和新的运动，他们保留了一定的部落特性，同时又受制于其他因素，包括阶级、族裔甚至民族主义。塞内姆·阿什兰指出，对于现代国家建构者而言，部落地区很可能成为"不服从中央的区域"，库尔德人的居住区就是土耳其的不服从区域。①

二　从部民到公民——土耳其与库尔德民族的对峙

库尔德的民族主义在奥斯曼帝国漫长的统治时期基本上保持着沉睡状态。其内在原因在于，在奥斯曼帝国时期，奥斯曼与库尔德实质上是一种盟友关系，因而库尔德人得以保持自我的部民认同和民族自尊。可以说，奥斯曼帝国的统治策略适应了奥斯曼帝国多民族多宗教的国家特性。对此，多纳德指出，奥斯曼帝国宽容的统治模式为世界提供了一个多宗教政治体共存的有效模式。这种统治模式归因于奥斯曼帝国对库尔德社会管控过程中无法摆脱的几个基本制约因素：第一，库尔德斯坦地势险恶，且处于重要的战略要冲位置，先有奥斯曼帝国与波斯萨法维王朝的争夺，之后又有新的外部势力的介入；第二，奥斯曼帝国过于辽阔的疆域与行政体系的不完善；第三，库尔德社会的部落结构，尤其是部民对于部落首领绝对的忠诚。诸多制约因素的限制，尤其是库尔德人名义上的服从，奥斯曼帝国对这种服从的需要，最终催生了帝国对库尔德人宽容的统治模式。②

---

① 李秉忠：《土耳其民族国家建设和库尔德问题的演进》，社会科学文献出版社，2017，第125页。

② 李秉忠：《土耳其民族国家建设和库尔德问题的演进》，社会科学文献出版社，2017，第145~146页。

　　奥斯曼帝国愿意在库尔德斯坦保持有限的主权存在，愿意借助部落首领来实现某种间接统治。安全的需要在这里远远重要于主权的需要，部分而实在的主权也远远重要于虚幻的完整的主权。帝国时期国家与社会的关系，尤其是与库尔德斯坦的关系更多的是谈判与合作的关系，是一种移动的关系。一方面，奥斯曼帝国的国家安全尤其是边境安全有赖于库尔德部落的合作；另一方面，帝国行政控制力的局限性和库尔德人的部落结构，很大程度上有利于库尔德特性的长期维持。正如玛丽亚·奥谢（Maria T. O'Shea）所指出的，库尔德特性的维持有赖于居所的边缘化位置，这种边缘化位置既指在帝国领土中的边缘位置，也指在帝国行政管理体系中的边缘位置。这种统治模式反过来又深刻作用于库尔德人的部落结构，库尔德部落就此争取到足够的生存空间。库尔德部落与帝国的互相作用影响了库尔德人生活的方方面面，也为库尔德部落结构打上了帝国统治的烙印。① 帝国初期，基本上以谈判的方式缔结的奥斯曼-库尔德联盟，使得库尔德人领土被纳入帝国疆域，库尔德部落首领则获得相当的自主权，库尔德人也一跃成为奥斯曼帝国和波斯萨法维王朝之间最重要的力量，对此库尔德人获利颇丰。而奥斯曼帝国与库尔德人的这种联系如同一种契约，这种契约规定下的双方关系一直维持到土耳其共和国的建立。② 其间，库尔德人在帝国各个不同统治时期始终保持了部落的历史传统和部民的身份认同。

　　试图打破库尔德这一历史文化传统以及身份认同的是凯末尔对土耳其民族国家的构建。土耳其民族国家构建是一个从传统帝国向现代共和国转变的根本性变革。奥斯曼主义强调土耳其人和库尔德人的平等地位，伊斯兰主义除了强化这一平等地位外，甚至还强化了苏丹与库尔德人之间的庇护关系。世俗主义导致穆斯林团结的基础被抽空，取而代之的凯末尔主义是立足于土耳其特性基础上的黏合剂，这种黏合剂远不如伊斯兰教那样奏效。其主要原

---

① 李秉忠：《土耳其民族国家建设和库尔德问题的演进》，社会科学文献出版社，2017，第129~130页。

② 李秉忠：《土耳其民族国家建设和库尔德问题的演进》，社会科学文献出版社，2017，第132页。

因是民族国家构建中对土耳其特性的提升，造成了对库尔德族裔的歧视。有学者指出：1919~1921 年，凯末尔与库尔德部落首领和大地主之间的友好程度远胜于部落首领与库尔德民族主义组织之间的关系。原因在于，库尔德人部落首领需要凯末尔政府将之前亚美尼亚人的土地分配给自己。而凯末尔也使用策略来达到说服库尔德人支持自己的目的。迟至 1923 年 1 月，凯末尔还曾提及库尔德人居住区可以自治。而在土耳其独立战争期间，凯末尔一直强调土耳其人和库尔德人是土耳其基本的组成部分，强调双方的兄弟情谊和共同的浴血奋战。共和国建立后，凯末尔则强调大国民议会代表了土耳其人和库尔德人共同的利益和命运，土耳其人的政府也是库尔德人的政府。但是库尔德人的自治问题被搁置了起来。1924 年宪法将公民权、公民和土耳其族裔性相提并论，库尔德人可以通过放弃自身的族裔性而成为土耳其公民，旧有族裔身份的存在成为威胁国家安全的暗器。1924 年的宪法根据土耳其特性来界定土耳其的公民身份，奠定了土耳其族裔性的基础。库尔德人如果希望获得平等待遇，则必须放弃其库尔德属性。①

凯末尔的政策是在强迫同化和破坏库尔德人文化的基础上建立新的民族。凯末尔主义威胁到库尔德人的身份和社会政治结构，双方具有相互竞争甚至完全对立的特点，并导致了激烈的冲突。公民身份与族裔身份之间存在非此即彼的竞争关系。构建民族国家的目标就是从多样的文化条件下创建一个同质的社会，创建一个国家民族，将各种文化融入主导文化之中，同时抛弃掉原有文化中导致文化不同的因素。凯末尔坚信，只有同化库尔德人方可建成土耳其民族。在这种意识形态的指导下，安卡拉政府开始采取一系列同化政策。新的共和国取名土耳其（Turkey）已表明，土耳其族裔公民将拥有更高的地位。推崇土耳其族裔属性，势必会对其他族裔构成被动歧视，受影响最大的就是库尔德民族。②

---

① 李秉忠：《土耳其民族国家建设和库尔德问题的演进》，社会科学文献出版社，2017，第182~183 页。

② 李秉忠：《土耳其民族国家建设和库尔德问题的演进》，社会科学文献出版社，2017，第184 页。

此外，共和国对于世俗主义的强调，割断了连接土耳其人与库尔德族群的另一纽带。1924 年 3 月 3 日，在废除哈里发的同时，所有库尔德人的学校、协会、出版物、宗教修道会和道堂遭到取缔。哈里发是土耳其人和库尔德人共同的最高效忠对象，也是两者之间的黏合剂。哈里发制度的废除真正意义上将库尔德人置于权力政治的边缘地位，结束了土耳其人与库尔德人象征意义上的平等，而且导致土耳其民族开始取代哈里发而成为库尔德人新的认同对象。奥斯曼帝国就性质而言更多的是一个穆斯林的共同体，库尔德人大多数是穆斯林，帝国时代的整体落后与库尔德人部落生活状态并没有形成巨大的反差，库尔德人无论是在意识形态上还是在生活方式上都远未产生格格不入之感。土耳其民族主义和世俗主义的强化、对非土耳其族裔穆斯林的族群利益的否认，突然唤醒了为苏丹、哈里发而战的库尔德人，为库尔德人自治而奋斗的民族主义者——他们发现库尔德人、库尔德语言和库尔德文化的存在都遭到了质疑。不仅如此，共和国中央集权化的政策，还触犯了库尔德部落，尤其是库尔德地主和宗教首领的利益。[①]

从部民到公民，对库尔德人而言，意味着文化和身份的危机。尽管，历史上库尔德部落不断地被各个帝国和国家作为傀儡而利用，但是，不得不说，土耳其共和国强制性的从部民到公民的同化政策，造成了库尔德人巨大的心理落差，这是他们无法接受的侮辱和背叛，最终形成了土耳其与库尔德永久的裂痕和一个世纪的对峙。

第三节　土耳其库尔德问题的历史过程和经验教训

土耳其库尔德地区俗称北库尔德斯坦，面积约占整个库尔德斯坦的 40%。与邻国相比，土耳其库尔德人的社会地位最为低下，土耳其库尔德人遭受到了最为系统的歧视，不仅库尔德民族身份不被承认，其语言、文化权

---

① 李秉忠：《土耳其民族国家建设和库尔德问题的演进》，社会科学文献出版社，2017，第 187 页。

利也被剥夺，其居住地区长期实行戒严和军事管制，经济也最为贫困。长期以来，土耳其政府一直将库尔德分裂问题归咎于东部经济不发达和社会文化落后等原因，认为库尔德问题主要是一个经济社会问题。但实际上，土耳其库尔德人面临的主要是民族权利被剥夺和受歧视的问题，是土耳其现有政治制度和意识形态不能满足土耳其库尔德人的政治、经济和文化需求的问题。经过长期的斗争，近年来土耳其政府逐步认识到库尔德问题已成为土耳其社会面临的最大问题，在继续严厉打击库尔德工人党分裂武装的同时，开始逐步解禁库尔德语和文化，并探寻通过政治和对话解决库尔德问题的出路。①

一 土耳其库尔德问题的历史过程

土耳其库尔德问题基本上与土耳其共和国历史等长，它的历史过程主要经历了四个阶段：共和人民党一党执政时期、动荡民主化时代、20 世纪 90 年代、埃尔多安政府时期。不同时期，库尔德问题表现出不同的状况和特点，其与土耳其政府对库尔德问题采取的策略、库尔德人的处境及各个时期地区及国际形势都密切相关。

共和人民党一党执政时期，主要指从 1923 年土耳其共和国成立到 1950 年共和人民党一党执政的结束。其间，1938 年 11 月"国父"凯末尔去世；1946 年土耳其开始实行多党制；1950 年民主党上台，共和人民党长期执政局面结束。这一时期库尔德问题的主要特点是，土耳其政府以凯末尔主义为指导思想，大力建设同质的土耳其民族国家，系统推行土耳其化政策，对库尔德人实行同化，同时严厉镇压库尔德反政府叛乱活动。1924~1938 年被称为库尔德人的"叛乱年代"。据统计，其间土耳其共爆发 18 次武装运动，其中 16 次为库尔德人发起。有重要影响的大规模库尔德反政府武装运动主要有 3 次：1925 年谢赫赛义德（Sheikh Said）武装运动、1927~1932 年亚拉腊山武装运动和 1936~1939 年德西姆武装运动。这一时期库尔德的反抗斗争在一定程度上显示了库尔德人对奥斯曼帝国及昔日生活的留恋，对新生社

---

① 唐志超：《中东库尔德民族问题透视》，社会科学文献出版社，2013，第 51~53 页。

会制度的不理解。其中，谢赫赛义德发动的武装运动很大程度上跟 1924 年凯末尔宣布废除哈里发制度有关。但总体上，土耳其独立初期库尔德武装运动在很大程度上带有反对中央控制、反对建立中央集权的性质。①

动荡民主化时代指 20 世纪 50 年代到 80 年代末期。这一时期的特征是：土耳其进入动荡的民主化时代，多党民主制为库尔德政治活动提供了一定空间，但土耳其政府对库尔德的政策和官方意识形态并未发生改变；老一辈库尔德部落或宗教领袖被受过高等教育、主要生活在城市的新一代库尔德青年的政治活动家所取代，后者成为库尔德民族运动的代表和领袖；库尔德人加入土耳其各种政府组织，融入民主化进程，通过和平手段开展民族运动、反映诉求；各种现代意义的库尔德政治组织纷纷出现，并深受社会主义以及苏联的影响，左翼组织占主流；前期，库尔德组织积极参与了土耳其国内政治暴力活动，但 20 世纪 80 年代后期转向武装反抗。1980 年 9 月 12 日，土耳其再次发生军事政变，政变后土耳其对库尔德人的系统镇压和同化政策实施达到了顶峰。军政权强调，库尔德地区已成为国家统一面临的特别威胁，对此需采取更加严厉的措施。而早在 1978 年，库尔德工人党（PKK，简称库工党）成立，旋即开展暗杀和破坏活动。这一时期，国际社会对土耳其库尔德问题的关注开始增多。

20 世纪 90 年代指包括 1991~2002 年全球与中东格局发生重大转折的时期。这一时期，苏联解体，东欧剧变，以分离主义为主要特征的全球民族主义出现新一波高潮。1990 年中东和平进程启动、1991 年海湾战争和 2001 年"9·11"事件使土耳其面临新的中东形势，库尔德问题日益凸显。为加快加入欧盟进程，土耳其推行了一系列改革，并对库尔德政策象征性微调，政府公开承认存在库尔德问题，对库尔德政党活动以及库尔德语的使用适度放松限制。同时，库工党武装活动进入新的活跃期，但 1999 年奥贾兰被捕使其遭到重大挫折。其间，土耳其库尔德问题面临的最严重冲击就是海湾战争。海湾战争造成了大量伊拉克库尔德难民涌到土耳其边境，厄扎尔总统不

---

① 唐志超：《中东库尔德民族问题透视》，社会科学文献出版社，2013，第 55~56 页。

得不宣布在伊拉克北部设置安全区。这意味着土耳其在伊拉克库尔德政策以及土耳其库尔德政策上开始转变态度，其长期坚持的反对分割伊拉克、维护地区现状的政策开始松动。短期内，土耳其在难民问题上获得了成功，但从此在伊拉克北部出现了一个库尔德人的"安全区"，给土耳其政治、外交和安全带来了诸多挑战。与此同时，海湾危机后以厄扎尔为首的土耳其领导层逐渐认识到区分土耳其库尔德问题和伊拉克库尔德问题的重要性，并开始修正传统的库尔德政策。1991 年 2 月，厄扎尔提出修改第 2932 号法，除广播、出版和教育系统外允许使用库尔德语。厄扎尔代表了土耳其激进的一派。但是随着同年 4 月他的去世，库尔德政策的调整又开始放缓。①

埃尔多安政府时期指从 2003 年至今，主要有四件大事对土耳其库尔德问题构成重大影响，即 2002 年正义与发展党（AKP，简称正发党）赢得大选、2003 年伊拉克战争爆发、2005 年欧盟启动与土耳其入盟谈判进程以及 2011 年爆发的"阿拉伯之春"。自正发党上台，新政府对库尔德问题加速反思，并采取了一些改善库尔德人处境、承认库尔德民族特性的重要行动，但在突破旧的理念和政策框架上并没有重大进展。与此同时，政府与库工党的武装冲突依旧。正发党于 2001 年 8 月宣布成立，2002 年 11 月，赢得议会 2/3 多数席位，实现单独执政。随后，该党又赢得 2007 年和 2011 年大选、2009 年地方选举，土耳其出现了自 20 世纪 60 年代以来罕见的稳定民选政府局面。在库尔德问题上，正发党积极调整政策，主要表现在四个方面：第一，该党开始将库尔德问题视为一个涉及政治、经济、社会以及安全等多方面因素的综合性问题，承认对库尔德人的歧视长期存在；第二，公开承认库尔德人和库尔德问题的存在，强调土耳其国家民族和文化的多元化，放弃已推行约 80 年的"土耳其化"政策；第三，在解决手段上，不再是简单的同化、反恐和一味军事解决，而是强调综合解决，提出要从根本上解决问题，如强调伊斯兰特性、扩大民主、加大经济发展力度，允许少数民族特性表

①　唐志超：《中东库尔德民族问题透视》，社会科学文献出版社，2013，第 76~79 页。

达；第四，对库工党软硬兼施，在继续打击的同时与之展开对话。①

总之，在土耳其的库尔德问题上，正发党目前有三个不可分割的重要手段：发展、民主和反恐。发展意味着对土耳其东南部的库尔德人聚居区进行经济、教育和文化方面的投资和开发，反恐则体现在政府坚决支持军方在伊拉克北部的军事行动，民主意味着落实库尔德人作为一个少数族群的各方面权利。在发展和反恐方面，正发党已经有所作为，并仍将大有作为；在民主方面，由于传统民族主义意识形态和现行体制的阻力，相对比较滞后。但从长期来看，发展问题解决后，政治方面的民主改革将不得不提上议事日程。特别是随着库尔德人教育水平的提高和文化意识的日益增强，以及库尔德政党的日益成熟与发展，以人权、文化权、政治权与认同等为主要内容的民主权利问题迟早都需要一个更为系统和全面的解决方案。在全球化时代，认同问题正取代传统政治意识形态而成为现代民族国家的一个新挑战。②

二　土耳其库尔德问题的经验教训

土耳其库尔德问题在近一个世纪的时间里没有找到可行的解决方案，其间，库尔德人的民族意识仍在不断增强，土耳其库尔德问题也越来越引起国际社会的关注，并且还严重地破坏了土耳其的国家和社会稳定，以及对外形象和国际关系。其根源，一是土耳其共和国所采用的西方单一民族国家的理念和制度在根本上无法适应奥斯曼帝国多民族多宗教国家的现代转型；二是库尔德人独特的部落主义意识与西方单一民族国家的理念无法相容。加之库尔德跨界民族的特性及血亲复仇的部民特质，都使得库尔德问题发展为多次的低度战争，给土耳其造成严重的内耗，并使得民族国家的构建之路遥遥无期。

首先，从现代库尔德问题产生的根源来看，西方民族国家理念不适应奥斯曼帝国以及转型后的土耳其共和国的实际国情、政治和历史文化传统。"一族一国"，即国家与民族的重叠现象在欧洲也不过是一种虚构。土耳其

---

① 唐志超：《中东库尔德民族问题透视》，社会科学文献出版社，2013，第86~87页。
② 昝涛：《被承认的问题》，《读书》2009年第2期。

的民族主义者从平和地、不带攻击性地渴望被西方接纳为当代文明世界一员的温和的"向西"理念，发展到凯末尔急于挽救民族危亡而构建集权政治，无疑是走到了一个极端。欲速则不达，最终的结果是在一百年的民族国家构建过程中遇到了前所未有的内部阻力。

其次，民族关系总是要经历一个长期的历史发展过程逐渐建立起来。奥斯曼帝国时期民族关系的现实是基于帝国行政制度能力的分而治之，对待非穆斯林和穆斯林族群的治理主要通过分教治之。虽然不强调穆斯林族群的族裔特性，但是，也不否认族裔的历史文化。不仅在哈里发制度下给予其平等地位，还以自治的政治制度给予其独立权甚至特权。因此，奥斯曼帝国的统治并非"多元一体"的格局，更近似于当代联邦制。然而，这种制度也是一柄双刃剑，在特定的历史条件下促成了多民族国家的统一，又在很大程度上容易造成国家的解体。而过于激进的民族主义往往易于形成国家解体的特定条件。

此外，在从奥斯曼帝国时期到土耳其解放战争的过程中，库尔德人始终同土耳其人为反对殖民主义、帝国主义侵略而并肩战斗，为国家做出了巨大的贡献。但是，区别在于，奥斯曼帝国时期库尔德人每次为国家做出贡献都能得到相应的回报，而土耳其民族主义者却采用了背叛的卑劣做法，不仅伤害了库尔德人的民族感情，同时也极大限度地剥夺了库尔德部落首领和贵族的切身利益。这些大大超出了库尔德部落主义所能容忍的底线。

总的来说，库尔德民族问题的主要经验教训是，在土耳其库尔德问题的整个历史发展过程中，其采取的族裔政策始终没有实质性的调整。土耳其共和国所实行的族裔政策既不符合其国家的历史文化传统，又不符合土耳其民族关系的发展要求；既不利于少数族群和民族地区的经济社会发展，又不利于各民族共同富裕和共同繁荣；更谈不上给予少数族群管理本民族事务的权利。与此同时，土耳其解决民族问题的传统思路是，一旦出现了离心倾向，国家的第一反应就是加强中央集权。但是，这种做法在过去并没有起到好的效果，就算暂时地压制住了这种离心倾向，也不可能一劳永逸地解决问题，只是在这个过程里重新积聚更大的矛盾，土耳其的库尔德问题就是如此。现在，土耳其政府换了个思路，想通过"民主化+发展+反恐"这一系列组合拳来解决库尔德问题，其间他们还实现了与库尔德工人党的谈判，库尔德工人党承诺停火，但最终效果如何，还需要进一步观察。①

　　土耳其库尔德问题并不是个案。多民族国家处理境内民族问题，特别是针对跨境民族问题时，往往受到本国与邻近区域的关系以及外部环境的多重影响。

　　回顾土耳其库尔德政策的演变，从中可以得到以下一些启发。一是多民族国家要正视民族问题的存在，而不能掩盖民族问题的现实情况。只有认真面对和处理，才能真正解决民族问题。二是每个国家的民族政策，都要从自身的历史传统和实际状况出发，不能简单照搬照抄国外的做法。既要总结吸收历史上一些行之有效的做法，又要保持民族政策的适时变化和开放性，确保民族政策符合时代的需要。借鉴境外、国外的理论政策是必要的，但绝不能盲目跟随他国的意识形态，照搬其理论政策。三是做好民族工作的关键是抓住民族问题的本质。民族问题看似非常复杂，其实有其内在的规律。民族与国家不完全是一回事，国家建构与民族整合需要慎重对待。每个民族往往都有自己独有的行为方式和价值体系构成的"文化特性"。国家建构要使各民族共同认同国家文化，但也要认识到不同民族之间"文化特性"或"心理状态"的差异性。国家建构政策与民族政策要保持一种平衡状态，在不违反国家建构原则的前提下，确立各民族的平等地位与平等权利。国家建构中的民族政策在发展一致性的同时，也要体现对少数民族文化特性和心理状态的尊重。四是实现发展和现代化是国家建构和各民族的共同目标。国家发展及现代化进程中的利益分享机制建设十分重要。经济发展水平的差异特别是收入分配差距在不同群体间的扩大，会导致民族问题与经济社会发展问题纠缠在一起，更加难以解决。促进各民族的共同发展进步和共享繁荣利益至关重要。

"世界主要国家民族政策与基本经验研究"课题组

课题负责人：王延中

执笔人：马艳

---

① 昝涛：《被承认的问题》，《读书》2009年第2期。

第七章
印度处理社群多元性议题的制度
及印度教民族主义主流化的影响

第一节　印度处理内部社群多元性议题的
基本进路和制度架构

印度 1947 年脱离英国殖民统治获得独立。独立的印度共和国的基本国情包括三大方面。

第一，文化的极端多样性。仅就宗教和语言这两个文化多样性的重要指标而言，在宗教方面，印度是四个世界性宗教的发源地：印度教、佛教、耆那教、锡克教。此外还存在伊斯兰教、基督教、袄教以及泛灵论等多种信仰。根据印度 2011 年的人口普查数据，印度人口中，79.80% 是印度教徒，14.23% 为穆斯林，2.30% 为基督徒，1.72% 为锡克教徒，0.70% 为佛教徒，0.37% 为耆那教徒。语言方面，被承认为官方语言的有 22 种，被百万以上人口作为母语使用的语言数量有 30 多种，被万人以上作为母语使用的有 120 多种。由于"语言"和"方言"定义的不同，目前统计中印度总的语言数量为 300~700 种。[①]

① 2001 年和 2011 年印度人口普查数据中，作为母语使用者百万人和万人以上的语言的统计数据，见印度内务部的人口普查官方网站：http：//www.censusindia.gov.in。（转下页注）

第二，政治统一的历史短暂，印度作为一个政治共同体的存在，是一件非常晚近的事。印度次大陆历史上的统一王朝存在的时间不长，多数时间邦国林立。印度当下的政治边界继承自英国殖民统治，而英国殖民统治也分直接统治的省和非直接统治的 560 多个土邦，以及自治部落地区。

第三，地区发展的极度不平衡和历史经验的差异；地方社会内部基于种姓、阶级的极大不平等；大众贫困，受教育程度低。

因此，印度建国之时，社群多元性议题的基本问题是如何将极其多元的文化和地区拢合于一个统一的国家，并协调群体利益、保障文化权利、促进社会公平。

从印度建国一直到 20 世纪 90 年代，主流政治的国族建构和国族整合进路被概括在"多样性中的统一"（Unity in Diversity）这一国族话语中：在包容多样性中达成统一。一个偏向中央集权的联邦制，在一个宗教信仰深厚的社会未对国族身份赋予特定宗教内容，试图与所有宗教保持平等距离的世俗主义，宪法对多元文化身份的承认，一定程度上的法律多元主义（不同宗教群体各有自己的属人法）——这些都是印度建国之初确立的包容多样性的基本制度框架。在印度，并没有一个像中国的"民族"一样具有政治和治理意义的统一范畴来水平划分组成国族的多元单位。对于多元构成，官方话语没有确立任何族性的概念和范畴。印度的多样性范畴和制度、政策依照不同的理据分为不同的层次，以针对不同的社会文化群体和问题。

一是对地区-语言身份的包容和制度保障：联邦结构之下多层次的政治自治权与地区-文化单位相叠合。印地语之外的大的语言社群都获得了自己的邦。邦的建立在 20 世纪 60 年代之后超越了语言原则，但基本仍在地区-文化单位的框架之内。

（接上页注①）使用者万人以下的语言统计数据：人类学调查局统计了 325 种，见 K. S. Singh, S. Manoharan, *People of India: Languages and Scripts*, Delhi: Oxford University Press, 1993, p. 11；独立调查机构"印度人民语言调查"（People's Linguistic Survey of India）统计了 780 种，见 Shiv Sahay Singh, "Language Survey Reveals Diversity", *The Hindu*, July 22, 2013, https://www.thehindu.com/news/national/language-survey-reveals-diversity/article4938865. ece。

二是以语言和宗教为依据划分的文化范畴和少数社群范畴及相关的文化权利。少数社群的界定有全国和邦两个范围，在全国范围内，由于最大的语言社群（以印地语为母语的社群）也不超过人口的一半，因此不存在多数和少数之分。全国范围内存在的是宗教少数社群：穆斯林、基督徒、锡克教徒、佛教徒、祆教徒（帕西人）、耆那教徒、泛灵论信仰者。这里的关键在于，由于独立运动中北部印度的穆斯林政治领袖与领导独立运动的印度国民大会党（Indian National Congress，简称国大党）渐行渐远，印度和巴基斯坦最终按照宗教分裂，致使独立后的印度要将宗教少数社群身份去政治化——在国大党主导的制宪会议上，穆斯林单独选区、穆斯林和锡克教徒在选举中保留席位的方案都被否定。宗教少数社群得到的是宗教文化自治权。

三是以弥补历史性不公、以社会平等为目的，旨在保护落后群体的保留名额制度。遭受传统种姓社会种种限制、排斥和歧视的贱民种姓，和处于传统种姓社会边缘、也受到排斥和歧视的部落，被宪法列在表中，因此被称为"表列种姓"和"表列部落"，他们在政治代表上拥有保留席位，在大学入学和政府部门工作中也拥有保留席位。在表列种姓和表列部落之外，还有大量阶序地位在贱民之上的种姓，因为教育和社会的落后，也获得了在公立高等教育机构学位和政府职位中一定比例的保留名额。他们被称为"其他落后阶级"。①

这三个层次的基本制度框架是印度将极其多元的文化和地区拢合在一个统一的国家之下并协调群体利益、保障文化权利、促进社会公平的重要举措。它们的一个突出特点是实用主义和问题取向、实践取向，不寻求定义具有内在一致性的概念，也不寻求系统设计，而对政治过程保持了开放。通过向政治过程开放，这些制度表现了相当大的弹性和包容性，但暴力也时常成为政治过程的一部分。无论如何，虽然经历了几种强弱不等的族群分离运动，宗教、种姓、族群的暴力冲突也时有发生，印度并没有像它独立之初一

---

① 参见吴晓黎《从印度的视角观照印度"民族问题"：官方范畴和制度框架的历史形成》，《民族研究》2019 年第 3 期。

些西方学者预测的那样四分五裂，仍然保持了国家统一和民主制度的基本稳定。

而印度政治环境最近 30 年的最重要变化，是印度教民族主义政治力量的崛起。它有自己特定版本的国族想象和建设方式，对原有的社群关系和社会生态造成了极大的冲击——这是本章考察的重点。

第二节　印度教民族主义政治力量的强势崛起及其愿景中的"印度教徒民族/国家"

从 20 世纪前半叶印度反英国殖民的民族主义运动到建国后的 90 年代初，印度的政治主流由国大党所代表。国大党一党独大的格局从建国持续到 1977 年。因为总理英迪拉·甘地此前实行了 21 个月的不得人心的"紧急状态"（悬置了民主选举和一些公民权利），国大党在 1977 年人民院选举中败给了新成立的人民党（Janata Party），后者由几部分意识形态取向并不相同但都反对英迪拉·甘地的政治力量联合而成，其中之一是成立于 1951 年、秉持印度教民族主义意识形态的政党印度人民同盟（Bharatiya Jana Sangh）。人民党由于内部分歧太大，只执政了三年就解散了，其中的印度人民同盟成员在 1980 年重组建立了印度人民党（Bharatiya Janata Party）（以下简称印人党）。印人党（及其前身印度人民同盟）作为一个以印度教民族主义为意识形态的政党，附属于历史更久、成立于 1925 年的国民志愿服务团（Bharatiya Svayamsevak Sangh），后者作为印度教民族主义政治的意识形态中枢，如今共有 30 多个附属组织，它们共同构成了"团家族"（Sangh Parivar），印人党即"团家族"的政治翼。1948 年甘地遇刺身亡之后，国民志愿服务团因为受牵连而被国大党政府查禁过一段时间（1948~1949 年），它建立的政党印度人民同盟也处于非常边缘的地位。而印度国内政治环境最近 30 年的最大变化，就是"团家族"代表的印度教民族主义右翼政治力量的强势崛起。其中的一个标志，是印人党的选举胜利：1984 年的人民院（印度国会下院）大选中，印人党只赢得两席，但在接下来的几年，"团家族"通过发起"罗摩诞生地"运动,① 为印人党在北部印度的印度教徒中赢得了政治支持。1996 年人民院大选中,印人党超越国大党成为国会第一大党,尽管第一次组阁只持续了 13 天,但他们在 1998 年大选中,领导政党联盟——全国民主联盟(National Democratic Alliance)——取得胜利,建立了中央政府。全国民主联盟政府是第一个完成了一个完整任期的非国大党中央政府。在接下来的两次人民院大选中,国大党再次回归,但 2014 年和 2019 年大选,见证了印人党前所未有的巨大胜利:两次都赢得了人民院过半席位,终结了人民院自 1989 年以来单一多数大党缺失的纪录。这也使印人党籍的总理莫迪,成为成功连任的第一位非国大党总理。而且,2019 年大选与 2014 年相比,印人党不仅增加了席位,总得票率也由 2014 年的 31.3%提升到 37.4%。与此同时,在 2019 年 2 月时,全国民主联盟执政的邦也增加到了 18 个(共 29 个邦)。印人党一党独大的局面已经形成,而老牌全国性政党国大党内部问题重重,组织涣散,其他反对印人党的政党也未能结成能在全国政治中统一行动的力量。与此同时,在社会组织方面,"团家族"的成员扩展迅速,学生组织和工会组织都成为同类别组织中人数最多的。

印度教民族主义政治力量的强势崛起给印度政治生态带来了深远的影响。就本章的关注而言,我们首先要理解,它代表着一种不同的国族建构理想和路径。

在印度的反殖民族主义运动中成为主流的,是甘地和尼赫鲁代表的世俗民族主义:它把印度统一的基础放在宽泛的地域-文化共同体之上,这个地域是全印度,文化是包含各宗教、语言的"复合的文化"。尼赫鲁(Jawaharlal Nehru,1889~1964 年)于 20 世纪 40 年代在英国人的监狱中写作《印度的发现》(Discovery of India),在外部显而易见的多样性之下,他发现了印度人在生活方式和生活态度,或者说心态和道德上的共同基底。他

---

① "团家族"的一些领导人声称,位于北方邦寺庙城镇阿逾陀耶(Ayodhya)的巴布里清真寺(Babri masjid)是莫卧尔王朝的一位贵族 1528 年在摧毁了一座古代罗摩(Ram)庙后建立的,他们称这座被毁的罗摩庙是罗摩真正的唯一的诞生地,从而在全印发起了一场恢复罗摩庙的运动,导致巴布里清真寺在 1992 年 12 月 6 日被国民志愿服务团成员摧毁。

后来概括为"多样性中的统一"，这成为独立的印度关于国族最流行的口号。

而"团家族"所主张的印度教民族主义版本，有其特定的名称，就是Hindutva——字面意思是"印度教徒特性"。发明这个词的是反殖自由斗士萨瓦卡尔（V. D. Savarkar，1883~1966 年），1924 年他出版了《印度教徒特性》一书，而他的思想被次年成立的国民志愿服务团奉为圭臬。国民志愿服务团迄今践行的印度教徒特性思想的核心，是把印度性与印度教画等号，认为自然构成印度国族的是印度教徒——严格地说是扩大意义上的印度教徒，即印度教加上起源于印度的其他几个本土宗教——佛教、耆那教、锡克教——的信徒，但其核心仍然是狭义的印度教徒。而穆斯林和基督徒被视为外来宗教的信徒，他们对于印度国族和国家的忠诚被认为不是天然的，因为他们的宗教圣地不在印度。"团家族"的印度教民族主义本质上是一种右翼文化民族主义，向外是宣扬印度教文化，但主要是向内的——向内制造他者，边缘化他者或强制同化他者，以此来凝聚被种姓、语言、地区等分裂的印度教社群，建设一个"印度教徒民族/国家"（Hindu rashtra）。

印人党执掌印度中央政权，并没有改变印度世俗国家的基本性质。就包容文化社群多样性的制度框架而言，印度教民族主义者认可地区-文化身份，认为对前者的忠诚与对国家、国族的忠诚不冲突，肯定语言多样性和语言邦的原则。印人党政府虽然希望推广印地语作为统一语言——这也是国大党政府早年未竟的事业——但面对异议时还是能从善如流。南印度，尤其是泰米尔纳德邦，有反对"强加印地语"的长久政治传统：2019 年印人党政府推出国民教育政策草案，其中印地语作为 8 年级以下必修课的条款，在泰米尔纳德邦主要政党的强烈反对下，也被撤掉了。① 实际上，泰米尔纳德邦有很多印地语学校，泰米尔人因为实用原因学习印地语的人在南印度是最多的——政党和民众反对的是"强加"。但宗教身份议题不同，这是印度教民

---

① Gaurav Vivek Bhatnagar, *National Education Policy Draft Amended to Address "Imposition" of Hindi*，https：//thewire. in/education/national-education-policy-amended-hindi.

族主义政治的核心关切。"团家族"的印度教民族主义政治有多项具体议程，结果都落在法律领域。本章将集中分析禁止屠牛和反改宗的法律产生的前因后果，因为这两个议题的影响深入社会肌理。

第三节　禁止屠牛法令

一　禁屠牛法令的历史渊源

牛在印度教文化中一直拥有特别地位。吠陀时期，母牛就在经济和宗教象征、仪式、神话中具有极为重要的地位，不过它并不是不可杀的。到了公元第一个千年中期时，印度教法论（Dharmasastras）已明确宣扬杀母牛的行为是罪。这里说的母牛，不包括母的水牛，而是旱牛（即中文惯称的"黄牛"）中印度本土的母瘤牛。瘤牛和水牛的这一区别源于二者在印度教传统中的象征地位不同。瘤牛联系着财富、知识等美好的事物，现代印度教仪式中，牛奶、凝乳、酥油、牛粪、牛尿混合而成的庞恰伽维亚（panchagavya，意即母牛的五种产品）具有重要的净化功能。而水牛则与死亡、疾病、恶魔相关。由于水牛的这种负面意义，水牛奶自然也不能用于宗教仪式。而在对一些令人害怕的、带来疾病的神或杀过以水牛形式出现的恶魔和凶怖女神［如迦梨（Kali）和杜尔迦（Durga）］的祭祀中，水牛倒是合适的献祭物。[①] 并不奇怪，印度历史上的护牛运动和围绕屠牛的种种争议，基本上只针对瘤牛（泛及旱牛，以下说到母牛、小牛、公牛、阉牛时，都指旱牛）——不排除当下的禁屠狂热在某些地方波及水牛。

当代印度禁止屠牛运动的直接源头，是19世纪的印度教改革运动。作为殖民现代性的一个后果，19世纪的印度出现了多个宗教的复兴运动和组织化运动，包括印度教、伊斯兰教、锡克教。这些组织化的活动都在促使各

---

① Robert Hoffpauir, "The Water Buffalo: India's Other Bovine", *Anthropos*, Bd. 77, H. 1./2., 1982, p. 227.

自的成员形成他们是一个宗教共同体的意识。其中的改革派有一些共同主张：纯化内部，廓清边界。圣社（Arya Samaj）是印度教改革派中激进的一元论者，主张纯化印度教，回到吠陀，反对偶像崇拜。反讽的是，它高扬母牛崇拜，尽管母牛的不可侵犯是一个后吠陀的观念。然而圣社正是在这一点上取得了最大的成功：它发起的护牛运动（1882～1893 年）成为这一时期传播得最广的宗教运动，覆盖了北部印度的许多地区。原因之一在于，印度教包含了多元的神话、信仰和仪式实践，为印度教大众所普遍接受的正统很少，其中只有护牛议题具有强调宗教边界、最广泛地动员印度教徒的潜力。圣社的护牛运动，不同取向的印度教组织都能认同，包括与它处在意识形态光谱最远端的正统派。[1] 当护牛社从为年老的失去使用价值的牛建立庇护所（Gaushala）的慈善行动，发展到用武力胁迫、社会制裁等方式让穆斯林屠夫放弃屠牛的时候，群体性暴力事件开始发生，最终在 1893 年引发北部印度多地的宗教社群骚乱。如英国女王敏锐地指出的，这些骚乱实际上是针对英国统治的，因为英国人为供应驻军屠宰的牛远多于穆斯林屠宰的，[2] 但它即刻的暴力对象，仍然是穆斯林。这也是 19 世纪晚期北部印度宗教共同体的身份边界变得硬化和政治化的标志性事件之一。在反英国殖民统治的自治运动中，频繁出现的护牛议题是民族动员的一部分——不少国大党领导人都曾向大众许诺，自治运动成功后，自治政府要做的第一件事就是用法律禁止屠宰母牛和它的后代。[3] 护牛议题也在北部印度成为印度教徒和穆斯林之间骚乱的一个重要导火索。它的双重作用十分明显：在团结印度教徒的同时，加深了与穆斯林的对立。

　　在 1946 年底至 1949 年运行的确定独立印度国体政体的制宪会议，由国大党占据绝对支配地位。是否要法律禁屠牛的矛盾，首先发生在作为自由主

---

[1] Sandria B. Freitag, "Sacred Symbol as Mobilizing Ideology: The North Indian Search for a 'Hindu' Community", *Comparative Studies in Society and History*, 1980, 22（4）, pp. 597 - 625.

[2] *Report of the Mission on Cattle*, *Chapter I: Introduction*（1. Background-35）.

[3] *Report of the Mission on Cattle*, *Chapter I: Introduction*（1. Background-39）.

义者的尼赫鲁和国大党中的印度教传统主义者（Hindu traditionalists）[1] 之间，后者主张强化印度教文化和印度教多数群体在国家中的地位。而在尼赫鲁看来，让禁屠牛条款进入宪法，就是赋予了印度教特殊地位，让现代印度国家沾染上印度教国家的色彩。

自反殖民族主义运动以来，那些倡导法律禁屠的人的理由都是双重的：宗教情感和经济理性。经济理性的话语，始于圣社的护牛运动。理性是 19 世纪在殖民现代性背景下展开的宗教改革运动的基石。因此，圣社的护牛运动，在强调牛在印度神话中神圣地位的同时，还强调实用理性：考虑"牛奶的饮食和医药用途"，以及通过保存大量的阉牛以降低一直在升高的役牛的价格。[2] 最后一点，是地区性的经济考虑，也就是宏观层次的经济理性。

然而甘地是公开宣称的正统印度教徒和母牛崇拜者，当代护牛运动必然引用的权威，很早就指出了个体经济理性的作用："如果成为土地上的负担，牛是救不了的"，这个问题解决了，穆斯林才可能"自愿，或考虑到印度教徒兄弟的情感，不为了牛肉或别的而宰牛"。[3] 甘地的观点，在制宪会议期间成立的"旱牛保护与发展委员会"（1947～1948 年）中得到了回响，不过只是少部分人：他们认为不应该用法律强制禁屠，认为停止宰牛的动力只能来自内心，只有人们确信整个事情是经济的之后才会自愿停止。[4] 甘地以及这少部分人，都考虑到了屠牛议题上个体经济理性的关键作用。无论哪个宗教社群的农民，都不会无端屠宰自己家产奶、劳作的牛。但当牛失去了用途，农民就要考虑继续喂养的可行性。

印度教徒又如何呢？即便印度教徒对母牛抱有特殊的宗教情感，不会自

---

[1] Bruce Graham, "The Congress and Hindu Nationalism", in D. A. Low (ed.), *The Indian National Congress*, New Delhi: Oxford University Press, 1988, p. 174.

[2] Ian Copland, Ian Mabbett, Asim Roy, Kate Brittlebank and Adam Bowles, *A History of State and Religion in India*, Oxon: Routledge, 2012, p. 190.

[3] *Report of the National Commission on Cattle*, Chapter Ⅱ (9. Gandhiji's view on the cow); M. A. Khan, *Gandhian Approach to Communal Harmony*, New Delhi: Ajanta Publications, 1986, pp. 52-62.

[4] *Report of the National Commission on Cattle*, Chapter Ⅱ (16. Findings of earlier committees and commissions).

已宰杀，但把失去了产奶能力的母牛（以及老弱病残的其他牛）卖给屠夫，也是寻常做法。圣社在旁遮普农村发起护牛运动时，以逐出种姓、社会抵制、罚款等方式，强迫卖了母牛给屠夫的印度教徒把母牛赎回，① 这从反面说明了护牛运动的意识形态性与农民在日常生活中行为方式的反差——印度教农民的选择，是调和宗教情感与经济理性的结果。同样的结果，还反映在母牛与公牛的比例上。由于在农村经济中公牛比母牛更有用，农民便用饿死母牛犊这种看似"自然死亡"的方式调节母牛和公牛数量，以至于现在即使在北方邦这样的印度教传统中心地带，母牛数量相比公牛也少得多。② 而全面禁屠对农民的影响——这种影响是跨越宗教社群的——在不那么富裕的地区更为突出。

但是，在制宪会议辩论的过程中，印巴分治伴随着大规模的宗教社群暴力。在这样的背景下，国大党中的传统主义者的声音得到了加强。作为少数派，尼赫鲁最终妥协。禁屠进入印度宪法的第 48 条："农业和畜牧业的组织。各邦应该努力按照现代和科学原则组织农业和畜牧业，尤其要有步骤地保护和改进品种，禁止屠宰母牛（cows）、小牛和其他产奶和役使的旱牛（cattle）。"而传统主义者的妥协是把这条放在了《宪法》第四部分——"国家政策的指导原则"。也就是说，它不具有强制性，是否立法、如何立法，决定权在于各邦议会。独立后印度的多数邦都通过了宽严不一的禁屠牛法案：多数邦无条件地禁止屠宰母牛和小牛，可以有条件地屠宰公牛和阉牛；北印、西印一些邦禁屠所有旱牛；在西孟加拉和阿萨姆邦母牛也可以有条件地屠宰。而除阿萨姆外的东北部七邦，以及特里普拉，就没有制订任何禁止屠牛的法令或规定。南印的喀拉拉邦没有邦一级的禁屠法令，只是在潘查雅特自治政府一级，屠宰牛需要办屠宰证。

宪法第 48 条的措辞"各邦应该努力按照现代和科学原则组织农业和畜

① Sandria B. Freitag, "Sacred Symbol as Mobilizing Ideology: The North Indian Search for a 'Hindu' Community", *Comparative Studies in Society and History*, 1980, 22 (4), p. 610.

② K. N. Raj, "India's Sacred Cattle: Theories and Empirical Findings", *Economic and Political Weekly*, Vol. 6, No. 13, March 27, 1971, p. 721.

牧业，尤其要有步骤地保护和改进品种，禁止屠宰母牛（cows）、小牛和其他产奶和役使的旱牛（cattle）"，从字面上，我们看不到宗教，只看到宏观经济的"理性"："按照现代和科学原则组织农业和畜牧业"是这一条的总目的；而禁止屠宰与"保护和改进品种"之间的关系，与"现代和科学原则"之间的关系，在字面上被表达为逻辑顺延，其实是有待论证的。

就宪法第48条的宏观经济理性而言，从独立之前开始，已经有人关注到相对于旱牛的数量，饲料短缺的问题。[1] 食品和农业部的一个专家委员会在1955年的一份调查报告中指出，现有饲料只够维持现有旱牛数量的40%。[2] 畜牧业部门长期面临着饲料短缺问题，2013~2014年的缺口是35%~57%。[3] 这里面，关键原因便是由于印度教的屠牛禁忌，印度有大量失去了用途的旱牛存在。在冗余的牛一事上，存在争论的只是冗余程度和空间分布的问题。[4] 20世纪70年代及其后出现了不少从农村经济和发展角度对印度牛的经济的经验研究，成为共识的是宗教和法律限制造成大量多余的瘤牛存在，对改善品种、对经济和土地生态的影响都是负面的。

二 禁令的升级

国民志愿服务团是在全国全面禁止屠牛的坚定倡导者。1953年，国民志愿服务团的第二任团长戈尔瓦卡尔（M. S. Golwalkar 1906~1973年）组织了一次禁止屠牛的大众签名活动，征集了1700万个签名。在印度教民族主义者之外，要求改变部分禁屠的现状，全国统一全面禁止屠牛的，还有保守的印度教宗教人士、印度教传统主义者以及某些甘地派团体。[5] 1966年，德

---

[1] K. N. Raj, "India's Sacred Cattle: Theories and Empirical Findings", *Economic and Political Weekly*, Vol. 6, No. 13, March 27, 1971, p. 719.

[2] *Report of the National Commision on Cattle*, Chapter I: *Introduction-views of the chairman*.

[3] Jyoti Puwani, "Maharashtra's Beef Ban", *Economic and Political Weekly*, Vol. 50, No. 11, March 17, 2015, p. 18.

[4] A. K. Chakravarti, "The Questions of Surplus Cattle in India: A Spatial View", *Geografiska Annaler. Series B, Human Geography*, 1985, 67 (2), pp. 121-130.

[5] 如被称为"甘地的精神继承人"的维诺巴·巴夫（Vinoba Bhave, 1895~1982年）及其追随者团体。

里曾有大规模、组织化的街头游行要求更严格禁屠，并发生示威者与警察之间的暴力冲突和伤亡事件，但当时的英迪拉·甘地政府没有妥协。① 20 世纪 90 年代以来随着印人党的崛起和势力扩展，这一议题重新凸显。在印人党 2014 年 5 月赢得全国大选、单独主政带来的政治气候变化中，2015 年 3 月初，马哈拉施特拉邦 1976 年禁屠牛法案的修正案，在悬置了近 20 年后获得了总统批准而生效。新的法案将无条件禁止屠宰的范围从母牛及小牛扩大到公牛和阉牛，同时禁止为了屠宰而将其运输到别邦，禁止任何人在该邦持有上述牛的牛肉，无论是在该邦屠宰的还是在别邦屠宰的。② 3 月中旬，在已经全面禁止屠牛、禁止运输到别邦屠宰并禁售牛肉和牛肉制品的哈里亚纳邦，邦议会一致通过了一个新的修正案，对相关的各项罪名加大惩罚力度。③

如果说在哈里亚纳，新法案基本上只具有象征意义，在马哈拉施特拉邦的孟买，全面禁屠牛令的生效即刻导致了大量原来从事旱牛屠宰、运输、贸易、服务、餐饮等行业的穆斯林失业，引发他们静坐、游行抗议；④ 英文媒体和网络上也有人和民间组织站出来发声批评。⑤ 当然，这些抗议和批评并不能阻止法律的通过和生效。印人党统治的古吉拉特邦在 2017 年 3 月修订原来的禁屠牛法令，将屠牛的刑罚从最高徒刑 10 年提升为终身监禁，成为

① Christophe Jaffrelot, *The Hindu Nationalist Movement and Indian Politics*, *1925 to the 1990s*, New Delhi: Penguin books, 1999, pp. 204-209.

② "Beef banned in Maharashtra after President Mukherjee passes Maharashtra Animal Preservation (Amendment) Bill 1995", *India Today*, March 3, 2015, http://indiatoday.intoday.in/education/story/beef-banned-in-maharashtra-under-the-maharashtra-animal-preservation-amendment-bill-1995/1/422045.html; 法案修改内容的英文版见 http://bombayhighcourt.nic.in/libweb/acts/Stateact/2015acts/2015.05.PDF。

③ "Haryana clears bill banning cow slaughter", *The Indian Express*, http://indianexpress.com/article/india/india-others/stringent-cow-protection-law-passed-in-haryana/.

④ "Unemployment and attempted suicide stories from a massive rally against Maharashtra's beef ban", http://scroll.in/article/716033/Unemployment-and-attempted-suicide:-stories-from-a-massive-rally-against-Maharashtra's-beef-ban.

⑤ 如 Jyoti Punwani, "Maharashtra Beef Ban", *Economic and Political Weekly*, March 14, 2015; "CPDR Statement on Maharashtra Cow Slaughter Ban", http://kafila.org/2015/03/29/cpdr-statement-on-maharashtra-cow-slaughter-ban/。

印度惩罚屠牛最严厉的邦。① 卡纳塔卡邦在印人党上台后，内阁也于 2020 年 12 月修订禁屠法，加大了惩罚力度，把以往的有限禁屠变成了全面禁止屠宰旱牛（水牛肉尚在可食用之列）。在修订法案未在上院（联邦院）通过的情况下，印人党政府以行政命令（Ordinance）的形式再次颁布。②

　　印度邦一级的禁屠牛法案，从有限禁止屠宰旱牛到全面禁止屠宰旱牛，两个重要的节点是 1958 年和 2005 年。印度独立初宪法刚生效时，中央政府指示各邦政府，不要全面禁止屠牛，因为从刚屠宰的牛身上剥下的牛皮在出口市场上比从自然死亡的牛身上剥下的牛皮价格更高，全面禁止屠牛有损出口贸易和国家皮革工业的利益。③ 1955 年，北方邦首先通过了禁屠牛法令。尽管这是邦根据宪法第 48 条拥有的立法自由，尼赫鲁仍然表达了自己的遗憾，称这个决定是"错误的一步"。④ 然后是最高法院对经济理性予以维护，这在其关于禁屠令的判例中得到体现：当邦通过的禁屠法案在法庭上受到挑战，最高法院当根据宪法第 48 条做出裁决。在 1958 年的比哈尔邦政府一案的判决中，最高法院对涉及比哈尔邦、北方邦、中央邦的三个禁屠法令的禁屠范围做出判定，实际上确立了两个标准：其一，对于禁止屠宰失去了产奶能力的母牛，法官们给不出合理的辩论，只能强调这是宪法第 48 条明确规定了的——我们理解，宪法条款未曾明言的正是宗教理由；其二，对于其他的牛，禁屠的范围在于具有（或潜在地具有）产奶和役使的能力，全面禁屠因此不被允许，因为饲料有限，维持无用的牛是对有限资源的浪费。在这

---

① Parimal A. Dabhi, "Gujarat amends law to bring in life sentence for cow slaughter", *The Indian Express*, https://indianexpress.com/article/india/gujarat-assembly-amends-law-to-bring-in-life-sentence-for-cow-slaughter-4594239/.

② Venkatesha Babu, "Karnataka cabinet passes ordinance to ban cow slaughter in state", Hindustan Times, https://www.hindustantimes.com/india-news/karnataka-cabinet-passes-ordinance-to-ban-cow-slaughter-in-state/story-JiY4mdaxsDxdZTtauoddxO.html.

③ *Report of the National Commission on Cattle*, Chapter I: Introduction.

④ 转引自 D. E. Smith, *India as a Secular State*, Princeton: Princeton University Press, 1963, p. 487。

里，"合理""符合一般公众利益"就成为明言的准则。①

　　然而在 2005 年，在前述判例作为相似案例可援引的先例 40 多年后，在有关古吉拉特邦禁止屠牛修正案的案例中，印度最高法院判定这一变有限禁屠为全面禁屠的修正案符合宪法。做出这一判决的多数派法官清楚他们违背了 1958 年的前例，他们的理由是，新的科学和农学发展改变了 1958 年案例的事实基础，即，旱牛即便年老了，不能产奶或役使，仍然具有多种用途。法官援引的依据，是《全国旱牛调查团报告》中的相关论述。②

　　这份报告缘起于 2001 年印度教教派上师中传承最悠久、最有威望的商羯罗上师（Sankaracharya）之一在访问喀拉拉邦时看到母牛被屠宰，公开宣称若政府不为解决这一问题做出行动，他将绝食至死。在他的绝食日开始前，2001 年 8 月 2 日，印人党主导的中央政府宣布成立了调查团，就禁屠问题做出调查并给出建议。17 人的调查团，主席是一位甘地主义者和历史学家，副主席-执行主席是前首席法官，其余都是社会工作者、护牛运动的中坚，包括一位来自泰米尔纳杜的穆斯林女士。他们的共同点在于，都是"虔诚的母牛崇拜者"。③ 报告的倾向性因此是明显的，其在结论中推荐在全国范围内全面禁止屠宰旱牛，建议修宪以达成这一目的。④ 报告延续了禁屠的宗教-文化和经济理性的双重论述。在论述旱牛的经济作用时，报告在申述传统的对农业经济的贡献之外，引入了"牛粪牛尿革命"和有机农业的概念，强调牛粪、牛尿对有机农业的重要性（尽管牛粪、牛尿作为肥料的用途并不是新的）；强调牛粪、牛尿具有多样的使用价值，包括重要的医药价值。因此，旱牛即使失去了生产用途，仍在制造有用的牛粪、牛尿。⑤ 问题是，如果牛粪、牛尿的利用价值超过了喂养牛的成本，农民基于经济理

---

① "Mohd. Hanif Quareshi & Others vs. the State of Bihar", 1958AIR 731, 1959 SCR 629, http://indiankanoon.org/doc/93885/.

② "State of Gujarat vs. Mizrapur Moti Kureshi Kasaab Jamat & Others", 2008 S. C. C. 534, http://indiankanoon.org/doc/101278772/.

③ *Report of the National Commission on Cattle*, *Preface*.

④ *Report of the National Commission on Cattle*, *Chapter Ⅷ: Recommendations of the Commission*.

⑤ *Report of the National Commission on Cattle*, *Chapter Ⅴ, Part I. By-products of cattle*.

性，自然会选择保留，也用不着法律强制。因此，生态和经济理由只是作为符合现代性的合法化话语而存在，而法律禁屠的主导原因，还是基于宗教-政治的考虑。

《全国旱牛调查团报告》综合体现了全面禁屠派的观点。报告把母牛视为印度教文化的最高体现：印度教文化的独特性在于其"不像其他国家的物质主义文化"，它是"一个神圣的文化"；其主要特征为"非暴力和对整个宇宙福利的关切"；母牛，作为宇宙之母，体现了"非暴力、怜悯、对一切生命的母性关爱、宽容、感激和仁慈"。[1] 全面禁屠派援引甘地的著名言论"印度教的核心事实就是母牛保护"，[2] 然而甘地与法律禁屠派的差异被后者有意识地忽略：甘地从不认可用强制性手段来禁止屠牛。

该报告指出，制定全面禁屠的全国性共同法律，是为了"确立共同的行为规范，导向共同的文化"。[3] 尽管在不少邦举行过听证会的调查团对于各地的多样性不是没有了解，禁屠牛法案在印度各邦的不同制定和实施状况，正是地区文化包括政治文化多样性的反映——与印度主体具有明显种族、文化差异的东北部诸邦，以及南印喀拉拉邦，都是禁屠牛法的坚决抵制者；很多邦也只是有限禁屠。整体来说，禁屠牛令在过去也并未严格执行。

莫迪政府上台之后，有过在全国加强禁令的尝试，那就是 2017 年 5 月 23 日，联邦环境、森林和气候变化部出台的《防止残忍对待动物（牲畜市场管理）条例，2017》[*Prevention of Cruelty to Animals (Regulation of Livestock Markets) Rules, 2017*]，规定在全国范围内，潜在的买家和卖家要保证在牲畜市场上交易的牛（包括旱牛和水牛）不会被屠宰。这意味着，不允许买家买了牛运输到允许屠宰的邦进行屠宰。这一条例在印度东北部和南印引起很大争议和反对。继泰米尔纳德邦的高等法院停止该条例的执行之后，印度

---

① *Report of the National Commission on Cattle*, Chapter I: Introduction.

② *Report of the National Commission on Cattle*, Chapter II (9. Gandhiji's view on the cow).

③ *Report of the National Commission on Cattle*, Chapter I: Introduction.

最高法院命令联邦环境、森林和气候变化部复审和修订该条例，包括在清单中去掉水牛，在修订通过之前，在全国范围内暂停条例的执行。①

三　禁屠牛令升级的社会影响

禁屠牛令的升级，不仅影响到很多人的生计，实际上还超出了母牛保护的正统信条，进一步地向全社会下达禁食牛肉令——正如马哈拉施特拉和哈里亚纳的禁屠令所显示的。而牛肉（beef，水牛肉则被非正式地称为 buff）在印度作为更便宜的动物蛋白来源——比羊肉、鸡肉、水牛肉都更便宜，不仅是穆斯林、基督徒等宗教少数社群的食品，也是四瓦尔纳之外的下层种姓、部落民的传统食品，其营养价值对贫穷家庭尤为重要。而在牛肉食品非常流行的当代喀拉拉邦，消费者也包括一些上层种姓。

最高法院在禁屠议题上改变先例判决，体现了大环境中政治氛围的变化。在当代印度教民族主义的实际操作中，宗教、文化、意识形态与历史阐释都被放在民族/反民族的二元对立光谱之下。在这个意义上，母牛保护是他们的民族议题。它既是印度教民族主义政党在选举动员中可资利用的诉诸印度教徒宗教情感的议题之一（当然这并非它的专利），也是其文化政治的长远目标。而印度教民族主义者的真正问题，正是他们的文化民族主义中对民族文化的一元阐释和强制追求。无论是尼赫鲁还是甘地，都不认为印度教文化独占了印度民族文化的地位，也不认为存在可以一元阐释的印度教。尼赫鲁所追求的复合国家/世俗国家，尽管有所妥协，仍然确立在 1950 年印度宪法中，体现了历史中延续印度社会与文明的重要价值：多元包容。而全面禁屠派和印度教民族主义者，无论是为了确立一个共同的文化还是印度教民族的象征，都是无视印度社会与文化的多元性而强制性地追求一律。

这种为了意识形态目的对禁屠的强制性追求和宣传，所造成的后果之一，是某些地区的印度教徒在此议题上的极端强势态度：不惜以暴力、以剥

---

① Nitin Sethi, "Rules that banned sale of cattle for slaughter in open markets will be revised- but not immediately", https：//scroll. in/article/841626/rules－that－banned－sale－of－cattle－for－slaughter-in-open-markets-will-be-revised-but-not-immediately.

夺人生命的方式来惩罚屠牛者。其中被媒体广为报道的一个事件是 2015 年
9 月 28 日，在离德里不远的北方邦达德利（Dadri）村，因为死牛骸骨和家
藏牛肉的传言，村里的一对穆斯林父子被村民围殴，父亲被活活打死。[1] 在
北印，走私偷运牛的传言通常是暴力抗议和宗教社群关系紧张的导火索，而
选举前多有此类传言。2013 年，在哈里亚纳邦某地，甚至政府护送流浪牛
前往牛庇护所的车队也遭到自命的护牛者的攻击：护送人员被打，牛被释
放。极化的氛围使这些地方的一些穆斯林家庭逃离了家园。[2] 在北部印度的
城镇和乡村，有很多自命的护牛者结成团队巡逻，穆斯林（或前贱民）因
为被指控屠牛或吃牛肉而受到护牛者群体攻击或处以私刑的事件很多。据报
道，2015~2020 年，在全印度范围内，这类暴力事件至少发生了 115 起，造
成 46 人死亡、146 人受伤。[3]

第四节　围绕改宗的法律和运动

一　改宗与限制改宗法的缘起和社会效果

在印度，个人或群体改变宗教信仰成为一个被社会精英和政治权力关注
的问题，起源于英国殖民的 19 世纪。它的背景，是宗教身份边界的硬化和
政治化。印度人的宗教身份意识有一个历史形成过程：13 世纪开始，来自
中亚、信仰伊斯兰教的群体在北印建立起一系列政权；14 世纪中期之后，
"Hindu"（印度教徒）才逐渐成为一个具有宗教意义的自称，区别于信仰伊

---

① "Air Force Personnel's Father Killed by Mob Near Delhi Over Beef Rumors", http://
www.ndtv.com/india-news/man-killed-by-mob-near-delhi-over-beef-rumours-1224514.

② T. K. Rajalakshmi, "Burden of a Ban", *Frontline*, http://www.frontline.in/the-nation/
burden-of-a-ban/article7048394.ece.

③ Meher Pandey, Srinivasan Jain, " 'Cow Vigilantes Were At Risk', Karnataka Minister's Shocker
On New Bill", https://www.ndtv.com/karnataka-news/karnataka-cow-slaughter-law-
karnataka-minister-cn-ashwath-narayan-defends-beef-ban-law-says-cow-vigilantes-were-at-
risk-2337092.

斯兰教的穆斯林。但是，宗教归属作为身份认同之一，直到英国殖民统治早期，仍然是"折中而模糊的，情感性多于意识形态性"。① 其后的意识形态化和政治化，与英国统治带来的殖民现代性密不可分。英国统治与同样是信仰不同宗教的外族人莫卧尔人统治的差异，不仅在于英国人的认同并不在印度，更重要的是它是现代的。英国人带来理性、科学、历史进步、民族等现代观念，包括地图绘制、人口普查等现代治理手段。在自 19 世纪中期开始的人口普查中，宗教成为首要的人口分类范畴并与人口数量相联系，形成了多数社群（majority）、少数社群（minority）这一对在印度日后政治发展中极为重要的概念。印度教徒属于多数社群，而穆斯林是最大的宗教少数社群。② 英国殖民时期宗教作为首要的人群分类范畴的确立，还体现在法律上：英国殖民者确立了世俗的统一的刑法和程序法，但没有确立统一的民法规则；规范婚姻、家庭、财产、继承等方面的属人法（personal law），是各个宗教社群的习俗法，它们得到国家正式承认，运用于法庭。在政治方面，当英国统治者在压力之下逐渐允许印度人参与政治治理结构，将印度本土议员引入邦级立法机构的时候，政治代表席位的数量也是按照宗教社群来分配的。因此，宗教不仅是一个印度人甫一出生即从家庭继承得来的先赋身份，这个身份同时还具有法律和政治意义。印度独立之后，政治代表不再按宗教社群划分名额，但各宗教社群仍然各有自己的属人法。

　　改宗成为问题的另一个背景，是 19 世纪基督教传教活动在印度的兴盛和群体改宗。基督教在印度的传播非常早，南印度喀拉拉邦就留下了号称传自耶稣十二使徒之一托马斯的古老基督教社群。16 世纪之后，西欧到印度

---

① Ian Copland, Ian Mabbett, Asim Roy, Kate Brittlebank and Adam Bowles, *A History of State and Religion in India*, Oxon: Routledge, 2012, p. 185. 另参见苏迪普塔·卡维拉吉对前现代身份的一般性特征的论述：相比可计数的、边界确定的现代社群身份，它们是模糊、渐变而没有清晰边界的。参见 Sudipta Kaviraj, "Religion, Politics and Modernity", in Upendra Baxi and Bhikhu Parekh (ed.), *Crisis and Change in Contemporary India*, New Delhi: Sage Publications, pp. 295–316。

② 根据 1941 年的印度人口普查数据计算，印度教徒占总人口的 65.86%，穆斯林占总人口的 24.08%。人口普查数据见 https://dspace.gipe.ac.in/xmlui/handle/10973/37344? show = full。

航线的开辟，带来了各种天主教修会的传教士，英国清教团体的海外传教活动则兴起于大英帝国日益扩张的 19 世纪 90 年代。最初改信基督教的，多是上层种姓印度教徒，但从 18 世纪开始，在南印，许多下层种姓和村落群体集体改宗基督教，这一现象在 19 世纪 30 年代之后传到北印的各个英印省以及一部分土邦。① 印度的英国殖民当局虽然秉持宗教中立政策而不直接支持传教士的事业——最初是为了贸易，后来是为了英国统治——但在给印度社会带来以基督教文明为底色的教育和改革（尤其是针对印度教宗教习俗的批评和改革）这个使命上，殖民官员和传教士是有共识的。② 基督教传教士最主要的活动形式是开办学校和医院，与殖民政府开办的公立学校主要吸引上层种姓学生不同，传教士的学校向印度社会被排斥的群体——贱民（在当代印度，他们采纳的具有自我政治意识的名称是"达利特"，意为畸零人、被压迫者）、部落民——开放。

19 世纪后期到 20 世纪前期，改宗基督教的问题越来越引起一些印度教上层种姓的关切，被视为一种威胁：是对印度教宗教-文化实践的威胁，也是对印度教徒作为多数社群在人口数量上的威胁。基督教还与英国殖民统治联系在一起，成为印度教民族主义的对立面，像圣社这样的印度教改革组织，很大程度上就是受基督教传教活动和英国殖民统治的刺激而建立的。③ 印度独立之后，虽然基督教与英国殖民统治脱钩，但改宗作为对印度教徒多数社群主体地位的威胁叙事一直延续。

19 世纪三四十年代，印度有十多个土邦通过了限制改宗的宗教自由法

---

① Susan Billington Harper, *In the Shadow of the Mahatma: Bishop V. S. Azariah and the Travails of Christianity in British India*, Grand Rapids, MI: William B. Eerdmans, 2000, pp. 81-82; Laura Dudley Jenkins, *Religious Freedom and Mass Conversion in India*, Philadelphia: University of Pennsylvania Press, 2019, p. 239.

② van der Veer, P., *Imperial Encounters: Religion and Modernity in India and Britain*, Princeton, NJ: Princeton University Press, 2001, pp. 41-43.

③ 对这一问题的论述很多，例如 P. van der Veer, *Imperial Encounters: Religion and Modernity in India and Britain*, Princeton, NJ: Princeton University Press, 2001; S. Sarkar, "Hindutva and the Question of Conversions", in K. N. Panikkar (ed.), *The Concerned Indian's Guide to Communalism*, New Delhi: Viking Penguin, 1999, pp. 73-106。

案，印度教的王室家庭推出这些法案的目的是"面对英国基督教传教士，保护印度教宗教身份"。① 我们可以看看更具体的情形。

殖民时代第一部限制改宗的法案是北印度的莱噶尔（Raigarh）土邦1936年通过的《1936莱噶尔改宗法案》（*1936 Raigarh Conversion Act*），法案要求一个人改宗前，向指定官员提交申请。② 这里的关键涉及部落土地问题和传教士在其中扮演的角色问题。简单地说，该土邦所在的乔塔那噶普尔（Chotanagapur）高原是一个部落集中地区，部落民所租种的原属王公的土地，在殖民的东印度公司的土地改革法之后，落到外来的印度教上层种姓地主手上，他们驱逐佃户，出卖土地，使佃户权利受到严重的侵害。而在该地区活动的传教士，帮部落民在法庭上同印度教地主打土地权利官司，许多部落群体也因此从部落信仰改宗基督教。不仅是在土地官司上提供法律援助，传教士还帮助部落建立各种自助组织，这成为乔塔那噶普尔地区部落寻求自治权的政治运动的组织根源——单独的邦贾坎德邦（Jharkhand）最终于2000年成立。③ 莱噶尔土邦通过限制改宗的法律的原因，是土邦统治者对公共秩序（印度教地主同传教士和部落民的冲突）和殖民外来影响的担忧。④ 在此，限制改宗的原因既是宗教的，更是政治的。

在1946~1949年的制宪会议上，有关宗教议题的一个争论点就是改宗问题。一些印度教徒代表希望将禁止改宗写入宪法，但由于基督教代表和组织的激烈反对而没有成功。⑤ 关于宗教自由，宪法仅从正面界定为"自由地宣称信仰、实践和传播宗教的权利"（第25条），但要服从"公共秩序、道德

① Tariq Ahmad, "State Anti-conversion Laws in India", The Law Library of Congress, Global Legal Research Centre, 2018, https：//www. loc. gov/law/help/anti－conversion－laws/india－anti－conversion-laws. pdf, p. 2.

② Sanjoy Ghose, "Unsustainable Laws", *The Lawyers Collective* (2001), http：//lawyerscollective. org/lc_ mag/freedownloads/magazine2001/January%202001/usus_ stein_ able_ law s. htm.

③ Goldie Osuri, *Religious Freedom in India：Soverignty and（anti）conversion*, New York：Routledge, 2013, pp. 24-28.

④ Laura Dudley Jenkins, "Legal Limits on Religious Conversion in India", *Law and Contemporary Problems*, Spring, 2008, 7！（2）, p. 114.

⑤ James Chiriyankandath, "Constitutional Predilections", *Seminar*, 1999（484）, http：//www. india-seminar. com/cd8899/cd_ frame8899. html.

和健康"要求和其他的基本权利条款（第 25 条第 1 款）。印度独立后，国会曾经试图引入过几个限制改宗的议案：1954 年的《印度改宗（规范与登记）议案》、1960 年的《落后社群（宗教保护）议案》（该议案明确提出限制印度教徒改信非印度宗教，包括伊斯兰教、基督教、犹太教和袄教）、1979 年的《宗教自由议案》。这些议案都因没能在国会获得多数支持而流产。① 印人党 2014 年执政中央之后，莫迪政府有计划要在国会通过反改宗法，但法律部表示不可行，因为按照宪法，这一法律完全属于邦的立法范围。②

20 世纪 60 年代，奥里萨邦和中央邦最先通过了自己的限制改宗法案——改宗问题在这些地方引起的关切具有连续性。印度独立之后，中央邦——莱噶尔土邦在印度独立后成为中央邦的一个县，2000 年成为贾坎德邦的一部分——组织了以尼约基博士为主席的一个调查团，调查莱噶尔和其他类似地区的基督教传教活动和改宗问题。1956 年该调查团提交了报告，批评传教士活动，申明调查团出于公共秩序、社会和文化连贯性、国家安全的关切，建议限制改宗。③ 1968 年，中央邦实施法律，禁止使用了"强力、引诱或其他欺骗方式"的改宗，并要求改宗者在一定期限内向县行政长官报告，否则将面临一年刑期或罚款。④

印度独立后最早通过限制改宗的宗教自由法案的奥里萨邦（1967 年）和中央邦（1968 年），其宗教自由法案都受到了司法挑战并被上诉至最高法庭。最高法庭在 1977 年的判决中，支持了两个法案，认为基于"公共秩序"考虑而限制宗教自由没有违背宪法关于宗教自由的条款。更进一步的，

---

① Tariq Ahmad, "State Anti-conversion Laws in India", The Law Library of Congress, Global Legal Research Centre, 2018, https://www.loc.gov/law/help/anti-conversion-laws/india-anti-conversion-laws.pdf, p. 2.

② "National anti-conversion law not tenable: Law Ministry", *Deccan Herald*, https://www.deccanherald.com/content/471944/national-anti-conversion-law-not.html.

③ "Report of the Christian Missionary Activities Enquiry Committee 1956", reprinted in *Vindicated by Time: The Niyogi Committee Report on Christian Missionary Activities*, http://www.voiceofdharma.com/books/ncr/.

④ Sanjoy Ghose, "Unsustainable Laws", *The Lawyers Collective* (2001), http://lawyerscollective.org/lc_mag/freedownloads/magazine2001/January%202001/usus_stein_able_laws.htm.

最高法庭将宪法关于宗教自由的条款中"宣传"（propagate）宗教的权利，解释为一个人"传播"（transmit）自己的宗教的权利，而区别于有意使一个人改宗（convert）到自己所信仰的宗教的权利，法庭认为后一种做法侵犯了作为宗教自由一部分的"良心的自由"。[①] 之后，陆续有其他邦通过了相似的法案，迄今为止，印度 28 个邦中有 10 个邦通过了限制改宗的宗教自由法案（其中拉贾斯坦邦的法案尚未走完程序）。

回顾印度现有的宗教自由法案，除了奥里萨邦（1967 年）、中央邦（1968 年），其余 7 个邦的法案都是在 2000 年之后通过的。[②] 新颁布反改宗法令的，除了喜马偕尔邦是国大党执政，其他都是印人党主导的邦。而且，就像禁止屠牛法令一样，在 21 世纪之前，基本上没有人因为违反宗教自由法令而被逮捕、判刑。但是，21 世纪之后，不仅新颁布的法令变得更加严苛——例如事后报告变成事前报告、刑罚升级——而且许多邦出现了法令下的逮捕案例，甚至判刑。[③]

印度各邦的宗教自由法案，共通内容是禁止非自愿的改宗，非自愿具体表现为改宗过程涉及如下手段："强力"（force）、"引诱"（allurement，inducement）和"欺骗"（fraud）。问题是，法案关于"强力、引诱和欺骗"的界定是模糊而宽泛的，包括给予任何物质利益。实际上，提供教育、医疗援助和慈善活动，是许多宗教机构的常规行为。正因为合法与非法的界限模糊，难以确定，一旦社会环境对宗教少数产生敌意，限制改宗法很容易被滥用。即便改宗者自我陈述是出于自愿，也往往不被法庭采信，尤其是涉及群体改宗而被改宗者是下层种姓、部落民或女性的时候。[④] 实际上，根据这些

---

① Rev. Stanislaus v. State of Madhya Pradesh and Orissa, A. I. R. 1977 S. C. 908.

② 不计伪阿鲁那恰尔邦。

③ Tariq Ahmad, "State Anti-conversion Laws in India", The Law Library of Congress, Global Legal Research Centre, 2018, https：//www. loc. gov/law/help/anti－conversion－laws/india－anti-conversion-laws. pdf, p. 22.

④ 例如 2002 年莱噶尔县法庭因为 22 人改宗基督教，而对两名教士和一名修女以"强制改宗"他人而判刑的案例：Kumar Mishra, "22 Convert to Christianity", *Times of India*, August 22, 2002, https：//timesofindia. indiatimes. com/india/22－convert－to－christianity/articleshow/197989 72. cms。

法律，如果改宗者是女性、未成年人、表列种姓和表列部落，引导他们改宗的人会面临更严厉的刑罚。这里的预设是女性、表列种姓和表列部落就像未成年人，不是完全的主体，是需要保护、容易受到操纵的弱势群体，他们无法做出自主的决断。法庭不采信他们的陈述，也出于同一预设。另外，案例统计和经验研究表明，在那些有限制改宗的宗教自由法案的邦，由于创造了一种私刑的文化环境，更可能出现对基督徒的暴力迫害。①

二 再改宗的"回家"运动

限制改宗的宗教自由法案通常将改宗定义为"抛弃一个宗教，采纳另一个宗教"。在拉贾斯坦邦的议案（尚未走完法律程序而正式生效）、恰蒂斯加尔邦的修正法案（尚未走完法律程序而正式生效）中，界定改宗时都排除了将一个人重新改回父辈宗教信仰的情形纳入法律限制范围。② 但即使其他邦的法案没有明确排除，也没有影响到印度教民族主义组织发起的再改宗运动——将基督徒和穆斯林带回印度教家庭，名之为"回家"（ghar wapsi）。这里的预设是历史上他们的父辈都是从印度教改宗的，尽管印度教社会在 20 世纪上半叶之前的漫长时间里，并不把贱民和部落民看作"印度教徒"，而印度的基督徒和穆斯林社群有不少是从这两个群体改宗的。将其他信仰的人改宗到印度教，被默认不在限制改宗法律的覆盖范围内。

印度教传统中没有改宗的概念，一个人是否为印度教徒是由出生和种姓社会结构决定的。自 19 世纪末，印度教的激进改革主义组织圣社，为了应对基督教传教士的改宗活动，将原用于使被污染的高种姓回归种姓社会的"净化"（shuddhi）仪式，挪用到基督徒和穆斯林身上，后者通过这样的净化仪式而能回归印度教徒身份。圣社的净化运动最成功的案例，是从那些游

① Nilay Saiya, Stuti Manchanda, "Anti-conversion laws and violent Chritian pescution in States of India: A quantitative analysis", *Ethnicities*, 2019, pp. 1–21.

② 参见 Tariq Ahmad, "State Anti-conversion Laws in India", The Law Library of Congress, Global Legal Research Centre, 2018, https://www.loc.gov/law/help/anti-conversion-laws/india-anti-conversion-laws.pdf。引文有所修改，不计伪阿鲁那恰尔邦。

离在印度教和伊斯兰教边界上的群体例如拉吉普特穆斯林中取得的：拉吉普特作为部落和高种姓，跨越印度教和伊斯兰教边界保持了自己的种姓身份和习俗，因而拉吉普特穆斯林更容易转化为拉吉普特印度教徒。[①]

　　印度独立之后，直接继承圣社事业的是国民志愿服务团的附属组织世界印度教大会（Vishva Hindu Parishad）。1964 年成立的世界印度教大会，宗旨就在于维护印度教的伦理、宗教文化实践以及遏制基督教和伊斯兰教在印度的扩张。世界印度教大会在 20 世纪 70 年代，主要是着力于将拉吉普特穆斯林改宗回印度教。1981 年，南印的泰米尔纳德邦约有 4000 名达利特分批次集体改宗伊斯兰教，以逃避种姓压迫。而他们的集体改宗在一些印度教徒中引发的是脆弱感和国际伊斯兰势力要将印度达利特改宗、将印度穆斯林人口翻倍等夸张的阴谋论。[②] 作为对此次事件的回应，世界印度教大会加强了印度教的再改宗活动。这一活动简化了仪式，不再使用"净化"之名，而称之为"改变正法""传播正法"等，其中最为流行的是"回家"。世界印度教大会宣称自己在 1981～1982 年，就将 8279 名基督徒和 13921 名穆斯林改宗回了印度教。[③]

　　"回家"运动长久以来的重点对象，一是部落民，二是处于社会经济下层的基督徒或穆斯林。对于这两个群体，提供或允诺福利是"回家"运动的重要一面，而孤立、威胁则是运动的另一面。20 世纪 90 年代以来，印人党的崛起，给反改宗和"回家"运动提供了政治后盾。世界印度教大会和它的青年组织猴王团（Bajrong Dal）在部落和城市地区都加速了他们的行动，猴王团充当社会文化警察，监督和警惕任何改宗的苗头。在古吉拉特邦、中央邦和奥里萨邦，他们的运动伴随着对基督教教堂、传教士和修女的

---

① James Forbe Seunarine, *Reconversion to Hinduism through Shuddhi*, Princeton Theological Seminary, 1975; Yoginder Sikand and Manjari Katju, "Mass Conversions to Hinduism among Indian Muslims", *Economic and Political Weekly*, 1994, 29 (34).

② Christophe Jaffrelot, *Religion, Caste and Politics in India*, New Delhi: Primus Books, 2010, p. 162.

③ Christophe Jaffrelot, *Religion, Caste and Politics in India*, New Delhi: Primus Books, 2010, p. 162.

暴力攻击。2007~2008 年奥里萨邦的坎达马尔（Kandhamal）县，印度教化的部落社群对达利特基督徒的暴力攻击事件，是比较有代表性的案例。世界印度教大会和猴王团直接参与和组织了暴力事件。世界印度教大会自 20 世纪 60 年代起就在这个部落集中的地区活动，着力于使部落印度教化，而被它作为对立面的，是当地少数社群达利特基督徒。长期的仇恨宣传造成了两个社群的关系极化和暴力冲突，最终发展成大规模骚乱。①

世界印度教大会领导人托加迪亚在 2014 年公开宣称，他的组织致力于不让印度教人口从占总人口 82%（1991 年的人口普查数据）的水平下降，"不让人口从 82%降到 42%，因为这样一来他们的财产和女人就将变得不安全"。他进一步宣称，他们将努力把印度的印度教人口"从 82%增加到 100%"。② 这是一个可怕的宣言，是对近 20%的非印度教徒的威胁。2020 年 10 月，国民志愿服务团和世界印度教大会共同决定，将在全国范围内的部落地区，挨家挨户开展印度教的宣传活动，以遏制部落民的改宗，并将改宗称为"暴力"。他们还宣称正在跟很多邦政府沟通，希望更多的邦通过限制改宗的法律。③

三 反"爱情圣战"法

自 2009 年以来，一些印度教右翼行动分子利用社交媒体将一个称为"爱情圣战"（love-jihad）的谣言传播到全印度。"爱情圣战"，是说在国际伊斯兰恐怖主义组织和伊斯兰国家的资助下，印度穆斯林社群训练年轻男子引诱并与印度教女性结婚从而让其改宗伊斯兰教的阴谋。尽管印度的情报机构和警方的调查都没有发现证据，但这没有妨碍谣言的流行。在印度教右翼

① Manjari Katju, "The Politics of 'Ghar Wapsi'", *Economic and Political Weekly*, 2015, 50 (1), p. 23.

② "Won't let Hindus decline in India: Togadia", https: //punemirror. indiatimes. com/news/india/ maoists-target-intl-fast-food-chains-in-three-kerala-strikes/articleshow/45608083. cms.

③ Rahul Sampal, "RSS & VHP Call Religious Conversion a Form of 'Violence', to Launch Campaign to Curb It", https: //theprint. in/politics/rss-vhp-call-religious-conversion-a-form-of-violence-to-launch-campaign-to-curb-it/518100/.

组织的推波助澜之下，在很多地方，跨宗教的恋爱和婚姻受到各方面的骚扰，从恐慌的亲属到印度教右翼行动分子，乃至警察和法庭。印人党把反"爱情圣战"作为话题运用于选举动员，从而极化地方印度教社群和穆斯林社群的关系，这方面最突出的案例，是 2013 年北方邦西部穆扎法那加尔（Muzaffarnagar）的印穆宗教社群骚乱。骚乱中有 62 人丧生，在印度教徒占多数的村庄，穆斯林逃离家园，总共有超过 5 万名穆斯林流离失所。在少量穆斯林占多数的村庄，印度教徒也选择了逃离。在 2014 年的人民院大选中，原本在该地区没有过任何胜绩的印人党，赢得了全部席位。①

北方邦是印度最大的邦，有 2.2 亿人口。2017 年印人党赢得了邦议会大选，印度教右翼强硬派僧侣政客阿迪提亚纳特就任首席部长。2021 年 2 月 25 日，北方邦议会通过《禁止非法改宗议案》（*Prohibition of Unlawful Conversion of Religion Bill*），取代 2020 年 11 月邦政府发布的同一内容的《禁止非法改宗法令》（*Prohibition of Unlawful Conversion of Religion Ordiance*）（政府颁布的法令只有 6 个月的有效期）。除了跟其他宗教自由法案一样禁止强制和欺骗性改宗之外，还特别禁止"通过婚姻改宗"，如果改宗仅为了结婚，婚姻将被宣告无效。在婚后希望改宗的人需要向县行政长官提出申请。这一法令因而被媒体称为反"爱情圣战"法。② 而 2020 年 11 月北方邦政府颁布《禁止非法改宗法令》之后一个多月就立了 16 个案子，86 人受到"为恋爱或结婚而改宗"的指控，54 人被逮捕，包括主要被告的家人朋友，而 16 个案子中的主要被告都是穆斯林。③

印度社会的观察人士指出，北方邦的反"爱情圣战"法进一步加深了

---

① Ajoy Ashirwad Mahaprashastra, "The History of 'Love Jihad': How Sangh Parivar Spread a Dangerous, Imaginary Idea", https：//thewire. in/communalism/love-jihad-anti-muslim-history-sangh-parivar.

② "Uttar Pradesh Legislative Assembly Passes 'Love Jihad' Bill Amidst Opposition Protest", https：//thewire. in/communalism/uttar-pradesh-legislative-assembly-passes-love-jihad-bill-amidst-opposition-protest.

③ Ananya Bhardwaj, "*16 Anti-conversion Law Cases, Key Accused Muslims, But UP Govt Insists Law is Religion-neutral*", https：//theprint. in/india/governance/16-anti-conversion-law-cases-key-accused-muslims-but-up-govt-insists-law-is-religion-neutral/581856/.

印穆社群之间的隔阂，将恐惧植入穆斯林心中，而印度教右翼则认为穆斯林的恐惧很"重要"① ——这正是印度教右翼要达到的目的。在北方邦的反"爱情圣战"法在印度社会引起很多争议和批评的同时，哈里亚纳、古吉拉特等印人党执政的邦都表示要引进相似的法律。

第五节　从国族整合的角度评估印度的经验教训

如果说多元群体间的和谐、团结和国族凝聚力是国族整合的高阶目标，那么，群体在国家之内的安顿（不寻求分离），群体之间的和平共存、不发生暴力冲突可以算是一个基本目标。国族整合源出于已经置身于现代民族-国家体系中的国家理性：如此，国家自身的存在才能获得更牢靠的根基，也因此在国际体系中更具竞争力；建立在非压迫关系上的社会的和平、和谐本身也是值得追求的价值。

印度在包容地区-语言文化多样性上的成功令人印象深刻。印度的例子说明，地区-语言文化认同和国族认同之间虽然存在一定的张力，但对前者的忠诚并不一定影响对后者的忠诚，两者之间并不会导致必然的紧张或冲突。无论是国大党政府还是印人党政府，都正面看待语言多样性和语言邦原则，多语言的文艺创造极大地丰富了印度的文化。印人党政府虽然希望大力推广印地语，但面对异议时还是尽量避免采取强制性的政策。

在宗教文化议题上，印度提供的更多是教训。本章分析的围绕禁止屠牛和限制改宗议题的争议都具有历史延续性，国大党虽然总体上是复合的国族和宗教平等的维护者，但其内部也存在立场差异，并非都与印人党对立。但毋庸置疑的是，团家族和印人党是印度教社群和印度教文化支配地位的更激进追求者。他们主导的印度教民族主义政治相关举措的后果，是与国族整合的目标背道而驰的。

---

① Ananya Bhardwaj, "16 Anti-conversion Law Cases, Key Accused Muslims, But UP Govt Insists Law is Religion-neutral", https://theprint.in/india/governance/16-anti-conversion-law-cases-key-accused-muslims-but-up-govt-insists-law-is-religion-neutral/581856/.

首先，从意识形态上看，印度教民族主义者的理想追求"印度教徒民族/国家"，实际上将印度公民区分成一等公民也就是印度教徒，和二等公民即宗教少数社群，特别是穆斯林和基督徒。在广大的印度本部，不同宗教社群总体上处于杂居的状态。印度教徒要确认自己的支配地位，要改造和同化后者，如果穆斯林和基督徒不甘受打压和屈从的地位，必然意味着在地方社会内部发生宗教社群之间的矛盾冲突乃至群体暴力事件。

其次，从实践上看，对于限制改宗、禁止屠牛的意识形态宣传和法律、政治支持，在印度教徒中催生了许多私人纠察，他们以私刑的方式制造暴力事件，极化宗教社群之间的关系，造成社会的撕裂，有的演变成大规模骚乱。实际上，他们试图给宗教少数社群造成永久的恐惧，使他们接受自己的屈从地位而不敢反抗。

印度教右翼民族主义这样一种制造宗教社群对立、社会代价极大的意识形态和实践登上主流政治舞台，是在印度的多党竞争民主制中成为可能的。禁止屠牛、限制改宗和反"爱情圣战"等煽动印度教徒情感的话题，都曾被印人党应用于选举动员：通过构建威胁性的他者（穆斯林、基督徒），来获取印度教多数社群选民的选票。在这个话语构建中，宗教少数社群作为有威胁性的他者的另一面，产生印度教社群的脆弱和危机感。从历史根源上来说，它体现的是 19 世纪后期到 20 世纪前期北印印度教精英的心理感受：这是穆斯林的组织化，以及受英国殖民政府（间接）支持的基督教传教活动的繁盛带给他们的。但在印度已经获得独立，而印巴分治也已经大大减少了印度穆斯林人口及削弱其组织化力量的情况下，再来夸大渲染印度教多数社群的脆弱和自身多数地位所受的威胁，完全是为了党派利益。

印度教民族主义追求的"印度教徒民族/国家"并不是神权国家，但是禁屠牛令和反改宗法表明，它是一个多数（至上）主义的国家，它会寻求以包括强制在内的方式，保障印度教社群在人口上的多数以及在文化和政治上的支配地位。印度目前能对多数主义国家的扩展起到一定制约的，是它的联邦制——禁止屠牛和限制改宗的法律都还不能成为全国性法律，因为不同的邦有不同的文化状况和政治格局，尚能保持一定的自治自主权。

印度教民族主义政治提供的更具普遍意义的反面教训，是以过度追求同一、强制追求一律这样反生产性的方式追求国族凝聚力。这样的追求违背了历史中延续印度社会与文明的多元包容重要价值，也使印度教民族主义的意识形态目标与印度的国情之间存在持续的紧张关系。印人党在 2014 年和 2019 年两次大选中上台，是与其打出"发展"和"治理"旗号不可分的，但它在经济发展实绩乏善可陈的同时，推动文化-意识形态议程稳步展开。一个多元包容的印度国家和民主，在未来恐将面临更大挑战。

"世界主要国家民族政策与基本经验研究"课题组

课题负责人：王延中

执笔人：吴晓黎

第八章
加拿大处理民族问题的基本理念、政策及经验教训

　　加拿大是一个有着特殊历史经历和精神历程的多民族移民国家。据估计，加拿大生活着 100 多个民族（族群），这些民族涵盖了世界上几乎所有国家的主要民族。如果以 1867 年自治领的建立为起点，这个国家的历史至今也仅有 150 多年。然而，如果就处理民族关系而言，在加拿大这片土地上发生的多民族（族群）关系史已长达 4 个世纪之久。由于立基于双宗主国殖民地这一特殊的国家建构历史，加拿大的族际关系互动过程呈现高度复杂的特征。对它来说，民族问题不是一个短期的政治和社会问题，也不是一个额外的或附加的政治和社会问题，而是一个贯穿于整个历史过程以及渗透于政治、经济、文化、社会、法律等各个领域的恒久性和综合性问题。

　　在处理民族问题和维护国家安全与统一的过程中，加拿大政府创造性地运用了一系列理念和政策，如"承认"、"和解"、"妥协-包容"、多元文化主义等，以应对其国内主要少数民族（族群）结构特点下突出的民族问题——土著民族的主权诉求、法裔少数民族的分离主义问题以及新移民少数族裔的多元离心/自我隔离问题。可以说，加拿大复杂的民族国情为研究多民族国家的民族关系和国家主权建设提供了难得的观察场域和丰富而又生动的素材。从解决民族问题的主要成就来看，加拿大在一个民族（族群）结

构多样、民族（族群）关系复杂的殖民地成功建立起发达的现代民族国家。加拿大政府在民族治理问题上的智慧，加拿大各族人民的相处之道，给同样有着复杂民族国情的其他国家以重要的启发。

第一节　加拿大处理民族问题的基本理念

受英国古老政治文化的深刻影响，加拿大在处理民族问题时将这种影响结合加拿大多民族共同生活的实际，逐渐形成了集"承认"（Recognition）、"和解"（Reconciliation）、"妥协-包容"于一体的理念。这些理念在处理加拿大的土著民族、法裔民族和新移民少数族裔问题上发挥了重要作用。

一　承认

加拿大是一个名副其实的差异之乡。在民族、族裔和文化方面，至少存在三类具有很大差别的群体，一类是原住民与非原住民，另一类是英裔民族与法裔民族，第三类是殖民群体和其他类移民群体及他们的后代。从民族或族群在整个联邦国家的主导或从属地位来看，加拿大的差别又可以体现为一个主体民族与三类少数民族或族群。差别群体的结构性存在，使承认差别成为加拿大政治中的一件大事。

从历史的维度来看，最早体现承认理念的政治事件是英国殖民者对土著民族民族（nation）身份的认可。在《皇室公告》中，土著民族几乎被看作一个对等的政治共同体而加以承认。土著民族这种被承认的历史地位最终使他们在加拿大成为所有其他民族和族群所共认的"第一民族"。

第二个较早获得承认的是法裔民族。七年战争后，在经历了短暂的同化努力失败后，英国殖民者为了安抚法裔民族的情绪，承认了他们的民族特性，承认他们有保持本民族特性的权利。作为第一个在北美建立政治共同体的欧洲民族，法裔民族还被承认为与英裔并列的"建国民族"。三类少数民族（族裔）群体中，最晚获得承认的群体是新移民少数族裔，他们保存本族群特性的权利一直到1971年才被正式承认。

"承认"是加拿大面对和处理少数民族（族群）问题的首要基本理念，它表明，加拿大是一个由多民族和族群构成的国家。这一点与一些实际上的多民族国家有所不同。在这些国家，承认某些群体的民族身份会被认为不利于国家安全。加拿大联邦从一开始就承认了土著民族的"nation"地位，后来又逐渐接受了法裔民族在一个统一的加拿大联邦内的"nation"地位。相形之下，加拿大对新移民少数族群（ethnic group）的承认反而是来得最晚的。

承认不同民族或族群的存在，不能仅仅停留在文化识别层面上。加拿大对其少数民族或族群的承认体现在它的整个政治、法律架构中。对土著民族的承认，体现在保留地、免税、年金、土地权利、文化权利、自治权利等一系列特殊的政治和法律安排中；对法裔民族的承认体现在联邦范围内的双语官方语言政策以及魁北克区域社会的高度自治方面；而对新移民少数族裔群体的承认则体现在平等地保护各个族群的文化、语言、宗教和传统的多元文化主义政策中。"承认"是加拿大联邦处理族际关系的基本理念，是加拿大族际政治的一个重要特点。正是由于"承认"理念的存在，加拿大比较平和地也比较成功地解决了至今仍困扰很多多民族国家的棘手的民族问题。

二 和解

毋庸讳言，历史上加拿大在对其少数民族如土著民族和法裔民族进行"承认"的同时，并没有停止对他们的歧视、排斥、剥夺和同化，其中对土著民族的剥夺、同化和伤害构成了"加拿大历史上最黑暗的篇章"。从19世纪40年代开始，加拿大的几大教会如天主教、英国圣公会等开始"志愿"筹办寄宿学校，将土著民族的5~16岁孩童强行从父母身边夺走，对他们实施系统的"教化"（同化）活动。40年后，这一"民间"的同化活动得到了加拿大政府的正式承认和授权。1920年加拿大议会继而将这一做法在《原住民法》中合法化。这类"将原住民扼杀于儿童时期"的寄宿学校一直沿办到20世纪60年代（最后一所寄宿学校直到1996年才关闭）。在长达120多年的时间里，有多达7代15万名以上的土著民族孩童成为严厉同化政策的受害者，其中 6000 多名儿童死于精神和肉体的虐待以及疾病。相形之下，法裔民族所受到的排斥、迫害和同化程度远不能与土著民族相提并论。事实上，在英属加拿大历史的大部分时间里，英裔民族对法裔民族采取的更多是怀柔政策。① 新移民少数族裔群体中，亚裔尤其是其中的华裔和日裔遭受的迫害与剥夺尤为严厉，他们曾被限制入境入籍、征收人头税、没收财产甚至遭到驱逐。

二战后尤其是 20 世纪 60 年代以来，加拿大在整个联邦的范围内对各民族（族群）普遍实行平等主义的公民保护政策，但这一政策并没能有效弥补历史上对一些少数民族和族群尤其是土著民族和华裔、日裔加拿大人的伤害。多年来，在这些遭受伤害的民族（族群）以及加拿大主流社会正义力量的推动下，加拿大政府逐步认识到，要真正建立起一个凝聚各民族人心的多民族国家，就必须实现与历史上遭受迫害的少数民族（族群）的和解。而要做到这一点，就必须正视过去的错误甚至罪恶，对之进行深刻的反思、忏悔、自责和道歉并做出相应的补偿。1998 年，时任总理让·克雷蒂安就寄宿学校问题发表和解声明，但是土著民族并不接受，他们要求加拿大政府道歉。2008 年 6 月，时任总理哈珀在加拿大议会众议院正式向寄宿学校的受害者道歉，他说："加拿大政府真诚道歉，我们对土著居民造成了严重伤害，请求他们的原谅，对不起！"从道德层面看，政府的道歉具有不容否定的正面价值，对安抚受害群体，实现民族和解有重要意义。② 加拿大第一民族议会领袖菲尔·方丹酋长在哈珀道歉后对众议员们说："这一剥夺我们身份的政策深深伤害了我们，也深深伤害了所有加拿大人，败坏了加拿大的品质"，"寄宿学校的记忆有时仍像利刃一样切割我们的灵魂。但今天（的道歉）将帮助我们把痛苦放在身后。"③

2015 年 6 月，加拿大"真相与和解委员会"举行公众大会，公布了一

① 因此，在有关"民族和解"的主题下，法裔少数民族几乎不受关注。
② 王英：《民族和解与多元共建——〈耕耘加拿大〉评介》，《民族论坛》2013 年第 1X 期。
③ 《加拿大政府向土著道歉》，http://news.xinhuanet.com/newscenter/2008-06/13/content_8355699.htm.

份耗时近 7 年采访了 7000 多名寄宿学校幸存者的调查报告。报告写道，由国家主导的文化灭绝意在摧毁土著民族的政治与社会机理；剥夺他们的土地；他们的语言、文化与精神生活被禁止；家庭骨肉分离，文化价值传统的传承被打断。哈珀说："这一政策（寄宿学校的强制同化）对土著文化、传统与语言具有长远的破坏性影响。"这段不光彩的历史公布以后，加拿大举国震惊，主流舆论称之为"加拿大历史上最黑暗的篇章"。联邦最高法院首席大法官麦克拉克伦和调查委员会主席辛克莱法官则称之为"文化灭绝"。调查报告公布后，联邦政府土著事务部长瓦尔考特再次对政府在其间的作用致歉，他表示："民族和解是一个需要几代人承诺的目标，政府了解做出转变——如何同土著居民一道工作，以转变加拿大人的态度与感受的重要性。"天主教、圣公会等宗教团体也发表了一份联合声明，承认对土著民族与家庭造成了巨大伤害，表示将致力于和解进程。[①]

调查报告使加拿大人民真切地了解到土著问题的历史真相，有利于他们督促联邦政府采取切实可行的政治和立法措施告别过去的不公正，推动真正的民族和解。对此，报告提出了 94 项建议，主要包括在公立学校将土著遭遇纳入历史课程；提议联邦议会通过土著语言法，以恢复并保护土著语言；呼吁教皇就加拿大天主教会对土著儿童的精神与肉体摧残进行道歉；等等。报告敦促联邦政府全面落实《联合国土著人民权利宣言》[②]。

在新移民少数族裔方面，2006 年 6 月加拿大总理哈珀在众议院就"人头税"问题向全加华人做出正式道歉，初步表现出与华人社群和解的愿望。2014 年 5 月，历史上华人受歧视和迫害最为严重的大不列颠哥伦比亚省省长简蕙芝代表省政府和议会正式向华裔加拿大人道歉，她说："我代表不列颠哥伦比亚省，代表整个议会，诚挚地就省政府过去的历史错误道歉。我们对以前的省政府通过的歧视性法律和种族歧视政策深表遗憾，并确保以后不

---

① 李学江：《揭示历史真相，走向民族和解，加拿大土著儿童遭遇令人震惊》，人民网渥太华 6 月 3 日电。

② 李学江：《揭示历史真相，走向民族和解，加拿大土著儿童遭遇令人震惊》，人民网渥太华 6 月 3 日电。

会再发生类似事件。"省长简蕙芝在宣布道歉声明后对媒体宣布,省政府将拨款 100 万加元成立"历史遗产基金会",资助道歉后的教育工作,面向华人社区推出一系列计划,包括修改教科书,把华人贡献及省政府过往针对华人的错误政策写入教科书,确保下一代明白历史真相,以及保存具有历史价值的华人文物和遗址,让公众亲身去了解和认识。① 2015 年 6 月,加拿大政府重提向华人道歉事件,总理哈珀在渥太华向媒体发表声明说,当年针对华人的"人头税"政策是"极大的历史错误"和"极大的不公正"。哈珀在声明中表示,"人头税"是特定时代的产物,但那是一个极大的历史错误,是导致一些家庭陷入极度困顿的原因之一,"诚如我九年前所说,这是一个极大的不公,我们有道义上的责任去承认它"。② 对其他族裔,如日裔加拿大人,加拿大政府也采取了类似的和解行动。③

总之,面对历史上的不公正和压迫性的民族政策,在种种因素的影响下,加拿大政府(包括一些地方政府)对遭受不公正待遇的少数民族(族群)进行道歉并采取一定的物质补偿(赔偿)措施,这种民族和解的理念和政策一方面反映了加拿大政府敢于直面过去的错误,勇于承担加害者的历史责任,另一方面也预示着加拿大政府将继续在实践中采取某种倾向性的或补偿性的民族政策来弥补过去的错误,提升各民族在事实层面的平等性。民族和解作为加拿大处理民族问题的一个重要理念,对于恢复和加强加拿大各民族的凝聚力和向心力起到了重要作用。当然,也要看到,民族和解是一个持续性的过程,它不是一两个政治或社会表态所能完成的,其最大的意义和目的在于吸取过去的教训并在此基础上建立一个更加公正的多民族的国家。在这个意义上,真正彻底的民族和解将是一个比较漫长的历史过程。

---

① 江亚平:《加拿大"华人心中的伤口终于愈合"》,《参考消息》驻温哥华记者江亚平报道。
② 《加拿大总理为何重提向华人道歉》,新华网北京 2015 年 6 月 24 日电。
③ 1988 年加拿大联邦政府向日裔加拿大人就二战期间的不公正待遇道歉。在受害最深的大不列颠哥伦比亚省,这一道歉一直到 2012 年 5 月才姗姗来迟。

三　妥协-包容

除了"承认"与"和解"两大理念外，加拿大在处理民族问题上还坚持妥协与包容的重要理念。"妥协-包容"理念的形成既与加拿大立国的英美自由主义传统密切相关，也与加拿大国家复杂的民族国情密不可分。从前者来看，作为一个深受英国政治文化传统影响和塑造的自由主义国家，加拿大国家的哲学以经验主义和保守主义为特征，即对于政治和社会的发展来说，相较于抽象的原则和暴力革命，他们更认可温和、渐进的改良式道路。而贯穿这一道路始终的便是妥协——阿克顿勋爵认为"妥协是政治的灵魂——如果说不是其全部的话"。[①] 被称为"现代保守主义之父"的柏克也指出"所有的政府、人类所有的利益与福乐、所有的美德，以及所有的谨慎行为都必须建立在妥协互让的基础上"。[②]

从后者来看，加拿大一开始就面临多元民族共同竞争、生存和发展的问题。自欧洲人到来（European contact）——无论是法国殖民者，还是后来的英国殖民者，抑或是土著民族，面对的都不再是一个任何意义上的单一民族区域或社会或政治共同体。为了在殖民地艰苦的环境中生存下来，或者为了避免在激烈的生存斗争或竞争中过分消耗自己甚至造成毁灭性的结果，相关各方都采取了"让自己活也让别人活"的妥协策略，法国殖民者与土著民族之间如此，英国殖民者与土著民族之间如此，英法殖民者之间也是如此。

英国全面控制加拿大后，其"妥协-包容"之理念的发挥更是明显。首先是对法裔民族的妥协和包容。面对法裔民族要求保持自己语言、宗教、文化和民法制度的权利诉求，英裔主导下的政府当局给予了最大限度的妥协和包容。此后虽出现过试图同化法裔民族的努力，但其主旋律一直是妥协和包容——即使是面对法裔民族后来提出的"主权主义"和"独特社会"的诉求。其次是对土著民族的妥协和包容。英国殖民者对土著民族的最大妥协和

[①] 〔英〕约翰·阿克顿：《自由史论》，胡传胜等译，译林出版社，2001，第181页。

[②] 〔英〕埃德蒙·柏克：《自由与传统》，蒋庆、王瑞昌、王天成译，商务印书馆，2001，第303页。

包容无疑体现在其对条约谈判的重视上——它没有利用自己的绝对优势地位而单纯用武力夺取土著民族的土地和资源，而是通过系统的谈判和协商（即使这种谈判和协商带有浓厚的不平等色彩），以条约的形式取得。20 世纪 60 年代以后，英裔民族主导下的加拿大政府先后在一系列重大问题如"土著权利"的承认、土著"第一民族"自我称谓的接受、土著自治权的承认上与土著民族妥协。

"妥协-包容"既是英美传统政治文化的内在精神气质，也是加拿大本土族际政治实践的重要理念。在保护少数民族（族群）权利方面，"妥协-包容"的理念尤为重要。"以政治妥协来解决政治争端，意味着多数一方并未凭借力量上的优势对少数简单地予以压制、强迫，而是由双方协商、谈判解决分歧。"[1] 对于维护少数民族（族群）的权利来说，"妥协-包容"有着天然的意义和内在的契合性。总之，"妥协-包容"不仅是保护少数（民族、族群）的重要理念，也是民主政治得以存在和正常运行的必要条件。在保护少数和民主政体运行的条件方面，"妥协-包容"成为一种竞合性的理念。

受英美自由主义政治文化传统和加拿大多民族国情的深刻影响，加拿大在处理民族问题上深谙"妥协-包容"的价值，深得"妥协-包容"的精髓。"妥协-包容"的理念不仅使加拿大政府在纷繁复杂的多民族国家，较为有效地维护了各民族的平等权利和团结，更重要的是，通过"妥协-包容"理念的广泛运用，加拿大政府以较小的代价维护了联邦的统一与完整。

第二节　加拿大处理主要民族问题的基本政策

在上述基本理念的指导下，面对国内民族（族群）关系多主体、多维度、多层次的特征，如何处理土著少数民族遗留问题，整合新移民少数族群特别是英裔和法裔两大群体的关系是加拿大联邦需要面对的重要问题。而多元文化主义政策的每一次调整，都在解决一些问题的同时，制造出新的问题。

---

[1]　龙太江：《西方民主政治中的妥协精神》，《文史哲》2005 年第 2 期。

一　土著民族的主权诉求及加拿大政府的应对

土著民族的主权（Sovereignty）问题既是一个历史遗留的政治问题，也是现实中的一个权利诉求问题。从历史的角度来看，自 18 世纪初以来，英国殖民者包括后来的加拿大政府与土著民族共签订过近 500 个条约。其中从 1700 年到 1850 年签订的条约被认为是民族（nation）与民族（nation）之间的"和平与友谊"条约，这些条约以及后来的许多条约都被土著民族视为基于主权身份的政府-政府的条约。尽管几个世纪以来土著民族都作为被监护者受制于英国殖民者（加拿大政府），但他们始终认为他们的主权身份自欧洲殖民者到来时就已经确立并得到承认。从现实的权利诉求角度来看，至少从 20 世纪 60 年代以来，土著民族就已经开始争取被他们视为主权标志的自治权或自主权。为了实现这一权利，土著民族积极参与"宪法回归"的斗争。1980 年底到 1982 年初，印第安第一民族和其他土著民族群体的代表远赴英国和欧洲其他地区游说英国议会，他们的目的是使历史上得到承认和确认的土著权利和条约权利在英国议会就"宪法回归"问题做出决议前得到确认和保护。尽管英国议会没有让土著民族遂愿（一些议员在辩论中支持土著民族的诉求），但加拿大政府最终还是答应在宪法中做出一些让步和语言上的改变。土著民族坚持新宪法必须包括承认并对土著权利和条约权利做出永久保护的条款，他们中的绝大多数人对 1982 年宪法上的"承认土著民族现存的土著权利和条约权利"表示不满意。①

1982 年修宪之后，土著民族继续致力于宪法的进一步修改，以期所追求的自治权能够明确无误地写进宪法文本。1987 年米奇湖修宪会议拒绝将土著民族的自治权写进宪法，这一事件进一步激发了土著民族的权利斗争。1990 年 8 月在围绕魁北克奥卡（Oka）周边土地的斗争中，莫霍克族原住民正式提出了他们的"主权"诉求，在与联邦政府和魁北克省政府的交涉中，莫霍克人声称他们代表一个"主权国家"（sovereign nation），认为"外来的

---

① Harry S. LaForme, *Indian Sovereignty : What Does It Mean?* (*Unpublished*).

政府"（alien governments）无权将他们的法律强加给莫霍克领土上的莫霍克人民。莫霍克人民的所作所为"仅仅是在捍卫他们的主权"。①

安大略的土著民族如阿尼什纳比克人、穆舒科高戈克人、恩科威胡维人、勒纳普人认为"作为独特的和独立的民族（nations），我们固有民族自决权（inherent rights to self-determination），这些权利不是任何国家所赋予的，而是我们与生俱来的集体权利，它们来源于与造物主和我们的土地的联系，具有不可剥夺性。自决权意味着我们可以不受外界干预，自由、独立地决定和实践我们的政治、法律、经济、社会和文化制度。换句话说，我们对我们生活的所有方面都有管辖权"。安大略省的土著民族还认为，历史上的条约确认了国家间的共存关系。这些条约今天依旧有效，它们继续确认着我们与加拿大的主权关系。我们是而且永远都是原初的国家（Original Nations），从来没有放弃过我们对领土的所有权以及语言、文化和治理的权利。②

长期以来，在一般加拿大人的心目中，"主权"一词往往与魁北克省相联系，没有人关心或想到土著民族有一天也会公开提出自己的主权诉求。"土著主权"诉求的提出，一方面反映了在现代以民族国家为主要单元的国际社会里，主权仍旧是具有强烈合法性意味和强大生命力及权利保障功能的政治法律范畴；另一方面也说明土著民族在加拿大国家长期未能将其自治权纳入宪法的情况下，不惜以主权来强化和保护自身的权利诉求。不仅如此，主流社会未能在宪法中接纳土著民族的自治诉求，最终还导致许多原住民反过来也不接受加拿大国家主权的合法性。许多原住民甚至认为加拿大国家的权力是非法的、压迫性的，因为它攫取了原住民的权力后转而否认土著民族权力（利）的合法存在。在多数原住民看来，虽然他们被迫使用殖民者强加给他们的制度和法律，但这绝不意味着他们放弃了自己的固有权利。

土著民族的主权诉求与其说是要在加拿大建立无数个"国中之国"，不

---

① Harry S. LaForme, *Indian Sovereignty: What Does It Mean?* (Unpublished).

② 《理解我们的主权》，http://www.chiefs-of-ontario.org/faq。

如说是为了实现他们对有关自身事务的控制权。他们斗争的目标不是另立一部宪法，而是在现行的宪法中清楚地写上保护他们自治权的条款。对他们而言，土著自治权入宪意味着他们的权利不再受反复无常的非土著政府的操控。在这个意义上，土著民族的所谓主权要求实际上恰是以承认加拿大联邦和宪法为前提的。也许是因为认识到土著主权的这种实质，在加拿大不少来自主流社会的政治和知识精英支持土著民族的主权诉求，他们认为土著民族主张主权有着很强的历史和道德基础，认为承认土著主权也是对过去压迫性的土著民族政策的一种救赎（redress）。

当然也要看到，尽管"土著主权"远非近代欧洲民族国家意义上的那种"至高无上的、排他性的政治权力"，也尽管大多数原住民将"主权"与"自治权"视为同义语，"土著主权"实质上仅是加拿大主权范畴下的亚概念，而且从土著民族的实际情况来看，他们呈高度分散状态，不可能形成什么统一的"土著民族国家"，因而在实践层面"土著主权"诉求造成的影响几乎可以忽略不计，但是，在理论或法理上"土著主权"仍然是一个威胁加拿大联邦统一与完整性的重要问题。

实践层面上，加拿大联邦在应对土著民族主权诉求的过程中主要采取了以下措施。

（一）将土著民族的主权诉求置于联邦宪法的框架内

由于历史的原因，土著民族长期游离于加拿大主流社会之外。直到 20 世纪 60 年代，他们才取得了全面参加加拿大社会的权利。从宪法层面来看，虽然 1867 年《不列颠北美法案》就"原住民及原住民的保留地"的管辖权做出了规定，但这并不能理解为自治领或联邦政府将土著民族纳入了宪法框架内，恰恰相反，在这部宪法颁行不久，联邦政府就推出了将印第安人（土著民族）隔离出宪法秩序的《印第安人法》。20 世纪 60 年代，随着对原住民全面推行公民化措施的失败，包括原住民在内的土著民族掀起了要求加权公民身份的运动。在此过程中，加拿大联邦政府逐渐接受了土著民族加权公民的事实并在 1982 年"宪法回归"的谈判中将土著民族的相关权利写入了宪法。

　　土著权利入宪，是加拿大历史上的一件大事。它一方面结束了数个世纪以来土著民族"另类身份"的窘况，另一方面也表明，联邦政府通过对土著民族的权利保障而将他们成功地纳入加拿大宪法，使宪法在保障土著民族权利的同时，也对他们可能进一步的权利诉求起到一定的约束作用。20世纪80年代以来，土著民族将其权利诉求逐渐集中在自治权方面，但是由于宪法未能明确规定土著民族的自治权，土著民族围绕自治权问题与联邦政府发生了冲突。冲突中土著民族重提"土著主权"问题并把它作为获得自治权的最终合法性依据。土著民族提出自治权作为"土著主权"的重要体现，具有超越任何非土著社会宪法和法律的效力。为了将土著民族的自治权诉求纳入宪政主义和联邦主义的法律框架，加拿大政府在宪法并无明文规定土著自治权的情况下，用政策性的声明把土著民族的自治权解释成一种宪法承认或许可的固有权利，从而在法理上结束了土著自治权究竟是一种高于或先于宪法的固有权利，还是其本身就是加拿大宪法规定或赋予的一个宪法权利之争。加拿大政府的这种政治策略或智慧，在满足土著自治权诉求的同时，也维护了加拿大联邦宪法的统一性和权威性。①

　　值得注意的是，联邦政府在坚持土著自治权的宪法权利属性的同时，也把土著民族坚持的固有权利属性纳入了宪法，这种宪法"通吃"的操作充分展示了联邦政府善用"承认""妥协－包容"等理念的智慧。用宪法去主

---

① 在自治权的权利属性的讨论或争论中，土著民族坚持自治权的固有权利属性，认为自治权起源于远古（Immemorial）以来土著民族对他们的土地的占有。他们提出的具体理由有：第一，在欧洲殖民者到来之前，土著民族作为自我治理的社会就已经存在；第二，土著民族社会在历史上被英国政府承认为独立国家，具有签订条约的能力；第三，土著民族在历史条约中从来没有放弃过他们的自治权；第四，即使土著民族的自治权曾被立法或英国政府的行为限制，但这种权利从来没有被消灭。土著民族领导人还认为"'固有的'没有从加拿大分裂的意思。如果说它是国际的，仅仅因为这是国际人权法的表述，被用于联合国人权公约序言中。它的含义是这种权利可以被承认，但不能被授予，它可能受到非法侵犯，但绝不可能被消灭"。而加拿大政府则认为土著自治权是一项或然性权利，需要土著民族和加拿大政府之间通过谈判来确定，并由联邦和省级立法机构根据新的宪法修正程序批准。郭跃：《加拿大政府的土著民族自治政策述评》，《大连大学学报》2010年第4期；Olive Patricia Dickason, William Newbigging, *Concise History of Canada s First Nations*, Oxford University Press, 2006, p. 305。

动接纳包括自治权在内的土著民族的固有权利，反映了加拿大政府的实用主义政治智慧：它不仅通过宪法的政策解释化解了土著自治权在宪法权利和固有权利属性之间的两难定位，还巧妙地将土著民族不受非土著法律约束的、超然的固有自治权纳入加拿大联邦宪法，使其受到加拿大主权的有效制约，而不是与之冲突或对立。①

从土著民族这一端来看，"土著主权"或自治权的宪法化也有现实的权利认知基础。虽然土著民族将其所享有的主权或自治权说成是"与生俱来的"甚至是"不证自明的"，但现实中他们依旧不知疲倦地致力于使自己的这种权利得到非土著的或主流社会的宪法、判例法和法院决定的承认。在他们的意识或潜意识中，联邦政府的承认尤其是国家宪法的承认，仍旧是他们努力的重要方向。这一点，也为联邦政府将他们的主权或自治权诉求宪法化提供了现实条件。此外，土著民族还诉诸联合国《土著人民权利宣言》，认为这份国际宣言为原住民的生存、尊严和福祉以及他们的权利提供了保障。② 这从另一个向度上说明，土著民族的主权或自治权并不是自洽的，它需要得到包括宪法在内的其他现实法律的支撑。

20世纪90年代以来，随着土著民族自治活动的进一步开展，加拿大政府发布了《加拿大政府实现固有权利和土著自治权协商实施指南》，对土著民族的固有权利尤其是自治权进行规范。该指南明确承认土著民族有自治的权利，并且认为该权利受宪法第35条保护，但同时强调土著民族的自治权必须在加拿大宪法框架内进行，土著民族的法律必须与加拿大联邦、省和地区的法律保持一致，土著民族自治政府应该遵循《加拿大权利与自由宪章》，等等。

（二）通过一系列司法判决限制土著民族（主权）权利要求的广度和深度

在一定程度上承认"土著主权"和将土著民族权利保护纳入宪法框架的同时，本着宪政主义的价值原则，加拿大的司法系统通过一系列判例对土

---

① 当然，土著民族的主权或自治权诉求的最终宪法化还有待于加拿大联邦通过正式的修宪程序去实现。

② 《理解我们的主权》，http://www.chiefs-of-ontario.org/faq。

著民族的主权和其他权利诉求进行限制。在 1986 年的一项裁决中，联邦最高法院指出，土著民族与加拿大政府之间的条约是"独特的"——它既不由国际法规则创设，也不会由国际法规则消灭，[①] 从而明确了土著民族与加拿大政府的关系并不是国际法意义上的国与国或政府与政府之间的关系，而是加拿大国内主权框架下的一种内部关系。在 1990 年的判例中，联邦最高法院在重申这一观点的基础上，指出条约的目的是创设一种对加拿大政府和土著民族双方具有约束力的义务，之所以采取条约的形式，是为了显示约束力的庄严性。[②]

在对"土著主权"进行限制的同时，加拿大的司法系统还对宪法中业已承认的土著权利和条约权利进行限制性解释。如，在如何理解宪法中"现存的"土著和条约权利时，安大略省上诉法院将"现存的"解释为土著权利被"冻结"在截至 1982 年的相关立法中[③]，从而限制了土著民族可能对此规定做出扩张性的解释。虽然，在 1990 年的 Sparrow 案中，联邦最高法院否决了这一狭隘的、限制性的解释，但它强调解释的灵活性，更注重随着时间和情势的变化，允许土著民族的权利发展变化。这实际上更有利于联邦政府包括省政府根据国家和省社会发展的需要来更加灵活地处理土著民族的权利诉求。此外，在 Sparrow 案中，联邦最高法院还对土著主权做出了近乎全面否定的判断。其认为从殖民开始，土著民族先前的任何主权都被英国王权（the Crown）所吸收。联邦最高法院指出"值得回顾的是，虽然英国对土著民族的政策建立在尊重他们对传统土地占有的权利的基础上，但 1763 年的《皇室公告》毫无疑问地见证：从殖民一开始，主权和立法权以及争议中的土地权利都属于英国王室"。关于自治权，联邦最高法院指出，即使是宪法第 35 条第 1 款可以推演出土著自治权是一种固有的权利，但这种权利也可以因为联邦立法而受到干涉甚至归于消灭，只要这种干涉或归于消灭

---

① Simon v. The Queen [1986], 1 C. N. L. R. 153.
② R. v. Sioui [1990] 3C. N. L. R. 127.
③ R. v. Hare and Debassige [1985] 3 C. N. L. R. 139.

符合一定的标准和条件。①

除了在主权和自治权等层面限制土著民族的权利以外，加拿大的司法机构尤其是联邦最高法院还通过个案的裁决进一步限制土著民族的土地权利，如 1997 年联邦最高法院在一项裁决中指出，如果加拿大政府基于善意的目的，提出了充分和正当的理由，且尽到了与土著民族协商和咨询的义务，就可以变更或取消土著民族的土地权。② 关于土著民族土地权的取得和转让，裁决指出土著民族只能通过法院裁决或条约谈判的形式取得土地权；土地转让的对象只能是联邦政府。此外，在一些具体的权利诉讼中法院也倾向于限制土著民族的权利范围，如关于捕鱼的权利，法院一般只保护用于自身生活消费的捕鱼权，对于土著民族的商业性捕鱼权诉求则规定严格的举证责任。

（三）明确规定加拿大主权不属于开放协商的范围

为防范土著民族的自治权可能溢出联邦主权的范围，《加拿大政府实现固有权利和土著自治权协商实施指南》对土著民族自治权可能的或可谈判的范围做了明确规定。③ 对于不属于或不完全属于土著民族内部或土著文化范围的事项如离婚、劳动关系和培训、司法管理、监禁与假释、环境保护与测评、污染防治、渔业和迁移鸟类的合作管理、博彩业、灾害应对等，联邦政府认为应该优先让联邦或省政府立法，土著民族自治政府可进行补充性或变通性立法。两种立法发生冲突时，联邦或省立法优先。在对上述两类立法权做出规定的同时，联邦政府划出了不能进行协商的立法领域，这些领域包

① Harry S. LaForme, *Indian Sovereignty：What Does It Mean?*（Unpublished）.

② *Delgamuukw v. British Columbia*, 3 SCR（1997），1010，1081 DLR.

③ 指南提出的可以与联邦政府谈判的自治领域或事项包括自治政府的组成及选举；部族成员身份的认定；婚姻、收养和儿童福利；土著语言、文化和宗教事务；教育、卫生和社会服务；管理和实施土著法律，包括建立土著法庭和裁判机构、实施治安处罚、行使警察权；制定财产法、继承法；土地管理，包括土地规划，土地费，土地出租、利用和开发；自然资源管理，狩猎、捕鱼、套猎；农业；部族成员直接税和财产税的征收；集体资金和财产的交易与管理；公共工程和基础设施的管理；住房；本地交通；自治区域内商业的经营、许可及管理，等等。参见 The Government of Canada's Approach to Implementation of the Inherent Right and the Negotiation of Aboriginal Self-Government, Aboriginal Affairs and Northern Development Canada, http：//www. aadnc－aandc. gc. ca/eng/1100100031843/1100100031844. 转引自郭跃《加拿大政府的土著民族自治政策述评》，《大连大学学报》2010 年第 4 期。

括两类：一类是与加拿大的主权、国防和外交相关的权力；另一类是涉及其他国家利益方面的权力，如国家经济的管理与调控、国家法治秩序的维护、广播和电信事业、航空航天、海事运输、全国交通体系、邮政服务、普查统计等联邦事业。①

加拿大政府通过划分土著自治权与联邦、省管辖权的范围，一方面维护了土著民族的自治权，另一方面也为这一自治权划定了不能逾越的界限，从而有效地将土著自治权或所谓的"土著主权"置于加拿大联邦主权的控制之下。

二 法裔少数民族的分离主义问题及加拿大政府的应对

在加拿大，真正能够对联邦主权的统一与完整构成威胁的是魁北克分离主义运动。1980 年、1995 年的两次全民公决表明，法裔主导的魁北克不仅可能走向独立，而且事实上差一点实现独立。1995 年魁北克独立公投失败后，为了从宪法和法理上约束或防范魁北克独立，加拿大联邦政府在联邦主义、宪政主义、民主政治以及保护少数等原则所允许的范围内，开始主动出击。在联邦政府的主导下，从 1996 年开始，加拿大联邦先后采取了一系列措施如邀请法学家释法、请求联邦最高法院释法、联邦议会立法等来应对魁北克的分离主义诉求。

（一）邀请法学家释法

1995 年魁北克公投以微弱的劣势失败后，加拿大联邦政府邀请并资助一批著名的国内外法学家对魁北克分离主义的合法性或正当性做出评议。受邀的法学家中有加拿大著名法学家帕特里克·莫纳汉（Patrick J. Monahan）和米歇尔·布莱恩特（Micheal J. Bryant）等人，他们在对相关国际法、国内法及政治法律惯例进行广泛分析和研究后提出了以下若干意见：分离行为

---

① 参见 The Government of Canada's Approach to Implementation of the Inherent Right and the Negotiation of Aboriginal Self-Government, Aboriginal Affairs and Northern Development Canada, http://www.aadnc-aandc.gc.ca/eng/1100100031843/1100100031844。转引自郭跃《加拿大政府的土著民族自治政策述评》，《大连大学学报》2010 年第 4 期。

在一般情况下是被禁止的；单方面的分离行为是一概被禁止的——在分离问题上的公决行为必须由当事国政府和要求分离的一方通过讨论加以确认；关于哪些民众有权利在有关分离问题的公决中投票没有一个统一的模式；有关分离问题的公决一般由当事国政府或国际组织来监督实行；有关主权分离问题，公决成功所需要的多数百分比没有普遍接受的限定；对公决结果的最后认定取决于当事国现行宪政法律体系；分离地区的边界在分离后不能保证没有变化；英联邦全民公决的经验一般仅具有提供咨询的性质而没有法律上的约束力①；等等。这些解释性意见为加拿大联邦政府及联邦议会通过政治和立法手段控制魁北克分离运动提供了重要的可操作空间。

鉴于宪法在一个主权国家中的重要地位，法学家们还就各国宪法中有关分离主义的规定做了系统的梳理。在研究了世界上 89 个国家的宪法后，莫纳汉等人指出，世界上绝大多数国家的宪法都不容许国家内部的族群、团体或地区分离出去。89 部宪法中只有 7 个国家的宪法规定了关于分离的条款，22 个国家强调主权与领土不可分割，有的国家如科特迪瓦和喀麦隆的宪法则完全禁止涉及领土变动的修宪②。

为了从民族自决权的角度封堵魁北克的分离主义者，加拿大司法部还邀请剑桥大学著名法学家詹姆斯·克劳福德（James Crawford）对魁北克的情形是否适用国际法上的民族自决权问题进行解答。克劳福德提出，在民族自决权与分离主义的关系问题上，联合国先后出台过两项非常重要的决议，一项是 1960 年的"非殖民化决议"（1514 号决议），另一项是 1970 年的"友好国际关系决议"（2625 号决议），这两项决议的一个共同点是只承认三种情形下的民族自决权，即只有在殖民主义统治、外国占领和强权政治及种族主义政权的情况下，有关族群、团体和地区才有可能主张自决权。而魁北克

---

① 朱毓朝：《魁北克分离主义的挑战与近年来加拿大联邦政府在法律和政策上的应对》，《世界民族》2007 年第 4 期。

② Patrick Monahan，Michael J. Bryant，"Coming to Terms with Plan B：Ten Principles Governing Secession"，C. D. Howe Institute，1996；朱毓朝：《魁北克分离主义的挑战与近年来加拿大联邦政府在法律和政策上的应对》，《世界民族》2007 年第 4 期。

显然不属于这三种情形中的任何一种。从政治参与的角度来看，魁北克无论是在省层面还是在联邦层面都享有充分的、完全的政治参与：它不仅享有省层面高度自治的权利（力）和地位，而且在整个联邦范围内都拥有极其重要的政治代表地位或参与权。就后一种情况来看，最具有说服力的或许是，在迄今为止的加拿大22位联邦总理中，法裔人就占据了7位，而且这些法裔总理普遍在位时间较长，对联邦的影响力很大。此外，为了保障法裔民族在整个联邦的政治代表权问题，相关法律和政治惯例均保障他们在联邦议会有一定比例的席位。

总之，无论是从相关国家的国内立法，还是从国际法，抑或是从加拿大的国内族际政治状况出发，魁北克都不具有从加拿大联邦分离的合法性或正当性理由。

（二）请求联邦最高法院释法

法学家的释法只是原则性地解决了有关魁北克分离主义的种种法律或法理问题，它不能在实际层面直接影响法裔魁北克与加拿大政府的关系。为了解决加拿大宪法或宪法实践中缺少应对类似魁北克分离诉求的有关规定或先例等问题，法学家释法后，本着宪政主义原则中尊重最高司法裁决的基本精神，加拿大联邦政府正式向联邦最高法院提出了法律解释的要求。围绕魁北克分离主义诉求问题，联邦政府提出了三个问题：第一，依据加拿大宪法，魁北克政府或议会有没有单方面宣布脱离联邦的权利？第二，按照国际法，魁北克政府或议会有没有单方面决定从联邦分离出去的权利？国际法上的民族自决权是否适用于魁北克？第三，如果在魁北克单方面分离权的问题上，加拿大的国内法与国际法冲突，应该优先适用哪种法律？1998年8月联邦最高法院正式出具"魁北克分离咨询意见书"。该意见书首先阐明了解释法律所需要尊重或遵守的四大原则，即联邦主义原则、民主政治原则、宪政主义原则和保护少数原则。关于第一个问题，联邦最高法院重点围绕民主政治原则、联邦主义原则和保护少数原则对魁北克的分离权做了解答。联邦最高法院认为：魁北克在法律上不能仅用民主权利的原则片面地、单方面地宣布从加拿大联邦分离出去，因为这样做会侵犯到加拿大其他省份相同的民主权利，而所有省份都是加拿大联邦的组成部分。同时，魁北克也不能用享有的民主权利来否定其在加拿大联邦中所承担的维护国家统一的责任，但加拿大联邦政府和其他省政府在宪法原则下，也不能拒绝魁北克民众运用民主权利、通过合法的民主程序来表达有关魁北克前途的意见。① 联邦最高法院的回答实际上否定了魁北克单方面从联邦分离的权利。

对于第二个问题，联邦最高法院做了与上述法学家释法相似的回答，即认为魁北克不符合行使民族自决权的任何条件。值得注意的是，联邦最高法院也不无客观地指出，国际法在实践中无法真正限制不符合宪法的、单方面的分离行为，但是分离的结果必须得到国际社会尤其是当事国政府的承认。联邦最高法院强调，即使单方面的分离行为最终得到承认，其原初分离行为的合法性也不能得到宪法和国际法的追认。联邦最高法院这一表态，反映了在约束包括"魁独"在内的分离主义问题上，国际法的作用是十分有限的。联邦最高法院对第三个问题的回答是，在魁北克单方面分离权这一问题上，加拿大国内法与国际法并不存在矛盾。②

（三）联邦议会制定"清晰法案"

需要指出的是，虽然前述法学家释法和联邦最高法院的法律解释都从法理或法律上否定了魁北克的单方面分离权，但它们都没有能够从根本上否定魁北克的分离权本身，所有的法理（法律）解释都认为魁北克实现分离必须满足一系列法律和政治条件。为了能够清楚地呈现这些法律和政治条件，加拿大联邦议会在法学家释法和联邦最高法院法律解释的基础上，制定和通过了"清晰法案"。"清晰法案"肯定和接受了加拿大联邦最高法院提出的四项基本原则，明确规定欲分离的省份（魁北克）只有在实体和程序上满

---

① 朱毓朝：《魁北克分离主义的挑战与近年来加拿大联邦政府在法律和政策上的应对》，《世界民族》2007 年第 4 期。

② 这样的解答一方面反映了在魁北克没有加入联邦宪法之前，加拿大的国内法难以对魁北克产生契约意义上的约束；另一方面也说明，加拿大国家所秉持的联邦主义、宪政主义、民主政治以及保护少数等原则在实质上与贯穿国际法精神的自由主义价值相一致。

足联邦主义、民主政治、宪政主义和保护少数四大原则的情况下，其分离诉求才可以进入与联邦政府及其他省份的协商谈判程序。具体而言，"清晰法案"规定了两大程序和实体方面的内容。第一，在（魁北克）独立公投举行之前，联邦议会下议院有权对公投的议题是否清晰、明确做出判断；第二，独立公投举行之后，联邦议会下议院有权判断赞成独立的投票是否构成了一个"清晰的多数"（a clear majority）。法案虽然没有具体规定"清晰的多数"的百分比，但暗示应该是"绝对的多数"（supermajority）而绝不是50%+1 票。此外，法案还允许联邦议会下议院推翻独立公投的决定，前提是如果它认为独立公投违反了上述四个原则中的任何一种。

除了授予联邦议会下议院以上权力以外，法案还强调加拿大的所有其他省以及第一民族都应参与到有关魁北克分离的协商谈判中，协商谈判达成一致同意的，还需要修改宪法等。总之"清晰法案"对魁北克分离主义设置了种种法律的和政治的关卡，以至于一些评论者认为，如果按照"清晰法案"，魁北克的分离主义梦想恐怕永远只能停留在"梦想"中。时任法裔联邦总理克雷蒂安常常说，"清晰法案"是他联邦政治生涯中最为骄傲的成就之一。

（四）援引保护魁北克境内其他少数族裔权利的原则牵制"魁独"势力

除了用联邦主义、民主政治和宪政主义原则来限制魁北克独立以外，联邦政府、联邦最高法院以及联邦议会等还公开援引保护少数原则来制衡法裔魁北克人。联邦政府作为土著民族权利保护的"受托人"或义务者，一再警告魁北克分离主义者必须认真考虑和妥善处理居住在魁北克北部的土著民族的诉求。因为联邦政府不仅有义务保护作为少数人的法裔魁北克人，也有义务保护土著少数民族。联邦最高法院在回答联邦政府的第一个问题时指出：联邦在尊重魁北克法裔少数民族权利的同时，也要求法裔魁北克尊重和保障其领土范围内的其他少数族裔的权益。联邦议会在"清晰法案"中不仅确认保护魁北克法裔少数民族的合法分离权，同时也保护魁北克境内土著民族和其他少数族裔群体的分离权。如此，在分离问题上，魁北克法裔人面临着进退两难的选择。按照保护少数的原则，法裔人作为联邦的少数民族有权利选择自己的身份和政治地位，甚至有权利选择退出联邦；同样作为（联邦）魁北克境内的少数民族和族群，土著民族和其他少数族裔群体也有权利选择从魁北克分离或继续留在联邦内。因此，当魁北克法裔人片面强调魁北克领土"不可分割"的时候，魁北克北部的克里族大酋长针锋相对地提出"没有我们的同意，我们的民族及我们的土地是不会并入独立的魁北克国家中的"。① 在魁北克第二次公投前夕，魁北克的克里族人和因纽特人都分别举行了自己的公投，结果显示两个民族主张留在联邦或反对魁北克独立的人均超过了 95%。② 在参加魁北克公投的 11 万名原住民中，反对独立的人数也占到 62% 以上。③ 除了土著民族以外，魁北克境内还有 61 万占比达 8.7% 的英裔少数民族和人口占比达 9.5% 的新移民少数族裔群体，他们也由于种种原因反对魁北克独立或坚持继续留在加拿大联邦内。事实上正是因为这些少数民族（族群）的踊跃参与，联邦才以微弱的优势取得守护联邦的胜利。公投失败后，魁北克总理亚克斯·帕里佐（Jacques Parizeau）不无伤感地说"我们是失败了，但那是败给了金钱和一些其他族裔的投票（Ethnic Vote）"。④ 这里的"其他族裔"指的就是土著民族、新移民少数族裔群体和英裔民族。

　　加拿大少数民族（族群）众多的权利诉求、各异的历史和现实状况，使得联邦政府在维护联邦统一和应对少数民族（族群）的权利诉求方面，有了纵横捭阖、权利平衡、权力制衡的强大合法性工具。保护少数原则在赋权魁北克的同时，也将其权力（利）限制在一定范围内。作为少数民族，法裔魁北克人当然有自治甚至自决的权利，但是作为魁省境内的主体民族，

---

① 　The Globe and Mail, 30 March, 1995.

② 　The Gazette（Montreal），28 October, 1995.

③ 　John Saywell, *Canada*: *Pathways to the Present*, revised edition, Toronto: Stoddart, 1999, p. 108.

④ 　Ronald Rudin, "From the Nation to the Citizen: Quebec Historical Writing and the Shaping of Identity", in Robert Adamoski, Dorothy Chunn, and Robert Menzies, eds, *Contesting Canadian Citizenship*: *Historical Readings*, Toronto: University of Toronto Press, Higher Education Division, 2002, p. 103.

法裔魁北克人又承担着保护其境内少数民族（族群）的义务。面对同一种原则和法理，魁北克法裔人无法采取双重标准，即魁北克法裔人不能一方面坚持自己作为少数民族的权利，另一方面又否认其他少数民族的相应权利。联邦政府正是利用魁北克的现状，使其陷入了进退两难、矛盾相刺的不利局面。总之，在保护少数的原则下，加拿大政府在抑制魁北克分离问题上取得了重要的成功。

（五）在魁北克实施联邦主义教育项目

联邦政府在推行种种政治和法律措施的同时，还大力在魁北克推行爱国主义教育项目，这些项目的推行对于宣传联邦主义，争取魁北克民众的民心起到一定作用。[①]

三 新移民少数族裔的多元离心/自我隔离问题及加拿大政府的应对

应对新移民少数族裔的多元离心或者说自我隔离问题是加拿大联邦在实践中面临的又一个重要任务。新移民少数族裔群体虽然没有土著民族和法裔民族所谓的主权诉求，但是由于其来源（国）广泛，语言、宗教和文化成分复杂，加上大部分移民选择集中居住等因素，移民各自的族群、宗教和文化认同对加拿大的国家整合与社会团结造成严重冲击。为应对移民的多元离心和自我隔离问题，20世纪90年代以来，加拿大政府开始推行强调公民忠诚和责任的入籍政策，同时，对实行了多年的多元文化主义政策进行调适，强调发展适用于各类移民的国家共同文化，以期消除"连字符公民"，构建淡化族裔差别的"加拿大人"。

（一）收紧公民入籍政策，强调公民的忠诚和责任

1993年自由党联邦政府推出《加拿大公民：共享的责任》报告，强调要加强公民的责任意识。1996年，加拿大公民身份和移民部提出要成为一个加拿大公民就必须"忠诚于加拿大，忠诚于加拿大女王和她的代表，遵

---

① 当然，由于项目实施中存在大面积的腐败现象，该项目并没有起到应有的作用。

守加拿大的法律"。① 1998 年 12 月 7 日自由党政府向议会提交了 63 号法案（*Bill C-63：The Citizenship Act of Canada*），要求收紧加拿大的移民准入政策。在随后的表决中，加拿大公民身份和移民部的官员强调移民入籍加拿大必须符合四个条件，即移民申请入籍时必须已经取得永久居住权，必须向加拿大证明自己的忠诚，必须证明自己已经掌握了有关加拿大的知识和加拿大的价值观，必须已经掌握了官方语言。新的公民法案修改了公民宣誓词，增加了"忠诚和拥护加拿大""捍卫我们的民主价值观""履行公民义务"等内容。② 值得注意的是，新公民法案增加了"从今往后"这样的时间节点，强调培育新移民少数族裔新的认同的重要性。

与此同时，加拿大政府采取各种政策措施包括免费官方语言培训、教育和就业培训、社会救助等来强化公民的整合与融入。2000 年设立的加拿大"公民周"，在每年的 10 月用一周的时间来宣传国家认同、社会团结和公民责任。进入 21 世纪以来，加拿大的国家认同和公民身份建设进入了新的阶段。2002 年的《加拿大公民法》（C-18）正式写入了"新公民必须尊重加拿大的权利和自由并支持民主价值观"，同时官方语言在打分权重中提升到 24 分。此后，加拿大政府通过一系列的新政策和法律修正案，强化了公民身份的授予和管理。2009 年的公民身份法修正案和相关政策对海外出生的加拿大人的第二代的入籍做出了限制性规定。③ 2010 年开始实施新的公民入籍考试指南，将移民了解加拿大的内容扩展至政治制度、军队历史、族裔及社群文化等方面，要求入籍人士必须全面了解加拿大历史和主流社会的价值观，自觉参与并融入加拿大社会。新指南强调了加拿大的男女平等政策和理念，明确禁止家庭暴力、荣誉谋杀和女性割礼等一些新移民群体可能带来的

---

① Michelin Labelle, François Rocher, "Debating Citizenship in Canada：the Collide of Two Nation-building projects, Pierre Boyer", see Linda Cardinal, David headon, *From Subjects to Citizens： A Hundred Years of Citizenship in Australia and Canada*, Ottawa：University of Ottawa Press, 2004, p.266.

② The Citizenship Act of Canada, 1999.

③ 新法案按规定，海外出生的子女如只有父母一方为加拿大公民的，不能自动获得加拿大国籍。

陋习。2011 年 7 月，加拿大公民身份和移民部以材料造假等理由宣布撤销 1800 多名移民的加拿大公民身份。这一严厉的处置措施表明，加拿大政府在公民身份准入和公民身份价值建设方面将采取更加严格的标准和措施。

（二）调适多元文化主义政策，发展国家共同文化

20 世纪 90 年代以来，加拿大对多元文化主义政策的效果进行评估。在相关报告的基础上，联邦政府决定调适多元文化主义政策的目标，决心以"社会公正、认同和公民参与"为价值原则，建立一个具有包容力和凝聚力的多民族的统一的联邦。对此，在机构设置方面，1991 年联邦政府把 1973 年建立的"多元文化主义部"改为"多元文化主义与公民身份部"，以此来彰显多元文化主义与公民身份建设的联系。1993 年联邦政府又以"遗产部"取代"多元文化主义与公民身份部"，后者由一个独立的"部级"单位降格为遗产部下的两个亚单位。随后自由党联邦政府又重新整合成立公民身份和移民部，同时将多元文化事务置于遗产部主管加拿大认同的部门。对此机构设置的变化，公民身份和移民部部长塞尔吉奥·马尔奇（Sergio Marchi）解释说是为了"在出生即为加拿大人和入籍为加拿大人之间建立一条共同的纽带"，以此来强调加拿大国家与社会的统一性。马尔奇认为将公民身份与移民并提意味着"除了权利，更强调责任"。[①]

在调整机构设置的同时，加拿大政府开始逐年调低在多元文化项目上的投入。到 1998～2001 年时，加拿大遗产部对多元文化项目的拨款只占到同一时期投向国家认同项目的七分之一多、官方语言项目的近四分之一。[②] 21 世纪以来，加拿大政府继续加大移民安置和培训方面的投入。2005 年联邦政府进一步提高在移民整合与安置方面的投入，宣布在未来 5 年内将投入增

---

① Christina Louise Gabriel, *Recasting Citizenship : The Politics of Multiculturalism Policy in Canada*, York University, 1997, pp. 76, 242–243.

② Michelin Labelle, François Rocher, "Debating Citizenship in Canada: The Collide of Two Nation-building Projects", in Pierre Boyer, Linda Cardinal, David headon, *From Subjects to Citizens : A Hundred Years of Citizenship in Australia and Canada*, Ottawa: University of Ottawa Press, 2004, p. 269.

加到 2.98 亿元。① 在《多元文化主义法实施的年度报告（2007～2008 年）》中，加拿大政府提出了"整合的多元文化主义"（Integrative Multiculturalism）概念，从而将加拿大的多元文化主义发展到一个新阶段。国家对新移民少数族裔群体的整合也相应进入了一个新的阶段。

（三）消除连字符公民，尝试构建"加拿大人"

"连字符加拿大人"（Hyphenated Canadians）如"华裔加拿大人"（Chinese-Canadian）、"意大利裔加拿大人"（Italian-Canadian），"西班牙裔加拿大人"（Hispanic-Canadian）等是 1971 年以来多元文化主义政策的副产品之一。"连字符加拿大人"在给新移民少数族裔提供过渡性的身份，化解文化、语言压力的同时，也使得他们产生了身份和认同固化的弊端。最明显的一个例证是，一些二代甚至三代新移民仍然以"外国人"的眼光看待加拿大。"连字符加拿大人"不仅受到加拿大主流社会和一些政党的批评，一些原本移民加拿大想成为一个"完全意义上的加拿大人"的新移民少数族裔成员也对这一隔离式的概念表达了不满。

基于此，在继续承认多民族、多族裔认同的同时，为促进加拿大国家认同和打造非族裔背景的"加拿大人"，从 1996 年开始，加拿大的人口普查首次把"加拿大人"作为一个单独的族裔来源（ethnic origin）来统计。到 2001 年有 670 万（占比 23.7%）的加拿大公民认为自己只有单一的加拿大血统。② 2006 年有大约 1006 万人约 1/3 的加拿大公民认同自己的加拿大血统，其中 575 万人（占比 19%）把加拿大血统视为他们自己唯一的族裔来源。此外，在统计的政治考量方面，还有一个引人注目的变化就是，从 2006 年起加拿大联邦统计局不再突出教育、就业等统计中的民族或族裔身份差别。

随着加拿大国家认同与公民身份建设的深入推进和联邦政府对多元文

---

① Irene bloemraad, *Becoming a Citizen： Incorporating Immigrants and Refugees in the United States and Canada*, Berkeley：University of California Press, 2006, p. 251.

② Vic Satzewich, Nikolaos Liodakis, *Race and Ethnicity in Canada： A Critical Introduction*, Toronto：Oxford University Press, 2007, pp. 152-153.

化主义政策的调适以及加拿大各民族（族群）在政治参与、经济发展、社会融入等方面的平衡并进，将会有越来越多的出生在加拿大本土的二代、三代新移民少数族裔成员更加认同加拿大血统，甚至将加拿大血统作为唯一的族裔身份认同。加拿大新移民少数族裔的完全融入只是一个时间问题。

四　加拿大解决主要民族问题的核心政策

从具体的政策和立法的实践中我们发现，加拿大政府对上述三类少数民族（族群）实际上采取的是差别化对待的政策：土著民族被赋予了加权公民的身份，法裔民族取得了独特社会的待遇，而新移民少数族裔则被赋予了多元文化的公民身份。然而也要看到，加拿大政府在对这三类少数民族（族群）区别对待的同时，也试图以"统一的"多元文化主义政策对他们进行整合，以此为核心去平衡和解决其国内民族（族群）关系多主体、多维度、多层次特征下的民族问题和民族矛盾。

多元文化主义政策对土著民族的整合更多地体现为一种赋权性的整合，即当多元文化主义政策能够给他们带来一定的合法性支持或带来一定的权利收益时，土著民族一般愿意接受联邦的多元文化主义政策，甚至愿意接受纯粹形式意义上的"多元文化主义公民身份"。但是，当这种政策可能危及自己经过多年斗争而取得的特殊权益时，他们便坚决反对。

由于种种原因，多元文化主义政策对法裔民族的整合及意义呈现某种复杂的面相。一方面，作为少数民族，法裔人群和其他少数民族（族群）一样，有着保存自身文化语言和传统的愿望和要求——从这个意义上看，多元文化主义政策客观上是他们可以借助的一种合法性资源；另一方面，作为所谓两大"建国民族"之一，法裔民族又有着与其他少数民族（族群）不一样的需求——强烈的政治（领土）自治甚至主权要求——在这个意义上，他们又难以接受将他们与其他移民群体"一视同仁"的多元文化主义政策。因此，多元文化主义政策对法裔少数民族的整合，既有授权、增权的一面，也有控权、抑权的一面。但无论是哪一种，我们都可以说多元文化主义政策对法裔少数民族或者魁北克产生了明显的政治和社会影响。

三类少数民族（族群）中，新移民少数族裔是唯一认同并从多元文化主义政策中受益最大的群体。多元文化主义政策缓解了新移民少数族裔长期以来遭受的被同化的压力，为他们赢得了文化（语言）权利和一定的经济、社会和政治参与空间。

总的来看，多元文化主义政策是加拿大国家为建构统一的多民族公民国家而做出的一次重大努力，在实然层面上对三类少数民族（族群）的赋权式和限权式的整合具有重要意义。加拿大多元文化主义政策的推出，并不像许多论者所指出的那样，是为了鼓励和颂扬差异，而是为了通过最大限度地容纳、接纳已经成为事实的多元文化来整合三类差异很大的少数民族（族群）。特鲁多以"一视同仁"来解释多元文化主义政策，也反映了加拿大政府试图以多元文化主义政策黏合四元结构、建构统一多民族国家的良好愿望。

时至今日，加拿大的多元文化主义政策已经实施了近半个世纪，但是，其对三类少数民族（族群）的整合效果总的来说可以描述为形式意义大于实质意义。形式上，三类少数民族（族群）都是加拿大多元文化国家中身份平等的公民，享有同等的公民权利。而实质上每一类少数民族（族群）都享受着明显的差异性权利：土著民族享有土地权利、自治权利和文化权利；法裔民族在享有高度的领土自治权利的同时，还享有整个联邦范围内的官方语言权利。相形之下，新移民少数族裔享有的权利十分有限，他们实际上只享有一定的文化（语言）权利和程度非常有限的（族裔）政治代表权。也许在这个意义上，我们可以把多元文化主义政策下的加拿大称为"虚假平等的公民国家"。

第三节　加拿大处理民族问题的经验教训及其启发

在处理纷繁复杂的民族问题的历史过程中，加拿大积累了丰富的经验，也留下了值得思考的历史教训。

经验方面，第一，加拿大成熟的宪政体制和相应的机制，使得包括民族问题在内的纠纷、冲突解决具有确定性、可预测性和安全性。

第二，司法部门在解决民族问题中发挥了独特的作用。司法中立于政府和少数民族（族群），其不偏不倚的裁决不仅有效地约束了行政部门，阻止权力滥用，也将少数民族（族群）的诉求限制在合理范围内。不仅如此，司法裁决还在少数民族（族群）权利保护的标准认定方面发挥了重要的作用（如土著民族和新移民少数族裔的许多权利诉求都是由司法裁决"盖棺定论"的）。此外司法机关尤其是联邦最高法院对加拿大宪法的适用，使得宪法在维护国家利益和少数民族权利方面成为一种"活"的力量。

第三，各级行政机关尤其是联邦政府和省级政府善用协商、谈判、行政裁决的方式解决具体的权利争议，表现出了很高的务实性和灵活性（如在土著民族自治问题上，在宪法没有明确规定、司法没有明确裁决的情况下，联邦政府率先以协商谈判的形式解决问题），极大地提高了解决民族问题的效率。

第四，在协商解决民族问题或少数民族（族群）权利诉求的过程中，包括政府和少数民族（群体）在内的各方当事人都善于妥协、擅用妥协。可以说，妥协精神是加拿大得以成功解决民族问题、维护联邦统一的重要法宝。

第五，整个社会形成了浓厚的包容氛围，表现为主流社会对少数民族（族群）的包容，非土著民族对土著民族的包容，英裔民族对法裔民族的包容，等等。值得一提的是，二战后尤其是多元文化主义政策实施以来，加拿大主流社会的民族主义情绪始终淡薄，人们一般不会为所谓的"国家整合""民族精神"而去支持缺乏包容力的政策或立法。这种普遍包容或宽容的氛围对于加拿大民族问题的和谐、和平解决具有重要的作用。正是因为上述经验，加拿大在国内复杂的民族（族群）关系与格局中，保持了长期的政治稳定、经济和社会的良好发展。

教训或不足方面，第一，主权观念的"三元化"问题。由于历史的原因，加拿大国家一开始就形成了一种三元化的民族结构，这种民族结构不同于一般的主权框架下的亚民族结构，它是一种三个"Nation"的三元结构，即土著民族、英裔民族和法裔民族，其中英裔民族和法裔民族又可以并称为"双头民族主义"。在长期的博弈中，加拿大先后出现了三个"建国民族"。三个"建国民族"的并存和英裔、法裔双头民族主义的相互激烈竞争，导致加拿大国家始终难以形成一个强有力的主体性文化，联邦的向心力和凝聚力因此受到一定程度的损害。

第二，国家结构制度设计的模糊性。虽然加拿大建国时宪法基本明确了国家的联邦性质，并且联邦的国父们（不论是英裔还是法裔）都清楚无误地表示他们所建立的是"一个新的国家"（a new nation）、一个"新的政治民族"（a new political nationality）、"一个单一的大国"（a single great power）、"一个屹立于世界民族之林的强大的国家"，①但是由于加拿大国家形成过程的特殊性，联邦（中央）政府与各省（地方）的权力关系始终存在一定程度的不确定性。一些西部省尤其是魁北克省在某些特殊历史时刻，为了扩大自身权益，有意将加拿大解释成"邦联"而不是联邦。当然，这种国家结构制度解释上的随意性也与加拿大历史上对"confederation"的使用和理解有关。②

第三，宪法中的分离权问题。英属北美时期的三部宪法性文件（即1763年《皇室公告》、1774年"魁北克法案"、1791年"宪法法案"）以及第一部具有宪法性质的成文法1867年的《不列颠北美法案》和现行的1982年宪法，均没有能够有效地解决省权与联邦权在实际运行中存在的问题，尤其是没有规定省脱离联邦的程序与合法性问题的有关内容。虽然，1995年魁北克第二次公投后出台的"清晰法案"和联邦最高法院的有关解释对魁北克分离权的实现设定和提出了条件，但魁北克的分离问题本质上是一个宪法问题，

---

① Eugene A. Forsey, How Canadians govern themselves, 8th Edition. Produced by the Library of Parliament, Canada, This publication is also available online at: www. parl. gc. ca/publications.

② 1867年加拿大自治领建立时，英国殖民者和加拿大人都用"confederation"来指谓"一个联省而成的单一的主权民族国家"。以至于在加拿大"confederation"有着与其本义不相关的、额外的一层意义即"创立或加入加拿大联邦国家的过程"。参见 Eugene A. Forsey, *How Canadians govern themselves*, First Edition, 1980。

而现行的加拿大宪法并没有明确规定组成加拿大的各省的分离权问题，导致魁北克问题的解决始终缺乏宪法依据。退一步来说，即使是现行宪法规定了各省包括魁北克的分离权问题，但由于魁北克省迟迟未加入加拿大联邦宪法，通过宪法解决魁北克分离问题的行动也一直缺乏正当性（legitimacy）。

第四，政党制度的地区化和民族化影响地区和少数民族的整合。像许多西方民主国家一样，加拿大的自由政党制度在解决其民主及民族问题中发挥了重要作用。但是由于种种原因，自由主义的政党制度并没有能够从根本上化解地方主义和地区民族主义给加拿大带来的离心甚至分裂的危险。一些政党被严重的地方化或民族化，成为纯粹的地方或民族主义利益的代言人，导致族群发展失衡问题依旧突出。无论是传统自由主义体制，还是新兴的多元文化主义制度，均没有从根本上解决各个族群在政治参与、经济分享和文化身份方面的失衡问题。具体表现在：魁北克的高度政治参与并没有消除其分离倾向；新移民的政治参与、经济分享不足与文化身份的冲突严重影响他们的加拿大国家认同；土著民族有限的政治、经济参与及文化上的边缘化严重影响他们对联邦的认同；如此等等。

加拿大在民族治理方面的经验和教训对其他国家具有重要的启发意义，限于篇幅以下仅纲要性地论及。

第一，加拿大实质上意义上的"多元两体"格局在形成和发展有利于加拿大联邦的多元主义的同时，也对其统一和稳定造成一定的不利影响。"多元（各个民族和族群）"是"权利"与"活力"的源泉，而"两体"（英裔、法裔两个"建国民族"）则容易导致一种结构性的矛盾。正如卡尔加里大学社会学教授希勒·哈利所说的那样，如果一个国家处于支配地位的族群只有一个，那么趋向于主导文化特殊本质的现象就会增多；如果存在诸如英裔和法裔两个相互冲突的族群，那么社会就一直会处于对族群本身的认同状态。[①] 这样一来，统一的国家认同就会受到明显的不利影响。

---

① Hiller Harry H., *Canadian Society: A Sociological Analysis*, Toronto: National Urban League, 1976, pp. 107-108.

　　第二，加拿大的经验教训表明，传统的以自决权为理念的隔离式的"民族自治"已不适应全球化和国内高度流动的现实。解决问题的方向在于改革和发展现有的民族自治模式，探索出一种"关联式的"（relational）、"非均质化"的民族自治模式。

　　第三，在处理中央政府与民族地方关系方面，要适度放权（decentralization），明确中央与民族地方的权力界限，强调民族地方与中央政府两个主体的积极性和责任意识，并将其宪法化、机制化，建立一种长久、稳定的中央与民族地方关系。

　　第四，将解决民族问题这一特殊性因素纳入公民-国家的普遍主义框架下，用国家主权原则、民主政治原则、宪政主义原则和保护少数原则统领民族问题的解决。如此，不仅可以有效避免统一国家受到特殊主义的腐蚀，还可以使少数民族（族群）在实现权利保障的同时，避免被主流社会边缘化的危险。也就是说，民族问题的解决须与民主问题的解决同时进行。

　　第五，民族问题既是一个有阶段性特点的"活"问题，又是一个牵动全局的重大原则性问题，因此在处理民族问题上，不能"以不变应万变"，更不能"以巨变应万变"，而是要踏踏实实地认真研究每一个现实问题，严肃思考每一个相关价值原则，做到既不僵化保守，也不灵活突进。

　　第六，建立一个主动性的、富有前瞻性的民族问题治理智库体系，避免在处理民族问题上陷入疲于应付或应对的不利局面。

"世界主要国家民族政策与基本经验研究"课题组

课题负责人：王延中

执笔人：周少青

图书在版编目（CIP）数据

国外民族政策研究 / 王延中等著 . --北京：社会
科学文献出版社，2025.3（2025.9 重印）
ISBN 978-7-5228-3313-2

Ⅰ.①国⋯ Ⅱ.①王⋯ Ⅲ.①民族问题-研究-中国
Ⅳ.①D633.1

中国国家版本馆 CIP 数据核字（2024）第 044002 号

国外民族政策研究

著　　者 / 王延中　周少青　等

出 版 人 / 冀祥德
责任编辑 / 王　展
责任印制 / 岳　阳

出　　版 / 社会科学文献出版社
　　　　　地址：北京市北三环中路甲 29 号院华龙大厦　邮编：100029
　　　　　网址：www.ssap.com.cn
发　　行 / 社会科学文献出版社（010）59367028
印　　装 / 唐山玺诚印务有限公司

规　　格 / 开　本：787mm×1092mm　1/16
　　　　　印　张：13.75　字　数：210 千字
版　　次 / 2025 年 3 月第 1 版　2025 年 9 月第 2 次印刷
书　　号 / ISBN 978-7-5228-3313-2
定　　价 / 88.00 元

读者服务电话：4008918866